U0905319

礼行天下

国际礼仪礼宾和旅行

International Etiquette Protocol & Travel

许祥林 著

世界知识出版社

图书在版编目（CIP）数据

礼行天下：国际礼仪礼宾和旅行／许祥林著．—北京：世界知识出版社，2010.8

ISBN 978-7-5012-3898-9

Ⅰ．①礼…　Ⅱ．①许…　Ⅲ．①礼仪—基本知识—世界
Ⅳ．①K891.26

中国版本图书馆CIP数据核字（2010）第153709号

策　　划	李丽萍
责任编辑	甄树刚
文字编辑	颜　楠
责任出版	赵　玥
责任校对	张　琨
书　　名	礼行天下——国际礼仪礼宾和旅行 Lixing Tianxia Guoji Liyi Libin he Lüxing
作　　者	许祥林
出版发行	世界知识出版社
地址邮编	北京市东城区干面胡同51号（100010）
网　　址	www.wap1934.com
经　　销	新华书店
印　　刷	北京世界知识印刷厂
开本印张	720×1020毫米　1/16　　20印张
字　　数	300千字
版次印次	2010年11月第一版　2010年11月第一次印刷
标准书号	ISBN 978-7-5012-3898-9
定　　价	32.00元

目　录

第四章　宴请活动的安排

第五章　演出与舞会

第六章　参观与考察

第七章　节　庆

第八章　庆贺慰问吊唁礼仪

第九章　中外国旗的悬挂

第十章　会议的组织与座次

第十一章 交际礼节及注意事项

第十二章 日常礼仪细节

第十三章 不同场合需注意的问题

第十四章　出国旅行常识

第十五章　出国自驾旅行

祖国利益至上　平等诚恳待人

——《礼行天下——国际礼仪礼宾和旅行》序

随着参与国际交往的人不断增多，涉外礼仪常识的普及日显重要。

《礼行天下——国际礼仪礼宾和旅行》内容丰富，从正式会谈安排写到个人出游须知；针对性强，如对官方、民间和女士、男士的礼仪分别介绍等；可读性强，超越就事论事，适量提供外国文化、社会、历史的背景情况。

祥林同志早年留学欧洲，从事外事工作多年，积累了较多的礼宾工作经验。

不论是对外交官，还是普通公民，在国内，还是国外，最简单和最要紧的道理是祖国唯一、祖国永恒、祖国利益至上。国际礼仪应坚持平等友好的原则。自己的言行应注重维护，至少无损于祖国的主权、尊严和人民利益。如遇到对祖国不利的事，应根据自己的身份、任务和授权等作出适当反应。如外国人对我国表示尊重和友好，则应适当示谢。

记得中国代表团访问坦桑尼亚、德国时，当时的老人合唱团曾用汉语无伴奏齐唱我国国歌，情景极为动人，我们当即肃立表示诚恳感谢。这其实也是对自己祖国的尊敬。多年前，中国男子足球队首次入围世界杯在釜山比赛时，韩国观众热情地为中国队加油，释放对中国的善意，我访韩时不止一次向韩国球迷表示感谢。

以人为本、以诚相待是国际友好交往的基本功。平等待人、不卑不亢不容易做到，却千真万确是必须的。

我们虽是发展中国家，但对自己的和平发展道路和美好未来充满信心和自豪感。我们靠自己的汗水和智慧逐步富裕起来，但决不以“崛起”自居，决不同嫌贫爱富、以大欺小等低俗作风同流。

具体说，在一定意义上，每位公民的言行在外国人面前都是自己国家文明程度的一个小小缩影。涉外无小事。比如，看篮球、足球比赛可以欢呼，观棋则不语，听古典音乐在何处鼓掌也得事先学习。同外国人说话，要敬重自己的母语，不宜随便地穿插洋文。在正式场合，该用翻译的用翻译，如要直接讲某种外语，则最好事先了解对方是否愿意用这种语言交流。上下车时，男士要让女士先进先出，年少的要让年老的。用餐时，自己面前尽量不剩饭菜，浪费饭菜在国际上被认为是不尊重劳动和劳动者的表现。喝酒，一般可自便，不能强人所难或自己提着酒壶到处干杯；女士到别桌劝酒，会被认为缺乏教养。

国际礼仪也与时俱进，节约美德越来越时尚。近年来，我国国宴已减为三菜一汤，不上白酒；领导出访，不再组织献花等仪式，这为整个社会树立了榜样。送礼并不是越贵越好。正如本书所说，送礼不是为了显富，主要讲究“礼轻情义重”。有的国家甚至明确规定超过多少钱的纪念品一律拒收，夏季会客室气温不低于26摄氏度等。节能减排已是全体地球人的共同责任，无论居家还是在外，节约用水、随手关灯的习惯都会赢得敬重。

还有，与人交往说话要算数，要守时，遵守交通规则，注意公共和个人卫生，会客前不食用葱蒜，不用手指指人，不在餐厅和电梯里旁若无人地大声谈笑……

类似的小条条小框框说也说不完，件件都不能说不重要；只要在善待自己的同时也稍想到别人，件件都不难做到。

内事与外事相通，官方与民间相依，相信此书对提高待客和做客的水平都会有启发作用。

2010年7月21日于延吉—长春路上

前　言

中华民族素以礼仪之邦享誉天下，讲究为人之道，处事之规。待人接物要求落落大方，为人处世讲究知书达理，举手投足要求大方得体，与人相处要善解人意，这些都是要共同遵守的礼节规范和行为准则。

讲究礼仪礼宾礼节礼数，最早是官方上层之间的事情，与乡野平民百姓似无直接的关系，一度还是地位权威财势的象征。有的仅限于国家和政府机关这一层面。随着时代的进步，社会的发展，特别是改革开放的不断深入，对外合作与交往日益普遍，礼宾礼节问题也随之贯穿到我们每天的日常工作生活之中，并越来越为每一个社会活动的参与者所亟须了解和掌握。特别是近几十年来，随着改革开放的深入，对外交往不断密切，人们已充分认识到礼仪礼宾的重要性，并予以高度重视，不仅自己身体力行，更是以身作则带动周边，培养和体现良好的个人修养，把打造具有国际水准的团队作为重要目标之一。

我1988年进入外交部参加工作，开始接触对外礼宾工作。在长期的外交工作中，是《国际礼仪与交际礼节》等一系列专业书籍还有其他老同志老前辈的言传身教让我了解了基本的礼宾知识，更是多年的外交工作以及近年来在大型国企的公务接待活动给了我锻炼和实践的机会，使我有幸得以全面地学习和总结。

随着时代的发展，社会文明的进步，人类的生活方式和内容也在不断地发生着新的变化。移动电话、网络技术、LED电子显示屏、多功能打印机等先进科技手段的使用，给我们的礼宾和公务接待活动注入了新的内容。一些传统的交际礼仪和习惯做法遇到了新的情况，面临新的挑战，我们必须与时俱进，顺势而为，根据变化了的新情况新发展作出必要的调整、改进与完善，使之适应社会的发展。

改革开放的大好形势为中国经济的发展提供了强大的动力，不仅提前解决了温饱问题，而且为实现小康生活水平奠定了坚实的基础，人们的物质文化生活水平有了长足的提高。因此，重视精神文明建设，使精神文明与物质文明同步协调发展，大力提升国民素质和软实力成为日益迫切的任务之一。

我们每天的工作生活都会遇到一些具体的人和事，有的表现极佳，言谈举止非常到位得体，要大力推广；也有表现欠佳应对失当的，应引以为戒。如何在社会生活中有效提高每个人的行为水准，使其言谈举止恰如其分，举手投足大方得体，进而提升每个人的综合素质和整体形象，提高整个团队的接待水平，便是我撰写此书的初衷和目的。希望此书的内容，能对大家的日常工作和生活有一定的参考作用，有所裨益。如果能借此为全民素质的提高尽到一点微薄之力，则于愿足矣。

承蒙老领导李肇星部长在百忙之中拨冗为本书作序，并对本书的内容提出了十分中肯的修改意见。部长的谆谆教诲，体现了一个曾经在国际舞台上叱咤风云的外交家的智慧和气魄，我深深地感到了一种巨大的鼓励和鞭策！

感谢中国书法家协会会员、中国文化报社副社长、中国硬笔书法协会副主席杨开金先生为本书题写书名。

尽管本人在撰写的过程中力求准确、全面，但囿于水平和阅历，再加上社会的飞速发展，本书的内容也在不断发生变化，书中所述仅为个人窥孔之见，只能作为大家解决问题的一种思路和参考。不当之处，欢迎批评指正。

同时也借此机会对本书编撰过程中给予热心帮助和大力支持的各位朋友表示衷心的感谢。

许裕祥

2010年6月18日

第一章

礼的发展和意义

一、礼的演变与发展

礼是社会生活中人们相互交往时的一种行为规范。由礼衍生出了一系列词汇，如礼宾、礼仪、礼节、礼貌、礼俗、礼教、礼规、礼数，还有礼品、礼物，等等，都是告诉人们应该如何处理一些重大事项和如何待人接物，以保持彼此关系的和谐与顺畅。

礼随人类社会的产生而产生，随着社会政治、经济、文化的发展而发展。礼也是人类文明的重要标志。

从最初的意义上讲，礼和礼节的产生是基于人与人之间的交往，人际关系是礼的基础，但礼又不仅限于个人之间交往的私人礼节。自从有了利益集

团，产生了阶级，礼又上升到了更高层面。无论是古希腊、古罗马，还是古印度、古埃及，都形成了具有鲜明民族特点的礼仪。中华民族具有悠久灿烂的历史文化，很早就形成了周全严密的礼节，有的沿用至今，指导着我们的日常生活。

随着国家的产生，各自的利益更加泾渭分明，为捍卫自身利益，国与国之间经常面临矛盾、争斗甚至发动战争，同时又不断通过互派使节、缔结条约、互通贸易、结盟、谈判等手段，以妥协、让步、议和等方式来协调彼此的关系。这就是早期的国际往来行为。在这种实际往来过程中，人们逐渐意识到并摸索出了指导国际交往的规范与准则，相互比照执行，于是便形成了早期的国际礼仪，这较之于一个国家内的礼仪规范又往前发展了一步，并逐步为大多数国家所认可和接受。

国际礼仪既没有完全统一的固定模式，也不是一成不变的，而是随着社会的进步不断丰富和完善。现代国际礼仪正是在早期国际礼仪基础上继承发展而来的。

从现代国际礼仪看，只要与其不同的历史发展阶段稍加比较，便不难发现其中的发展轨迹。主要表现在以下几个方面：一是交往规模不断扩大。

在20世纪初，国际交往主体仅限于50多个独立国家，经过两次世界大战，国家数量增加到了近80个。到2006年，联合国的会员国已达192个。二是各国之间利益交织更加密切，彼此交往的需求日益增加；现代生活节奏大大加快，科学技术的发展使日益频繁的交际往来成为可能。三是国际交往的内容不断丰富，从早期寻求友好双边关系、解决军事纷争、加强贸易合作为主要内容，逐渐拓展、延伸到了诸如环保、控制温室效应、抗AIDS、防SARS、抵御H1N1、禁毒、反恐等社会生活的各个领域。四是参加国际活动的人员空前增多，规模趋大。如2005年9月14日庆祝联合国成立60周年之际，150多个国家的元首或政府首脑以及近40个国家的副总统、副总理和高级官员聚集联合国总部，如此规格、如此规模的外交盛宴在以往是不可想象的。不仅如此，一些如气候等涉及全球的问题，也同样引起了世界各国的普遍关注。如2009年12月在丹麦首都哥本哈根举行的气候变化峰会，联合国192个成员国中有近百名国家领导人出席，无论会议结果如何，这都提高了达成新的气候协议的概率。又如每年一度的亚太经合组织领导人会议，更是举世瞩目的重大国际性活动。所有这些方面的变化，都赋予国际礼仪和礼宾活动新的内容，都对国际礼仪礼宾提出了新的要求。

与人与人、家与家的关系一样，国与国关系的基础也是既相互矛盾又相互依存，当代社会跨国贸易和国际市场急剧扩大、科学技术迅猛发展，各国人民之间的文化、艺术、体育、旅游来往频繁，国际交往的场面广阔、关系繁复、形式多样，也对国际礼仪的普及与发展提出了新的要求。

就其内容而言，现代国际礼仪包含了国际交往中的日常交际礼节、典礼仪式、外交礼仪与豁免等多方面的内容。其中有的已经成为国际公约，在国际上具有法律效力，如《维也纳外交关系公约》。其余大部分则是彼此交往中的“约定俗成”，作为国际惯例为各国所普遍承认和接受，同样起着一定的规范和指导作用。

随着科学技术和商品经济的迅猛发展，我们每天的联络日益密切，人际交往更趋频繁，更需要与时俱进，用新型的“礼节”来协调和增进彼此之间的关系。因此，交际礼节也是人们开展社会生活需要遵循的重要环节。

不同的时代赋予礼仪礼宾不同的使命和意义。改革开放前，我们的礼仪礼宾主要是指国家层面的官方活动礼节，也即外交礼仪，与基层和民间层次不同。所谓外交礼仪便是外交礼节加上外事活动仪式。既是外交礼仪，便不是泛指的一般性礼仪，它只限于外交场合。随着改革开放的深入，对外联系逐渐向广度和深度发展。今天，我国各级基层组织甚至民间的对外联络与合作十分活跃，相当普及，涉外礼仪成为我们日常工作和生活不可缺少的重要部分，这不仅大大丰富了外交礼仪的内容，更延伸、扩展为涉外礼仪。

所以，当今我们通常所说的涉外礼仪包含三个方面的内容：外交礼仪(官方礼仪)、商务礼仪和民间礼仪。普及国际礼仪礼宾常识，使每一个涉外和商务、交际活动的参与者全面了解和掌握国际礼仪礼宾知识日显必要。

二、礼宾、礼节与礼仪

礼宾　最初特指国与国之间交往时的接待方式和相互的礼遇，作为国家外交工作的一种载体和表现形式，服务于本国的对外政策，代表了一个国家或一方的态度和立场，因此具有高度的政治性，也是外交工作的重要组成部分。

从传统意义上讲，礼宾是国家和政府层面上的官方事务。随着社会的进步、经济的发展，特别是改革开放以来中国经济的迅猛发展，对内对外交际交往日益频繁，外向合作不断深化密切，礼宾已逐渐揭开原先神秘的面纱，渗透到了我们日常工作和生活之中。这一方面使得礼宾不再仅限于其传统意义，显得高深而遥远，另一方面说明礼宾已逐步回到它最初的意义上来，彰显“以礼待宾”这一宗旨。所以，今日的礼宾普遍是指以一定的规格和礼遇来欢迎和接待宾客的做法。

如果说以前礼宾工作主要由具体负责礼宾工作的人员来掌握、安排、执行的话，那么当代礼宾更要求每一位参与者深入了解和全面掌握相关知识，并且在日常工作和生活中身体力行，认真实践。

不仅如此，讲究礼节、注意礼貌、遵守礼仪规范，已成为现代社会文明的一项重要标志，也是衡量每个人自身修养的重要标志。

礼宾是一门涉及面广、知识量大、头绪繁杂而又博大精深的社会学科，既有普遍法则，又有特殊要求；既要遵循惯例，又要与时俱进；既要坚持核心，又要适当灵活。

礼节　是人与人之间在交际交往过程中互表尊重与友好的惯用形式。这种交往没有等级因素，但有主次先后之分，都是以人为基础。

礼貌是指在人际交往中，通过语言、举止向对方表示谦虚和恭敬。

礼节在很大程度上是礼貌的具体表现形式。

礼仪　是举行正式活动的程序和形式安排，也可以说是为表示礼节而举行的仪式，是指在交往中以一定的或约定俗成的程序和方式来表现敬人礼客的行为，实际上是由一系列具体表现礼貌的礼节所构成。

传统意义上的礼仪主要适用于国家层面，即适用于双边或多边的官方重大活动。但现在人们普遍理解并接受“以礼接待宾客的方式”这一字面本身所含的意思。

如果说礼节是由每一个人通过自己的言行来体现，适用于个人的话，那么礼仪则是更高层面的官方的行礼仪式。举一个例子来说，有一位国王来访，要为他举行一个欢迎仪式，请他出席一个正式的欢迎晚宴，这是一种礼仪，要讲究一定的规格，按照一定的程式来办；但一般的工作人员见到他时，不宜贸然伸手趋前与他握手，最好当他主动同你说话的时候你再与他握手、交流，这就属于一种礼节。

由于表现的形式不同，礼仪和礼节所取得的效果也会有所不同。不尊重礼仪而导致某些差错，可能会带来一些负面效应，影响高层的整体关系乃至国家关系；而不遵照礼节所造成的影响和范围就相对有限，可能只涉及个人，损害个人的自我形象。

礼仪礼宾活动通常包括迎送、会见、会谈、宴请、庆贺、凭吊、舞会、参观游览、文艺晚会、体育表演、电影招待会，等等。

三、我国的对外礼宾

中外交流的历史源远流长，从19世纪上半叶开始，在与其他国家的交往过程中，许多中国文化传统传向境外，国外的风俗习惯也被介绍到中国。中华人民共和国成立后，我国政府参照国际礼仪的通常做法，兼收并蓄，取精存真，结合自己的实际情况，在国际交往实践中逐步形成了我国礼宾工作的一整套操作规程和做法，并不断完善、发展，形成了具有中国特色的礼宾礼仪风格。回顾新中国成立60多年来的礼宾历程，其特点大致可归纳如下：

（一）中西结合，创新发展

礼宾工作是国家对外交往工作重要的有机组成部分，围绕独立自主的和平外交政策，为整体外交服务。在学习和吸收国际礼宾通常做法的同时，立足中国实际，以我为主，从自己的国情出发，吸收并参照运用，充分体现了

“立足自身，洋为中用”。

（二）平等相待，一视同仁

在对外礼宾交往中，不卑不亢，对所有国家，无论大小、强弱、贫富一律平等相待，不厚此薄彼。尊重各国的风俗习惯，既不强加于人，也不低三下四。不因其民族、民俗、宗教信仰的不同而另眼相待。

（三）热情友好，周到服务

中华民族素有礼仪之邦之美誉，来者都是客，对每一位客人，都予以热情友好、礼貌周到的接待和服务，让客人在完成工作任务的同时，更多地了解中国的悠久文化历史和热情好客的传统习惯。

（四）高度重视，循序照章，保障有序

公务礼宾接待处于对外交往第一线，既有重要的代表性，又有较强的敏感度。特别是像我国这样一个大国，接触交往的方方面面，情况错综复杂。在礼宾安排上，如果没有一定的规矩，不依章法，不讲规格，只凭个人关系的亲疏或好恶，随心所欲，不仅会使礼宾工作陷入混乱，也会使对外交往与合作面临被动。因此，在公务礼宾接待工作中，对活动的各个环节都要有严谨细致的周密安排，提供积极周到的服务，有关的部署安排要落实到位，和谐流畅，井然有序。切不可放任自流，更不可有完成任务、应付差事、随心所欲的想法。既要认真负责，照章循例，又要灵活机动，在依例合规的前提下收放自如，这样才能使礼宾工作既有章法，又不死板被动，做起来有条不紊。

（五）创新完善，不断改进

任何事物都不可能一成不变，要与时俱进。随着社会的发展，国际礼宾礼仪也在不断变化，总体趋于从传统的繁文缛节中走向简约务实。所以我们一方面要遵循礼宾工作的成熟做法和规矩，另一方面又要解放思想，不因循守旧，要不断吸收新的做法，克服礼宾教条和礼宾八股。即使国家的礼宾做法也在不断改进。例如，新中国建立初期，国宾来访的欢迎仪式和国家领导人出访送行仪式都在首都机场举行，为此参加仪式的领导人、中外人士、仪仗队、乐队和群众都要前往机场，费时费力，诸多不便。后来把迎送仪式改在人民大会堂举行，既庄重，又省时省力，方便了各方，又高效务实。

（六）以点带面，整体提升

随着改革开放的深入，世界合作日益紧密，特别是在全球一体化的今天，国际交往日益频繁，礼宾工作已经不再只是传统意义上的国家层面的事务，而是渗透到了我们每天的日常工作和生活之中，礼宾礼仪的涉及面日益广泛、参与者不断增加、要求不断提高、整体水准也大幅提高。

总之，新中国的这一套公务礼宾做法，既吸收了国际通行规则的精髓，符合国际通则，又从中国的实际情况和文化传统出发，其许多独到之处，受到各国广泛而积极的好评。同时，随着公务礼宾活动扩展渗透到社会生活的各个层面，接待对象也不仅限于国际朋友，公务活动普及化，接待要求国际化，工作面不断扩大，内涵也更加丰富。为此，应当借鉴和参照国际礼仪礼宾的一些成熟做法，不断完善提高，使我们的公务礼宾工作达到一个新的、更高的水平。

四、礼仪与礼宾常识

从事礼宾接待工作的人员及每一个参与者，在对外活动中都要注意以下几个方面：

（一）注意个人形象，展示个人魅力

在交往过程中，无论是对外还是对内，人作为交往礼节的执行和体现主体，其个人形象和表现总是受到交往对象的重点关注。交往各方也都十分重视以规范而得体的方式来塑造和维护自己的个人形象，以求留下积极、正面的良好印象，为今后进一步的合作与往来奠定基础。

个人形象在对外交往中之所以广受重视，主要有以下五个方面的原因。第一，在每天的生活工作中，每个人的形象和表现都真实地体现着他的个人修养，也反映了一个人的品位。第二，每个人的形象和表现都客观地反映了他的精神面貌和处世态度。第三，每个人的形象和表现都真实地展现了他对交往本身及交往对象的重视程度。第四，每个人的形象和表现在一定程度上代表并反映着所在单位的整体形象和总体水准。当一个人只代表他自己时，其个人形象和表现方面的缺陷，至多可以视为个人修养、品位等方面存在的不足。但是，如果他属于某一集体，甚至代表着这一集体时，则其个人形象和表现往往会被外界理所当然地与其所在单位联系并画上等号。特别是当同一个集体中还没有其他更多的个人来展示形象或表现时，这种唯一的代表性便无法替代和修正。第五，每个人的形象和表现在国际交往中又不仅仅代表其所在单位，往往升级，代表其所属的地区、民族甚至国家的形象。

所以，每一个人，特别是直接参与公务接待的领导和工作人员，都要时刻牢记自己是一个集体、一个单位甚至一个国家的代表，要高度重视自己的言谈举止、仪容服饰，通过自己的良好表现来维护好自身的形象，不可随心所欲。

那么，又该如何注意个人形象和表现呢？主要可以从个人形象六要素着手，即：

仪容　展示着一个人的外在形体与精神面貌。

谈吐　通过语言交流，展示出一个人内在的修养和兴趣关注等。

举止　通过举手投足等肢体动作传递出人的内心世界及对事物的反应。

服饰　透过穿着、服装和佩戴的首饰来体现自身的态度、重视程度等，同时也可借以提升自己的对外形象。

表情　通过面部表情及肢体语言传递出内心的喜怒哀乐，通过热情、冷漠、平淡等表现积极、反对、反感等态度。

待人接物　从中可以看出与他人相处的表现和处世的态度。

（二）不卑不亢，自信自强

在对外交往及与他人相处时，言行要努力做到从容得体、落落大方，既不妄自菲薄、低三下四地去讨好他人，也不可目空一切、狂妄自大。要得体和恰如其分，与本人的身份地位、本单位的社会地位和影响、本国的国际地位相称，必须时刻认识到自己并不是一个人或一个团队在孤军作战，也不仅仅只代表自己，还代表着自己的单位、同胞、民族甚至国家，一定要有充分的自信和责任感。

不卑不亢说说简单，但内容丰富，事关人格国格，做好不易。不卑与不亢同等重要，要平衡处置，不可偏废。

（三）求同存异，互谅互让

这是当今国际和对外交往中普遍遵循的一条基本原则。面对错综复杂的大千世界、各有所图的多方关切，如何既照顾到各方利益，又保持共同的前进步伐，把意见分歧协调一致？只有求同存异。在保持并扩大共识、摒弃歧见、适当妥协的前提下，取得共识、共谋发展。

任何个人或团体甚至一个国家，由于各自的立场不同、出发点不同，对每一个问题的解读自然也不尽相同。要允许并承认差异的存在，理解和尊重这些“个性”，包括了解交往对象的传统礼仪和习俗禁忌，并予以尊重。同时，又要善于寻找和发现各方共同之处，这是合作的基础和前提。

就以国际礼仪为例，世界各国在礼仪礼宾做法和民族传统文化、习俗等方面存在着极大的差异，对此要重视并认真了解，以便在今后的交往过程中心中有数，而不是去评判对错、鉴定优劣。

有时在实际工作中，经常会遇到与对方甚至多方协办某项活动的情况，会面临一些办会主导思想和具体细节方面的分歧，大体应按照以下原

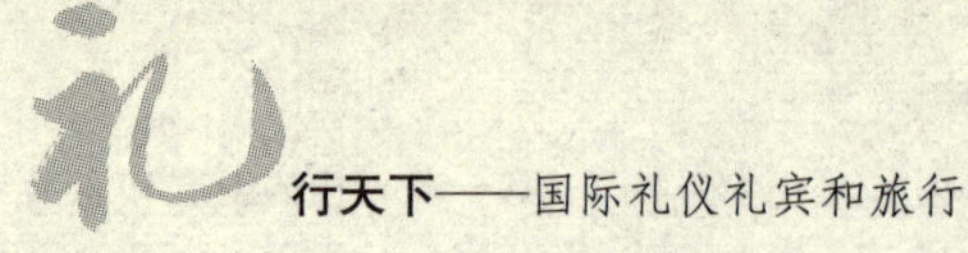

则处理：

一是“主办方为主”，无论是走出去或请进来，都应按“客随主便”执行，不能反客为主，到处指手画脚。在涉外交往中，基本上采用东道国礼仪。

二是“兼顾其他”，作为东道主或主办方，不能搞独断专行、一言堂，在对外交往中基本采用以本国、本方礼仪规则发挥主导作用，同时要照顾到其他各方的关切，尊重其传统习惯，尽量满足其合理的要求。

（四）入乡随俗，客随主便

意思是到了人家地方，要尊重对方的风俗习惯，尊重对方的安排，即“客随主便”。这也是对外交往礼仪的基本原则之一。主要原因是由于世界上的各个国家、地区、民族在其历史发展的具体进程中，形成了自己的宗教、语言、文化、风俗和习惯，并且存在着不同程度的差异。

同时，作为主人，在接待来访过程中，也要注意尊重来宾所特有的宗教信仰和风俗习惯，这有利于增进双方的理解和沟通并体现主人的亲善友好。

（五）信守约定，言出必行

诚信是为人之本，中国自古就有“言必行，行必果”的信条。对外交往也是如此。要对自己的言行负责，说话算数，商妥的事情不能单方随意改动。要做到这一点，应注意三个方面：第一，与人交往，审慎许诺。第二，一旦许诺，就必须认真履诺。第三，由于特殊原因无法履诺的，要尽早告知有关各方，表示歉意，造成损失的要按规定和惯例主动承担责任。

（六）热情友好，举止有度

一方面，在对外交往接待过程中要热情友好，在条件允许的情况下充分照顾到各方的关切，与人方便。另一方面也是更为重要的，就是要把握好分寸，掌握好一个度，即关心有度、批评有度、距离有度、举止有度，否则便会适得其反，过犹不及。

“距离有度”是指对外交往中人与人之间应该保持一定的空间距离，不同的空间距离反映着不同的亲密程度和关系程度：①小于0.5米的空间距离属于私人距离，仅适用于家人、恋人与至交，因此也称其为亲密距离。②大于0.5米、小于1.5米的是社交距离，适用于一般性的交际与应酬，亦称常规距离。③礼仪距离，在1.5米—3米之间，适用于会议、演讲、庆典、仪式以及接见等。④公共距离，在3米开外，适用于公共场合同陌生人相处时的距离。

“举止有度”则是指要把握好言谈举止上的分寸。一方面表示热情不能太过夸张，轻浮草率，言行过于随便；另一方面也不可采用不文明、不雅或不礼貌的动作。

（七）实事求是，不必过谦

谦虚是中华民族的美德，但不能过于谦虚。在对外交往中涉及自我评价时，要实事求是，也要把握好一个度。既不可自吹自擂、一味抬高自己，也不能也没有必要过分谦虚，甚至到了自我贬低的程度，给人自轻自贱的感觉，这样做反而会让人鄙夷和小觑。而自尊、自信、自强，才是与人平等交往、赢得他人尊重的前提和基础。

在西方文化中，从来都是鼓励自立、自强，从而培养自尊、自信的品格，提倡充分展示自己的特长和优点，也不指望、不等待别人来发现和认可自己。西方文化具有强烈的展示欲，通过自己的实际表现、大胆陈述来赢得他人的承认。

（八）冷静观察，慎重对待

在对外交往中，经常会遇到一些新的问题，让人一时拿捏不定，难以决断。此时最明智的做法是适当冷处理，先观察一下，做一下调研，而不急于采取行动，免得失误。有时慢就是快。如果是方向都错了，那走得越早越快的往往是错得越远越大的，这时快反而就是慢了。不如先按兵不动，静观周

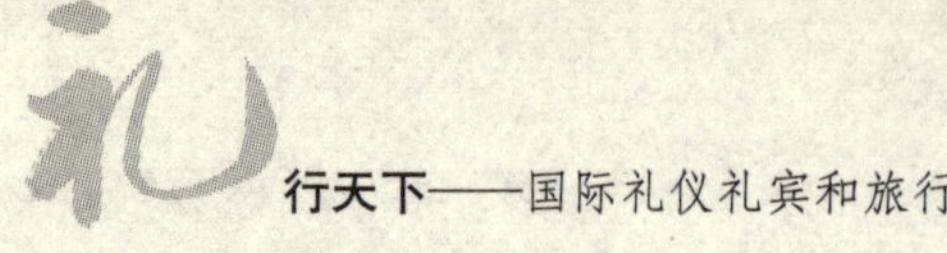

围，再下结论。

（九）着眼高雅，尊重隐私

由于文化背景和传统习惯的不同，中外各国在许多方面的理解和认识不尽一致，对此要心中有数，不要按照自己的习惯贸然行事。在对外交往中，特别要注意以下八个方面，这些在西方文化中都属于个人隐私：

1．收入支出。这是西方人认为最为核心的纯属个人隐私的问题。有时甚至连家人都不能过问。我有一位英籍老师，他祖父是传统的英格兰人，直到退休都没告诉过夫人自己每月工资是多少。他的逻辑是“家里需要多少只管开口，但我挣多少你不能多管”。连家人尚且如此，何况外人？！改革开放以来，中国人在这方面的意识普遍提高，绝大部分人都知道不随意谈及对方收入问题。

2．年龄大小。中国人从来不介意谈及个人年龄、身高、体重等情况，

有时女士们还会主动告诉对方。但西方人对这些都讳莫如深，尤其是女士的年龄更不能随便打听，否则就会被怀疑有何居心。除非正常的工作需要，一般交流中不要提及。

3．恋爱婚姻。同年龄、身高、体重一样，这是一个非常敏感的私人问题，如对方不提及，不要主动触及。因为可能人家是已婚了，也可能未婚、丧偶、离异、同居、分居，或是正常原因，或是生理、心理等各种原因。譬如孩子问题，尽管大部分人是正常的生儿育女，但也经常会碰到一些人没有孩子，可能是像DINK（丁克一族）不想要孩子，也可能是因为其他原因想要而要不了。一旦触及这些问题都会使双方陷入尴尬境地。

关于婚姻，也曾遇到某国外交部一官员，每次国庆招待会请柬都邀请他夫妇参加，但后来对方提出意见“为什么你们每次都要求我带夫人一同参加？而我根本没有结婚，哪来的夫人？”这一方面说明我们工作做得不够细，但反过来也说明我们太尊重其隐私而从不问及婚否了。后来从其他途径得知，此人系同性恋，所以近五十岁了还未成家。

现在同性恋已不再是一个见不得人的阴暗问题，在英国、比利时、荷兰、南非、加拿大等一些国家甚至已经通过法律允许同性结婚。我在加拿大工作期间，还遇到一对同性配偶申请中国签证。

对上述种种，我们只能表示理解和尊重，不能评判，更不可批评、指责。

4．身体健康。在对外交往中，我们可以大声祝愿对方身体健康、家庭幸福，但具体细节不宜多问。除非对方进了医院要去探望，可表关心，但平时交谈只需一笔带过。

5．政见信仰。在对外活动中，再好的关系也不要问及对方的政见、党派、宗教信仰等问题，这些都是个人的追求和选择，尤其在涉外公务活动中，这是一个非常敏感的政治问题。一般都会引起对方的警觉，甚至怀疑你的身份背景。同样，对一些个人经历等情况，如果提及，感觉对方不愿多谈也不可过于深究。

6．谈吐要风趣，反应要机敏，话题要高雅。尽量避免谈那些家常琐事，像“吃饭了没”、“到哪儿去啊”、“今天干吗去了”、“去干什么啊”等，都显得非常粗俗，还特别容易被对方理解为探听隐私。

（十）女士优先，风度礼让

在西方，尤其在老牌资本主义的英国，尊重妇女、呵护女士和未成年人是多年来的良好传统，践行女士优先与展示绅士风度是相辅相成的一个整体，也是国际社会普遍公认的一条重要的礼仪原则。具体是指在一切社交场合，每一名成年男子都有义务自觉地以实际行动照顾、关心妇女，并想方设法为其排忧解难，体现出对女性的尊重和关心。

所谓女士优先，英文都用复数表示，即ladies first，是人们不仅时常挂在嘴边，更是重在行动、落到实处的口头禅。他们总是把女子放在最优先考虑的地位，让女士时刻都能感受到男人的照顾和关心。

这并不意味着女性是弱者，而是一种理念，就是要像尊重母亲一样尊重女性。他们的观念是：如果你希望自己的母亲或姊妹在外面受到别人怎么样的待遇，那将心比心，你也应该同样对待别人的母亲或姊妹。

比如，当一男一女在街上并排行走或过马路时，男士一定会走在靠行车道近的一侧，而让女士走在离行车道更远的一侧。如果一位男士同时和两个女士一起行走，他肯定会走在两者当中。如果男士陪着女士一起穿门进入某处，他会上前一步替女士开门并请她先进。开车门也一样，一定要以为女士效劳为荣。再说进入餐馆，一般是女子在前。但如果他在选餐桌或订好餐桌带路时，则必须走在女士的前面并帮助她拉椅入座。如果男主人或女主人或者两者同坐一辆车来接客人去吃饭，客人应该坐在汽车前座的副驾驶位置，让后座空着。在家宴上，当主人把客人领进客厅时，如果客人是位女士，她进来时，先到的男士们应该站起来以示欢迎和敬意。但不管进入客厅的是男士还是女士，已经在客厅里就座的女士不一定起身，除非个人关系甚笃，或是尊者，则另当别论。如果主人家的女儿在，首先要把客人给女儿作介绍。通常情况下作介绍时，是先把男士介绍给女士，然后由女士决定是否伸手相握，而不是相反。除非他年长很多或地位高很多。宴会开始大家入座时，男士们要为女士们拉开椅子，帮女士入座。

帮女士穿戴衣物是男人们最需注意的事情。尤其是冷天女士们穿得较多，帮她们打开车门、屋门迎进厅室时，要及时帮助并接过她们脱下的外衣并挂好，走时出门前又要主动帮她们穿上。如果是与女士（如自己的夫人）同行的，应首先帮她穿戴好，然后再脱或穿自己的。

女士优先可以说体现在生活的方方面面。记得我在北外上大学时，外籍教师讲授的礼仪课上曾提到，包括上下楼梯，都有让女士走前走后的区别。上楼梯时，要走在女士的右或左前方，万一她脚绊一下往前趔趄时好接过来有个帮助，下楼梯时则要走在她的后侧，万一踏空后仰好有个依托。

当然，“女士优先”一般是在社交活动时，但也不可不分地点、场合，作为女士，也不是任何时候都享有优先权，有些公民应该遵循的原则和应尽的义务还是要努力实践的。比如在邮局、银行、车站等地排队，那还是应该按照先来后到的原则正常排队，而不应加塞插队。但在上车让座方面，则男士应该礼让三分。

总之，在尊重、照顾、体谅、关心、保护妇女方面，男士们应该对所有的女士一视同仁，而不能厚此薄彼，有亲疏之分或另眼相看，要像尊重母亲姐妹一样尊重每一位女性。

（十一）以右为尊，依序灵活

讲究礼宾秩序，以右为尊是礼仪礼宾的基本原则。无论是重大的政治谈判、外交磋商、商务往来、文化交流，还是公务活动、社交应酬或私人往来，“右为上”是各方普遍接受并认同的准则。一方面要严格按照礼宾顺序待人接物，师出有名，另一方面又要机动灵活，兼顾全面。

（十二）爱护环境，务实节约

在环保问题日益突出、环保意识日渐提高的今天，我们不仅在日常生活中要注意环境保护，而且要在每一次对外活动中身体力行，每一个人都有义务对人类所赖以生存的环境自觉地加以爱惜和保护，努力为践行低碳经济作出自己的贡献。

五、搞好礼宾几要素

公务礼宾活动都由五个要素构成：事由(what&why)、相关人物(who)、时间(when)、地点(where)和如何办也即程序(how)。内容决定形式，活动形式取决于事由。选择哪一种最合适的活动形式直接关系到能否圆满实现预期的目标。活动的主体是人。时间和地点提供了时空范围。程序是事情展开的过程。这关键五要素是相辅相成、有机结合、缺一不可的。

第一，作为礼宾活动的组织者，我们首先要搞清楚这是一个什么目的的活动，通过活动要达到一个怎样的预期目标，根据这一目标决定通过怎样的最佳形式来实现，让形式服务于事由。比如，如果想请四五个人在用餐时间谈点事情，在空旷的大厅里搞成酒会，显然是不合适的，在吵闹的大排档似乎也不是理想的安静之处；同样，两国或两个单位之间有一个重要的合作文件需要双方领导拍板签署，安排在一个冷餐会上站着谈，或者在边上小桌上随便一签也是很不严肃、不够正式的。所以，搞任何活动采取何种形式所带来的效果都是不同的。宴会，便于双方在轻松的环境下既不特别正式又能较随意地进行交流，还可节省时间；而会见、会谈则便于宾主双方深入交谈；招待会、酒会和洽谈会则有利于各方人员广泛自由接触；报告会、演讲会、电影招待会等则便于扩大影响，达到宣传和介绍的效果。

第二，是举办任何活动都要注意务实高效，既要取得最佳效果，又要尽可能节俭。该控制规模的时候必须控制，不讲无谓的排场，不作无谓的浪费，但必要的时候即使花再多的钱也必须毫不犹豫地投入。比如，宴请就不一定是越贵越好。宴会规模过大，参与人数过杂，反而冲淡了核心，降低了档次，而上菜道数多，只一味满足个别领导的个人喜好，选用山珍海味，一方面造成浪费，另一方面如果客人并不喜欢，宴请的预期目标也就并没有很好地实现。这些不仅有违国际惯例，对外影响也不好。送礼也是如此，并不是价格越贵就一定越好，你给外宾送一个两米高的高级瓷瓶，他拿都拿不回去，托运又易碎，显然不是一个好的选择。所以，国家提倡宴请上菜的道数为“四菜一汤”，而且优先上一些有地方特色的菜肴。送礼也要有纪念意义，不在于花多少钱，更在于特色，能反映中国文化或体现地方传统的内涵，有文化底蕴的就好。

第三，参加活动人员的范围，主要根据工作的需要。主人的级别、专业或主管领域要大体与主宾对等、对口。译员、记录等必要的工作人员要少而精。会见、会谈双方人员要大体相等。新闻媒体人员一般不宜全程参加会见或会谈，采访和摄影摄像要组织有序。宴请时己方参加人员不宜太多。有时陪外宾到省市地方访问，经常是一两个外宾三四桌陪餐，凡参与接待有关或沾点边的人员统统都上，记者一桌、公安一桌、司机一桌……阵势庞大，而且抽烟、拼酒、划拳好不热闹。实际效果不理想。

在人员这个要素方面，我们还要把握所有参加人员特别是具体工作人员都要全面掌握每次活动的五个要素。请柬或日程、通知等要提前发到每个人手中，活动前适当时候再与参加活动的主要人员确认、提醒，如有人员的临时增减，应及时调整相关安排，如订餐、座位、座位卡等，以免到时手忙脚乱。这是做好礼宾工作最起码的要求。

第四，时间的选择要对双方都合适，同时也要考虑前后活动的衔接。注意各国因风俗习惯不同，在参加活动的时间上可能有一些特别的要求，需要特别细致，妥善协调。在地点的选择上主要考虑活动的需要。大型的多边活动场地要有新意，满足需要即可，不追求奢华。会谈、会见、合影、宴请、双方工作人员等候迎接、车辆的接送等诸多环节，都要全盘考虑。现在一些国际会议经常有一些新的思路和礼仪上的创新，要善于吸纳借鉴，为我所用。

第五，在安排参观的时候，要根据需要安排，如果是想推介自己的什么强项或特别项目，就要有代表性，能说明问题，同时也要结合市场或合作的需要。例如当前环保问题是一大热点问题，世界许多国家特别是发达国家和发展中国家都高度重视，那么这方面的成功典型、过人之处和存在的问题、欠缺与不足的地方都应该介绍、展示一下，要客观全面，而不能只看好的没有差的，只介绍现在，不谈过去。没有对比，就无法反映有关地区、企业的发展情况。就像外国政府代表团来华访问，经常就安排参观访问东部沿海城市和风景名胜，结果他们就认为中国现在已经脱贫致富，不再是第三世界的发展中国家，早已是发达国家，于是就伸手要求援助，要求承担更高更多的国际费用等义务。原因之一就是我们自己给人展示的不够全面，从而给人以错觉。

设计活动流程要注意科学合理，保证各个环节衔接顺畅。一切都要以主人和主宾及活动的主题为核心来展开。程序要简洁明了，主题要突出，其他可适当加些点缀来烘托和陪衬。

礼仪活动的筹备主要围绕上述五个要素展开。礼宾工作是一个非常具体而又要求非常细致的工作，环节繁多，环环相扣，要求有严谨、细致的工作作风，认真负责的工作态度，从细微处入手，全面思考、周密布置、细心落实。只有以科学、规范、严谨、认真的态度抓好工作中的每一个细节，才能尽量减少失误，确保成功。

搞好礼仪礼宾活动，领导重视是关键，工作人员具体落实是保证。

从事公务礼宾工作多年，我的切身体会是计划不如变化，不变是相对的，变化是绝对的。我们经常会遇到这样一些情况，尽管许多活动前期计划安排得非常完美，但往往事到临头会突然发生一系列变化，如增人减人、改变地点等，甚至有时活动都要开始了，现场却出现一些没有预料的突发事件。这就要求我们公务礼宾人员有处理这些突发情况的心理准备和应急预案，要有应变能力，遇事沉着冷静，妥善解决，应付自如。面对复杂、紧急的情况，要有政治敏感性和洞察力，努力做到处变不惊、忙而不乱。要想做到上述所言主要靠平时的积累和总结。每次活动结束，我们都要静下来仔细回顾一下，想想哪些地方下次可以做得更好，哪些环节比较成功可继续保持。只有这样我们的公务礼宾接待工作才会不断提高和进步。

最后要特别注意问题易发的细节。很多时候，平时轻车熟路的小事往往最容易因疏忽放松而出现纰漏。由于礼宾接待工作要求非常细致而具体，哪怕稍一疏忽大意，就会在意想不到的环节上出现问题，轻则造成失礼或闹出笑话，重则给整个接待带来遗憾。比如：把正职写成了副职，把Mrs.打成Mr.,弄错了身份，搞错了性别；用错了国旗，挂错了位置；搞错了地点，耽误了时间；客人都到了或已经走了，迎送人员还没到场接送；宴会上点错了菜，给穆斯林客人端上了猪肉；领导还没落座，有人却早已在主要位置坐定了；约好是各出五人，结果临时又多带了几人一同赴约，事先也自认为彼此关系很好而没提前打招呼，结果让对方措手不及；又例如，说好是主请某位的，结果其他人却捷足先登，早早落座，也没把主宾位置留出，结果本来的主角最后成了配角，本末倒置。这样的例子在我们的实际生活中比比皆是，不胜枚举。

总之，要做好公务礼宾接待工作，必须要有高度的责任心，要有严谨的工作作风、细心的观察和思考能力、周密的计划安排，把各项具体工作逐项落实到人，做到事事有人办、件件有落实、相互有提醒、彼此有检查。只有这样才能查漏补缺，避免差错。

第二章

礼宾次序的确定

世界需要秩序，没有秩序，就会出现混乱，秩序是效率的前提和保证。在我们日常公务礼宾接待活动中，同样也需要次序，这就是常说的礼宾次序。

一、确定礼宾次序的意义

传统意义上的礼宾次序，是指国家与国家交往中对出席活动的有关国家、团体、各国人士按照一定的规则或惯例排列出其先后顺序。在我们的日常工作中，也经常需要举行一些会议、会见、会谈、宴请、演出等，那么谁在前谁在后，谁在中间谁在边上，谁在左边谁在右侧，也得有一个规则，这样，事情才能做得井井有条、繁而不乱。所以，礼宾次序不完全是国家和政府层面的事情，同样也存在于我们日常的工作生活之中。

以国家而言，礼宾次序体现着东道主对各国来宾所给予的礼遇，在一定程度上也反映其重视的程度；在一些国际性会议上，则强调各国主权平等的地位。礼宾次序安排不当或不符合国际惯例，就会引起不必要的争执甚至交涉，严重的还会影响国家之间的关系。实际上，每一个单位与单位之间、家庭与家庭之间、人与人之间，只要有往来，就有礼宾次序的问题。因此在组织活动时，对礼宾次序一定要给予足够的重视。

对礼宾次序的排列，几百年来国际上总体已有一些比较成熟的惯例，可供各方参照执行。有的排列顺序和做法已经由国际法或国内法所肯定，如《维也纳外交关系公约》就专门对外交代表位次的排列作出了明确的规定；但同时各国又都有着各自的一些具体情况，也就有了各自的一些具体实践。各国对本国各级官员的排列也常用一定形式固定下来，最早的要数1907年7月16日法国颁布的《位次排列令》，明确规定中央与地方政府的官方机构、团体和个人参加公共活动时的先后排列顺序。

二、如何确定礼宾次序

随着改革开放的深入，我国与国际的接轨越来越向深度和广度发展。对外工作中的一些礼宾次序排列法，也越来越多地被我们用到各单位的日常公务接待中来。以下是几种比较典型的次序排列法。

（一）按身份与职务的高低排列

这是各国普遍遵守执行的礼宾次序排列的基本依据。每个国家都对自己的各级政府官员按一定次序有个排名，基本上是以其身份与职务的高低作为排序依据，如按国家元首、副元首、政府总理（首相）、副总理（副首相）、部长、副部长、局长、副局长；省市的则按市长、副市长、厅长、副厅长等顺序排列。

一般情况下，各国对外提供的正式名单或正式通知都是经过仔细斟酌、根据其国内关于职务级别排序规定排就的。但多边活动时，由于不同国家的体制不同，部门之间的职务高低不尽一致，有时就需要根据有关规定，按相当的级别和官衔来进行安排。在一些多边活动中，有时也采用其他一些变通方法来排列。但无论按哪一种方法排，身份与职务的高低始终都是必须考虑的重要因素。

《维也纳外交关系公约》对外交代表机构的层次进行了划分，从高到低依次是：大使馆、总领事馆、领事馆、代表处（一般在未建交国）、（大使

馆派驻某地的）办公室等。驻联合国等国际组织的一些代表团，其地位相当于大使馆，享受外交豁免特权，但主要任务是代表本国政府常驻该国际组织履行职责。

按《维也纳外交关系公约》对外交职衔高低的规定，外交官的礼宾次序通常可以排列如下：

1．外交官系列

①特命全权大使或高级专员（Ambassador Extraordinary and Plenipotentiary，High Commissioner）；*

②特命全权公使（Envoy Extraordinary and Minister Plenipotentiary）；

③代办（Charge d'Affairs）；**

④临时代办（Charge d'Affairs a.i.）；***

⑤全权公使（Minister Plenipotentiary）；

⑥公使衔参赞（Minister-Counsellor）；

⑦参赞（Counsellor）；

⑧武官（Military Attaché）；

⑨一等秘书（First Secretary）；

⑩二等秘书（Second Secretary）；

⑪三等秘书（Third Secretary）；

⑫随员（Attaché）。

职衔相同者，按其到任日期（大使馆正式照会通知驻在国外交部礼宾司之日）先后为序。

---

* 英联邦内部相互不设大使，只设高级专员，但实质相当于大使。
** 两国之间只有代办级外交关系时，相互只派代办为最高级别的外交代表。
*** 大使不在驻在国期间，临时代理行使大使职责。

2．领事馆人员系列

①总领事（Consul-General）；

②副总领事（Deputy Consul-General）；

③领事（Consul）；

④副领事（Vice-Consul）；

⑤领事代理人、代理领事（Consul Agent；Proconsul）；

⑥领事随员（Attaché）。

对领事馆人员的称呼，只有对总领事本人可以直接称其为×××国驻×××总领事，其他人员都应全称，即×××国驻×××总领事馆副总领事（或领事、副领事等）。

职衔相同者，按其到任时间先后为序。

（二）按字母顺序排列

有时举行有多个国家共同参与的多边国际活动，各国派出的代表级别参差不齐，无法完全按身份和职务原则排序，如一个十分重要的友好国家只派了一位副部长出席，而另一个关系一般甚至不甚友好的国家则派了一个级别更高的总理参加，如何排位让各方都能接受，于是又出现了礼宾次序按参加国的国名字母顺序排列的办法，一般以英文字母排列居多，也有用法文甚至其他语言的，主要看东道主有什么想法。

在极少数情况下也有按其他语种的字母顺序排列的。这种排法比较多见于一些国际会议、体育比赛等场合。在国际会议上几乎时时都会涉及排名先后问题，如公布与会者名单、悬挂与会国国旗、座位的安排等，于是，按各国国名的英文拼写字母的顺序排列是各方都能接受的习惯做法。比如联合国召开联大期间，各专门机构的会议和悬挂会员国旗等均按此法执行。包括联合国大会的席次也是按英文字母来排列。但这样做也有一定的弊端，就是像阿尔巴尼亚（Albania）、巴西（Brazil）、捷克（Czech）、丹麦

（Denmark）等一些国家总能占据前排席位，有些国家总是被排在最后，为体现公平原则，于是每年抽签一次，来决定本年度大会席位以哪一个字母开头，以便让各国都有均等机会排在前列。

（三）按通知代表团组成的日期先后排列

外交使节在礼仪场合的位次按“先来后到”原则排定，大使高于代办。大使按照向驻在国元首正式递交国书的时间先后排列，代办则按上任时间的先后排列。

事实上，在组织有多个国家代表团参加的多边活动时，经常会碰到一些非常具体而又棘手的问题。于是，有关各方不断总结，摸索出了一些行之有效的解决办法。从一开始发出邀请时，就有言在先，把对各代表团礼宾次序的排列规则提前明确周知各方：

1．按派遣国通知代表团组成的日期排列；

2．按代表团抵达活动地点的时间先后排列；

3．按派遣国决定应邀派遣代表团参加该活动的答复时间先后排列；

4．对同级别又同时收到通知的代表团则按英文字母顺序排列。

在国际体育比赛中，各体育代表队先后顺序的排列、开幕式和闭幕式出场的顺序一般也按其国名字母顺序排列，但东道国一般都在最后。也有一些特例，如邀请多国代表团来访观礼或召开理事会、委员会等，有时就按出席代表团团长的身份高低作为依据来排列。

三、其他需要考虑的因素

在实际工作中，我们往往遇到的情况很复杂，比如尽管有以上种种惯例，但有的国家并不接受，实际操作中坚持把关系密切的国家排在最前，以亲疏论礼遇。所以礼宾次序排列的惯例往往只能作为一种主要的参考，常常不能只按一种排列方法，要兼顾其他的因素，往往要同时用几种方法进行综合交叉，才能妥善解决。比如，在一个多边的国际活动中，对与会代表团的礼宾次序排列，首先是按正式代表团的规格，即代表团团长的身份高低来确定，这是最基本的大前提。但如果同一级别的代表团同时有两个以上，那又如何决定孰先孰后呢？于是，我们又找出一条共性：按派遣国通知代表团组成日期（相当于报名）先后来确定；还有重叠的，那就再细分一下，对同一级别又同时收到通知的代表团，再按国名英文字母顺序排列。最后总能找到解决方案，并为各方所信服。

在安排礼宾次序时还有一些其他因素需要考虑到，其中一条就是国家之间的关系，还有诸如地区所在、活动的性质、内容和对于活动的贡献大小，以及参加活动人的威望、资历，等等。实践中经常把同一国家集团的、同一地区的、同一宗教信仰的，或关系特殊的国家的代表团安排在一起。对同一级别的人员，通常是把威望高、资历深、年龄长者优先排在前面。在有些场合，还考虑业务性质和专业对口、彼此关系、交流语言等因素。如观礼活动、观看文艺演出、体育比赛，尤其是举行大型宴请时，在考虑身份、职务的前提下，经常将业务和专业对口、语言相通、宗教信仰一致、风俗习惯相近的人员安排在一起，往往也能收到比较满意的效果。因为通畅的交流总比客人只闷头用餐参加活动更加轻松且有收获。

礼宾次序体现了东道主对各方宾客所给予的礼遇，又表明参与各方平等共处的关系。妥善处理好礼宾次序，对保证活动的成功举行有着举足轻重的意义。

第三章

礼宾活动与实践

一、如何做好迎送

在日常对外交往中，迎来送往是做好接待工作的重要内容之一，能否周到细致地安排好迎送各个环节，直接影响到接待活动能否顺畅进行。

接待工作应重点把握以下几个方面：

（一）迎接与送别

1．掌握来宾确切的抵离时间和地点，用何种交通工具，是乘飞机、火车还是汽车等，这直接关系到迎接的地点和欢迎形式的不同。

迎送身份高的客人，有条件的可预先在机场（车站、码头）安排好贵宾休息室，准备茶水饮料。

迎送人员应在飞机（火车、船舶）抵离之前到达相应的迎送位置（机场、车站、码头）。

对于要客，接待中还有住宿安排的，可提前预订好住房并办妥房卡，以便到达宾馆后就可进房，省却办理登记手续和等待时间。

2．对来宾的迎送规格各国做法不尽一致，主要根据对方团长的身份、职务和访问目的，按对等原则确定相应级别的人员前往迎送，过高或太低都不合适。当然有时也要适当考虑双方关系，兼顾国际惯例，进行综合平衡。

要求主要迎送人同来宾的身份相当，但实际操作中经常会由于各种原因不可能做到完全对等。遇此情况，需要灵活变通，由职位相当的或请副职出面。总之，主人身份尽量与客人相差不大，以对口、对等为宜。其他迎送人员不宜过多，也有从发展双方关系或当前政治需要出发，破格接待，安排较大的迎送场面。但破格只可偶尔为之，不宜常为，否则就会造成厚此薄彼的印象。

3. 制定迎送计划和备用方案，确定具体的出发时间、地点，并通知到每个相关人员。特别要根据来宾级别、数量、行李等情况，安排好足够的车辆。如果因人员众多，车辆成队，应事先对每一辆车编号；（部级以上）国宾车队的主车要挂两国国旗。

4. 临出发去机场（车站、码头）前，应最后确认来宾抵达信息。如遇因临时原因来宾提前或延误抵达，应及时调整迎送计划。

现在通信技术非常发达，对准确掌握来宾抵离时间，及早通知全体迎送人员和有关单位并非难事。如有变化，应及时告知。由于天气变化等意外原因，飞机、火车、船舶都可能不准时。一般大城市，机场离市区较远，因此，既要顺利地接送客人，又不过多耽误迎送人员的时间，就要准确掌握抵离时间。

5. 指定专人协助办理入出境手续及机票（车、船票）、行李提取或托运手续等事宜。对重要代表团，人数众多时，行李也会很多，这时应将主要

客人的行李先取出另放，可能的话请对方派人协助，及时送往住地，以便更衣时用。

6．客人抵达住处后，一般不要马上安排活动，应留下一点时间稍事休息，至少要给对方留下更衣洗手的时间。

7．同接人一样，送行前也要密切关注天气情况和相关新闻，防止因发生意外情况而使航班取消或延误。

8．送行时如从客人下榻的宾馆同行，应适当提前到达宾馆等候；若说好在机场贵宾室或其他地方送行，则应在客人之前抵达。如果还有欢送仪式，则应在仪式开始之前到达。如客人是乘坐民航班机离开，应按其航空公司规定时间提前抵达机场并办理有关手续，对身份高的要客，亦可由接待人员提前持其相关文件前往代办手续，尽量保证客人到后即走。

（二）欢迎仪式

外国元首和政府首脑抵达首都时，东道国一般都会举行正式的欢迎仪式。如果按照日程安排是先外地再首都，则除当地政府重要官员外，还要视情派一定级别的高官前去会同当地官员迎接。

军方领导人（如国防部长）来访，也应举行一定的欢迎仪式，安排其检阅仪仗队。对其他应邀来访人员，一般不举行欢迎仪式，但无论是官方人士、专业代表团还是民间团体、知名人士，均安排相应身份人员前往机场（车站、码头）迎送。长期在本国工作的外国专家和外交使节到离任时，各国有关方面亦会安排相应人员迎送。

欢迎仪式都由东道国元首或政府首脑主持。有的国家在外宾下飞机（火车）后，即在机场（车站）举行欢迎仪式。也有的国家在外宾抵达的当天或次日，在总统府、王宫、议会大厦、大会堂或国宾馆等特定场所举行欢迎仪式。欢迎仪式上要悬挂两国国旗、铺红地毯、献花、鸣礼炮（如元首来访是鸣21响）、奏两国国歌、检阅（海陆空三军）仪仗队等。

不管欢迎仪式在何处举行，迎接的车辆都有警车与摩托车队开道护送，一方面是为了保障国宾车队的畅通无阻，另一方面也起到了礼仪礼遇的作用。国宾车队通过城区时，欧美国家为了不影响市民的正常工作和生活，一般不采取封路措施，国宾车队不能鸣笛、同样须遵守交通信号灯控制。法国一般会派两名宪兵骑着摩托车前后护驾，沿途临时指挥要通过的路口，让车队通过。有时，两人实在忙不过来，还会带有表演性质地边骑摩托边指挥交通，甚至双手脱把站在行驶的摩托车上吹着哨子频繁地打着手势进行指挥。2001年我随李岚清副总理访问巴黎时曾经亲眼见过一次，至今难忘。

我国目前的礼宾迎送政策是，外国元首或政府首脑来访抵京时，由政府陪同团团长（一般为部长或副部长）率队前往首都机场迎接，并陪车送至钓鱼台国宾馆下榻。但像美国总统，一般不住钓鱼台国宾馆，甚至连座驾都是专机运来，是否陪车，则依双方协商情况而定。

有专机来访的要客，一般都是下飞机直接上车，不在机场休息。而一般乘普通航班来访的部长级或其他要客，有条件的接待单位会事先订妥贵宾沙龙，供接到后稍事休息之用，同时也可等待工作人员将托运行李提取。

我国正式的欢迎仪式一般在贵宾抵京的当天下午3、4点或次日上午9、10点，于天安门广场人民大会堂东门外广场举行。有时由于天气原因，就改在人民大会堂东门内中央大厅举行。

有时，当来访的国家元首或政府首脑结束访问或离京赴外地时，国家主席或政府总理，或其全权代表会前往贵宾下榻宾馆话别和送行。

（三）献花

在一些贵宾抵达时，东道国经常会安排献花。献花时一定要用鲜花，花束要整洁、鲜嫩、艳丽，花束中注意不要用菊花、杜鹃花、松柏的枝叶等，色彩可以红、粉、白、紫等为主，尽量不用黄色花朵。在欧美国家，对花的枝数也有讲究。南太平洋和一些非洲国家喜欢把鲜花串成花环给贵宾戴上，以示热烈欢迎。献花人员，通常情况下由少年儿童或女青年来担任，时机一般选择在参加迎送的主要领导人与客人握手之后。

（四）介绍

迎接人员与贵宾见面时，尽管有可能事先都已经通报知道，但仍需互相介绍一下。当客人下机（车、船）后，迎接人员要主动迎上去表示欢迎，礼宾介绍时，按尊者优先的原则，通常由礼宾官或迎接人员先将前来欢迎的中方主人（陪同团团长）介绍给来宾（职务及全称），其他人员再由团长介绍给对方，也可由礼宾工作人员介绍，但要简明扼要。

主要翻译必须时刻紧随主要领导和主宾。

（五）陪车

接到贵宾后，从机场（车站或码头）到下榻的宾馆，包括访问过程中和访问结束，可视情安排主人陪同乘车。如陪车，应请客人坐在主人的右侧。即主人在司机后座，客人在司机的右后座，译员坐副驾驶位。若是三排座轿车，译员坐在主人前面的加座上。上车时，请客人从右侧门上车，主人绕到左侧开门上车，不可从客人座前穿过。如果客人先上车且自己就坐到了主人的位置上，则也不必再请客人挪位。

正式场合下，乘坐双排五座轿车时，其座次排列基本分以下两种情形：由主人开车时，通常以副驾驶座为上座，其他位置座次由尊及卑依次是后排右座、后排左座、后排中座；由司机开车时，一般以后排右座为上座，然后是后排左座、后排中座、前排副驾驶座。

（六）一般客人的迎接

迎接一般客人，没有官方的正式欢迎仪式，主要就是要做好相关的各项安排。如果没有贵宾室，且迎接的客人为数众多，可以事先准备明显的标志，如小旗或牌子等，让客人从远处就能一眼看到并辨认出来。见面后，如客人都是熟人，则不必介绍，握手致意即可；如客人是首次前来，主客也不相识，则主人应主动询问并自我介绍。

（七）如何引导客人

正常情况下，应该遵循客人先行、女士优先的原则。但是一些特殊情况下要灵活处理。

在参观、迎送时，负有引领任务的工作人员应走在主客的左前方。

如果活动中有摄像或照相，应注意避让，尽量不要挡镜头，更不可抢镜头。

到门口时，应走到前面开门，让客人先通过。通过旋转门时，要让客人先行，工作人员在最后。通过较窄的楼梯或自动扶梯，上行时，引导者在后，下行时在前，并留意脚下，万一有人踏空，应及时给予帮助。

（八）记牢会谈、会见、参观、游览等活动的时间、地点

对会谈、会见、参观、游览等活动的时间、地点要烂熟于心，对各场所都要事先了解，做到心中有数。一般都应准备好（中外文）日程，让每个相关人员准确掌握时间、地点、内容等情况有助于他们的配合，如遇变动，也要及时通知到每一个人。

二、如何安排住宿

随着对外交往的密切，异地出差经常是家常便饭，安排食宿交通便成为公务接待中不可缺少的一部分。

安排住宿，要弄清楚是活动接待还是替对方订房，但两者除最后结账付费有所区别外，其他基本一样。如果是对方自己负担，那得了解其相关要求，比如，要套房、标准间还是单人间，星级标准和费用标准，有何特殊要求（服务设施、交通位置、楼层、是否吸烟）等。

如果是活动招待对方，也要了解清楚相关情况和要求，根据客人的身

份、人数、性别、年龄、身体状况、生活习惯和需要来酌情安排。

一般情况下，除费用预算外，选择宾馆还应考虑宾馆的服务质量、周边环境、交通状况，人数众多的还要看其实际接待能力，最好事先都看过现场，对其空调、热水、卫生间、电话、电视、娱乐、购物及办公、会议设施等都心中有数。

现在宾馆的服务水平普遍都有提高，基本都能满足客人的需要，但还是要关注宾馆周边环境，以不影响客人休息为准。

对于要客，预订好住房后，如事先可能见到客人，最好入住当天提前办妥房卡，见面时第一时间交给对方，或将其放在总台，客人到后即可入住，省却办理登记手续和等待时间。

三、会见的几种形式

在对外交往中，会见和会谈是我们日常工作中经常遇到的公务活动内容，也是重要的对外交往方式。两者既有共性，又有所不同；既有一定的礼节性，又有相当的实质性。其广泛的适用性又可以使不同层次和不同领域的人员都成为参与者，与日常工作生活密不可分。

会见是指双方或两方以上的会晤、见面。再细还可以分为拜会、拜见或谒见、觐见。前者一般指新来或后来的人往见资深或先来的；后者则一般是下级叩见上级，臣子往见君主。而接见或会见一般是从接受来访来讲，经常是一方要求来见、另一方同意见的意思，所以这里有时与接见意思相同，有一定的“身份高者见身份低的或主人见客人”之意在其中。但召见一般是指为了某事而专门传请某人过来面谈，经常见于外交场合，如外长、副外长召见外国使馆某某人来谈某事。而拜会多指礼节性的往访见面小坐，比如，新任驻某国的大使，到任后往往会去拜会其他大使，见个面，相互熟悉了解一下。过一段时间后，曾经接受过这位新任大使拜会的老大使，又会礼尚往来，回过头来到那位新大使的办公室或官邸回访一下，这就叫回拜。这种多属于礼节性的拜会，一般没有实质目的和内容，主要就是叙叙友情，加深了解。有时某大使任满离任之前，也会向其他国家的大使作辞行拜会，这种拜会一般不用再回拜，如果彼此关系非常好，可能会为他饯行，这另当别论。

一般说来，礼节性拜会是身份低者往见身份高者，来访者往见东道主。

还有一种特殊的会见——访谈，常用于记者就某些问题专门前往采访某人。或者也不一定是记者，就是专门前往访问某人就某些问题进行交流。

所以，从会见内容来说，基本上可分为礼节性的、政治性的和事务性的，个别情况下也有兼而有之的。相对而言，礼节性的会见时间较短，话题更为广泛、随便。政治性会见经常会涉及双边关系、对国际上重大问题的看法交流意见等。事务性会见则是为解决某一问题或达成某一协议而专门进行的会晤，如外交交涉、外交磋商、业务商谈等。

总体上会见可分为以下几类：

1．礼节性拜会（courtesy call）

2．回拜 （return call）

3．接见（receive）

4．召见（summon）

5．辞行拜会（farewell call）

6．访谈（interview）

会见时，一般情况下主宾在沙发上围圈而坐，不用桌子，但可有茶几。规格高的正式会见，主谈人居中，译员和记录一般都坐在主谈人的后面，其他人员依各自礼宾顺序按宾主各坐右左两侧。

四、会谈的几种形式

会谈是指双方或多方就某些重大的政治、经济、文化、军事问题，以及其他共同关心的问题交换意见。会谈既可以是洽谈公务，也可以是就某项具体业务进行谈判。相对于会见而言，会谈的内容较为正式，政治性或专业性更强。

会谈基本上都围桌而坐，或宾主双方各坐一面，或多方圆桌而坐，不分主次。

双边会谈通常用长方形、椭圆形或圆形桌子，宾主相对而坐。以进正门为准，主人坐背门一侧，客人面门。

主谈人居中，译员一般在主谈人右侧。其他人按礼宾顺序左右排列。记录员可安排在后面，如会谈人少，也可在会谈桌旁就座。如会谈长桌一端向正门，则以入门的方向为准，右为客方，左为主方。多边会谈，座位可摆成圆形、方形等。小范围的会谈也可不用长桌，只设沙发，双方座位按会见座次安排。

在一些外交场合，会谈又分为正式会谈（official meeting或official talk）和非正式会谈（unofficial meeting或unofficial talk）。

五、会见会谈的座次

（一）会见

会见通常安排在会客室或办公室。会见客人时，标准的做法应为宾主各坐一边。主人与主宾在室内面对正门并排而坐，主宾居右，主人居左，即客人坐在主人的右边。宾主双方的其他随员则应分别在自己的上司一侧按礼宾顺序排开就座，译员、记录员一般安排在主人和主宾的后面。其他客人或主方陪见人在各自主人一侧就座，座位不够可在后排加座。

倘若主人与主宾在室内不是面对正门，而是在正门的右侧或左侧并排就座时，通常讲究“以远为上”或者“居中为上”，即要么以距门远者为上位，要么以居中而坐者为上位。某些国家元首会见还有其独特的礼仪程序，如双方简短致辞、赠礼、合影等。以下是会见座位图：

例1：会见外宾且人员较多时

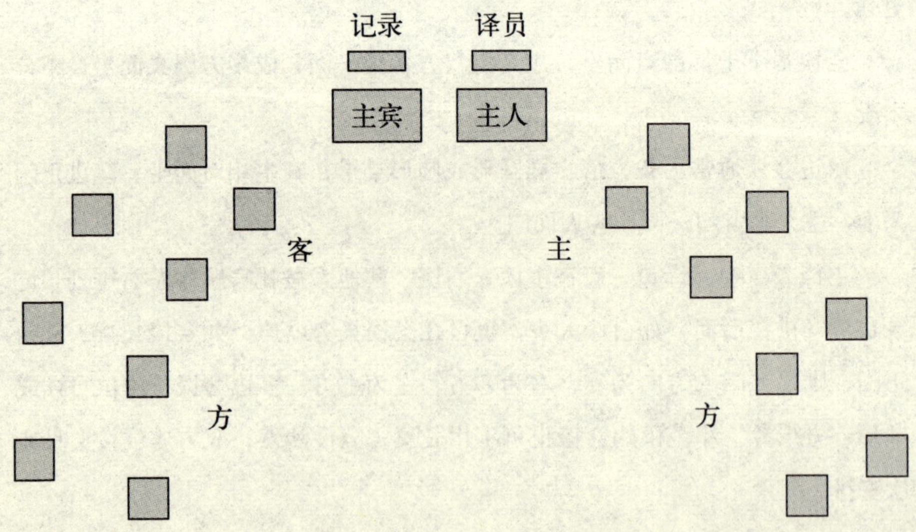

注：左右分别是客方和主方，依各自礼宾次序排列，有时双方各有译员。

例2：会见外宾且人员较少时

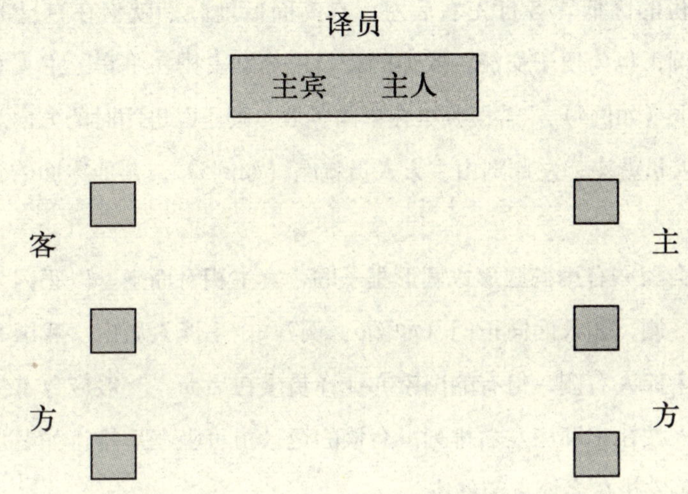

例3：在办公室会见客人时

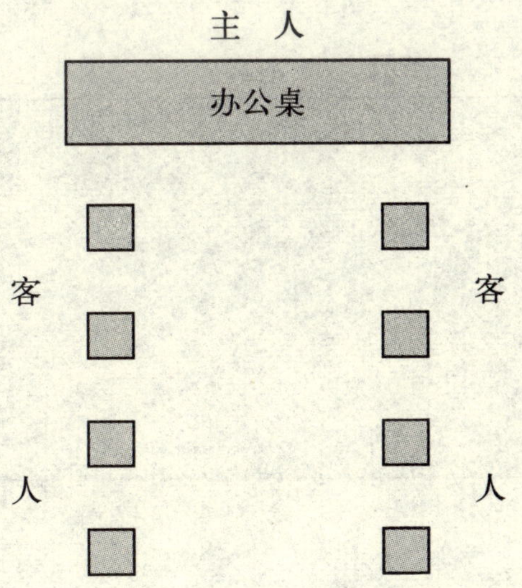

（二）正式谈判

举行双边正式谈判时，若谈判桌在室内横放，则客方人员应面门而坐，主方人员应背门而坐。除主宾、主人居中对面而坐外，双方的其他人员应依其具体身份的高低，各自先右后左、自高而低地分别就坐在自己的上司一方。按惯例，也为便于交流，双方的译员应分别安排在主宾、主人右侧的第一个位置上（如例4）。若谈判桌在室内竖放，则应以进门时的方向为准，右侧请客方人员就座，左侧则由主方人员就座（如例5）。其他方面的做法均与前者相似。

双边会谈亦有用椭圆形或圆形桌子的，宾主相对而坐，以正门为准，主人占背门一侧，客人面向正门（如例6、例7）。主谈人居中。我国习惯把译员安排在主谈人右侧，但有的国家亦让译员坐在后面，一般应尊重主人的安排。其他人按礼宾顺序左右排列。会谈的记录员可坐在后排，如参加会谈人数少，也可安排在会谈桌旁就座。

会谈座位的安排如图所示：

例4：横对门

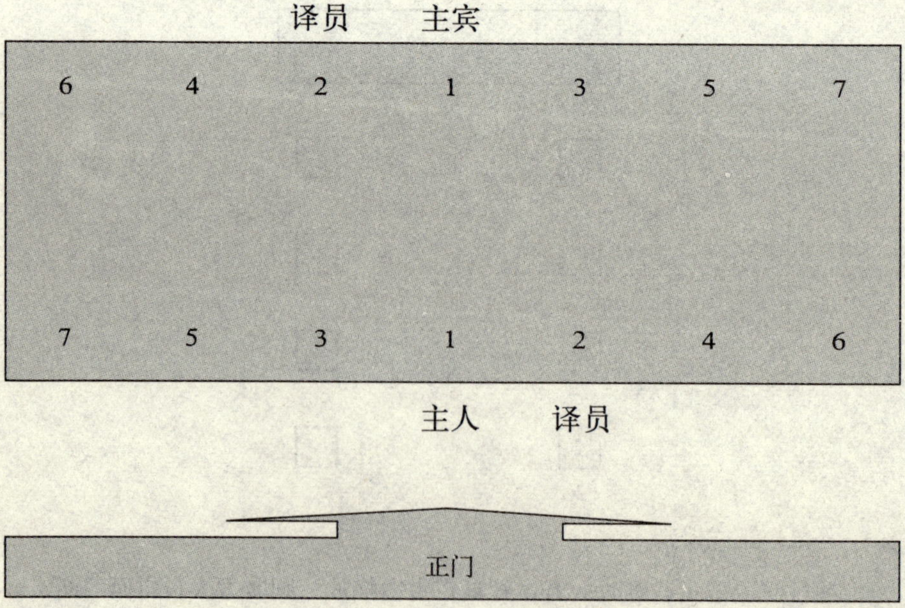

例5：竖对门

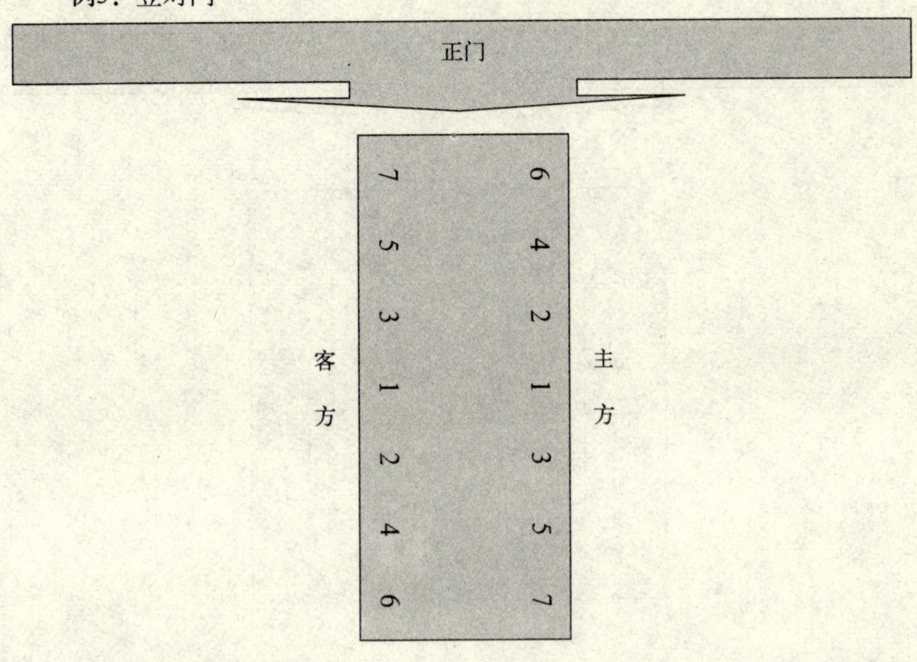

例6：圆桌或椭圆形桌

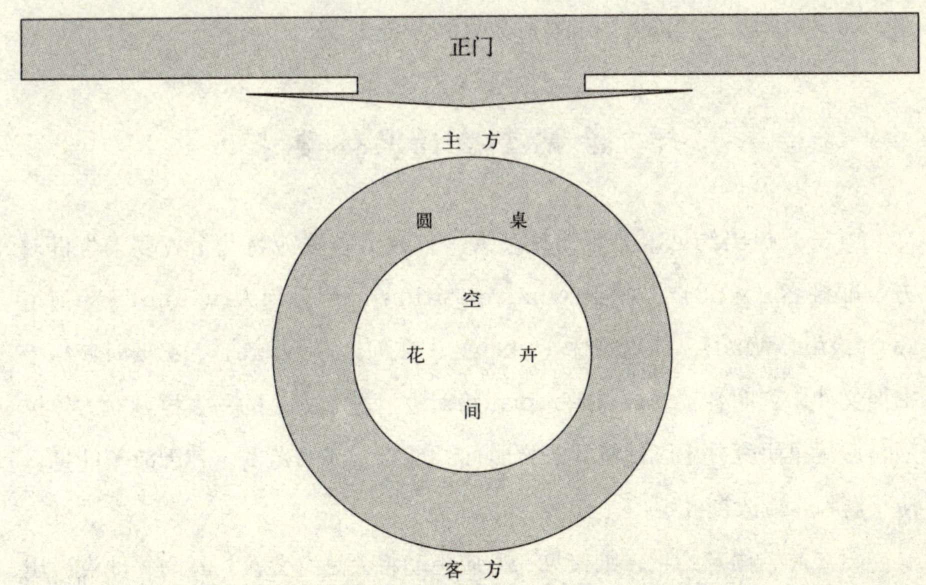

例7：方桌

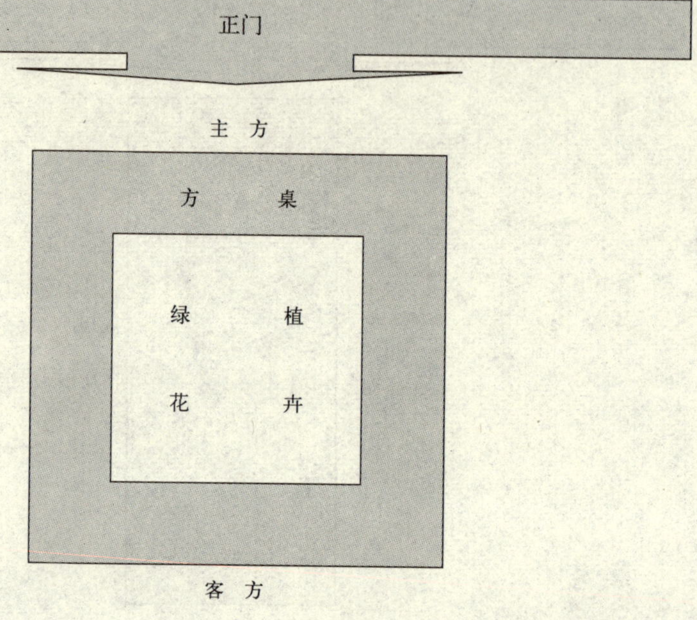

如参加会谈者人数不多，或要谈的内容不是非常正式，亦可考虑不用长桌，而只用沙发。座位排列可参照会见的办法。

六、会见会谈的具体要求

（一）提出约见。要想约见某人，倡议方首先应将几个W要素告诉对方，即姓名（who）、职务(what position)、想见何人(whom)、为何事(why或for what)、希望何时（when）、在何处（where）。必要时应给予书面文件，列明各项，传真或e-mail给对方。被要求见的一方接到对方建议后，应尽早研究并予以回复，商定时间、地点、人员范围。若因故不能见，应予解释，或改期或婉拒。

（二）若同意约见，则接见一方应主动将会见（会谈）时间、地点、出席人员甚至包括交通路线等有关事项及时反馈给对方，并最后确认。提出约见一方的工作人员则应主动跟踪了解有关情况。

（三）准确掌握好会见、会谈的时间、地点和双方参加人员的名单，及早通知有关人员和相关单位作好必要准备，核实好出发时间、路途和抵达等各个环节。

（四）主人一方应适当提前到达现场。根据对方所报人数安排好现场所需，保证足够的座位。无论是会见或是会谈，事先都应按双方人员礼宾次序排好座位图，并在现场放置（中外文）座位卡，卡片上的字体要工整清晰。有的场合甚至还要配鲜花等。如果双方人数较多，会见的厅室面积又大，主谈人说话声音低，为保证效果，还要提前准备好麦克风。

正式涉外会谈，还需要在会场挂两国国旗或在会谈桌上放置双方小国旗（具体要求参考“悬挂国旗”章节），并放一些纸、笔以及水杯和矿泉水等。

（五）如安排有合影，应事先排好合影站位图，人数较多时应准备好摄影阶梯，并将每个参加合影人员姓名打成地签标记在台阶相应位置，让人一目了然。合影站位图的安排规则请参考“合影与站位”章节。

（六）之所以要求主人一方先于客人到达会见会谈场所，就是为了客人到达时，主人应该在门口迎候，尤其对高级别的贵宾更应如此。迎客可以在大楼正门，也可以在会客厅门口。视主人对客人的重视程度而定。如果主人不到大楼门口迎候，则工作人员应在大楼门口迎领，并引到会客厅。如有合影环节，一般安排在宾主握手之际（两人），或之后合影，然后再入座。会见结束时，主人应送至车前或门口，握手挥别，目送客人离去后再返回室内。

（七）领导人之间的会见和会谈，除参会人员和必要的译员、记录外，其他工作人员包括摄影记者在安排就绪后均应退场。如允许记者采访，一般也只在正式谈话开始前的几分钟，摄几个双方主要领导讲话的镜头，然后全部离开。谈话过程中，除必要的服务和工作人员外，旁人不要随意进出。对重要的会见会谈，所有参会人员不得携带手机进入会场；一般性的会见会谈则应关闭或改成振动，不可以中途铃声大振，更不可当场接答，那样不仅本人而且本人所代表的一方都有失礼貌，即使起身到室外接听也不是上策。

（八）会见会谈基本上都会提供饮料，当然各国有所不一。我国一般会备茶水或矿泉水。西方则会问要茶水还是咖啡，甚至苏打水。有的礼节性拜会尽管时间不长，也会上点干果、点心之类的小吃，以示主人的好客。

对礼节性的会见，一般不要逗留过久，基本上是一些欢迎、祝愿之类的客套话，或简要介绍情况，大多在半小时到45分钟左右；事务性会见可能要就某一问题交换意见，但一般也不宜超过一个半小时。

有的到任拜会需要回拜，但如果客人是为祝贺节日、生日等登门来访，则不必回访，而讲究对等与礼尚往来即可，在对方节日、生日时前往拜访，以示祝贺。

（九）陪同会见的人员不宜过多，应精干务实；事务性会见则依工作需要而定。

（十）对一些会议会见等活动，如有记者摄像采访时，要自然调整坐立姿势；适当整理服饰；不要吸烟；不做与会议、活动无关的其他事情，要全神贯注，眼睛不要游离或飘闪不定，自然、放松是最佳的表现。

第四章

宴请活动的安排

宴请是我们日常工作和社会生活中经常遇到的交际活动之一。上到国宴下到普通家宴，正式的和非正式的，小范围规模的和规模盛大的，形式繁多，环节繁多，礼仪规矩繁多，无论是主办方、出席方，还是服务人员

都有诸多的细节需要全面了解和掌握，真正做到心中有数，以免出差错或争取少出差错。

虽然各国、各民族甚至不同地域举行宴请都有其自己国家、民族和地方的特点与习惯，形式和细节不尽相同，但根本点基本一致。通常我们可以把国际上通用的宴请形式分为宴会（Banquet或Dinner）、招待会（Reception）、茶会（Tea Party）、工作进餐（Working Breakfast, Lunch或Dinner）等。举办宴请活动采用哪种形式，首先要看举行这一宴请想要达到什么样的目的和效果，请什么人和要邀请多少人参加，当然有时还要适当考虑到活动的经费开支等各种因素。总的来说，我们举行宴请活动，是想达到庆祝、感谢、联谊的目的，轻松、友好、和谐、体面、顺畅是整个过程理想的氛围。

一、宴请的几种常用形式

（一）宴会（Banquet 或 Dinner）

宴会一般都是正式用餐，围桌而坐，由招待员依序上菜。宴会细分又有国宴、正式宴会和便宴；按举行的时间，又可分为早宴（早餐）、午宴、晚宴；按宴请地点有餐馆宴请和家宴之分；此外，还有公务宴请和私人宴请。因此，每次宴请其隆重程度、出席规格以及菜肴的品种和质量等均有区别。由于各种原因和习惯，一般来说，晚上举行的宴会较之白天举行的要更为隆重和正式。

1．国宴（State Banquet）

是国家元首或政府首脑为国家的庆典，或为外国元首、政府首脑来访而举行的正式宴会，因而规格最高，也最为正式。宴会大厅内要求悬挂国旗，有正式致辞或祝酒，席间安排乐队演奏国歌及乐曲。国宴一般情况下只在座位祝酒，而不相互走动碰杯敬酒。

2．正式宴会（Banquet，Dinner）

是指非常隆重而正式的宴请。在部长级以上高级政府官员举行正式宴请时，除不挂国旗、不奏国歌以及出席规格有所不同外，其余安排和要求大体与国宴相同。有时亦安排乐队演奏席间乐，也有祝酒词，宾主双方均需按身份等礼宾顺序排位就座。许多国家正式宴会十分讲究，事先都会印发专门的请柬、确认出席情况，并在请柬上注明对服饰着装的要求。欧美人对宴会的服饰比较讲究，往往从服饰规定要求上体现宴会的隆重和正式程度。对餐具、酒水、菜肴道数、宴请环境以及招待员的装束、仪态都有严格的要求。

正式宴请的菜肴通常包括冷盘、汤、热菜（中餐一般用四道，西餐用二到三道），再是甜食、水果，最后是咖啡或茶。西式宴会餐前会上开胃酒水。常用的开胃酒饮有：雪梨酒、白葡萄酒、马丁尼酒、金酒加汽水（或冰块）、苏格兰威士忌加冰水（或苏打水），另上水果汁、番茄汁、矿泉水等。席间佐餐用酒，一般多用红、白葡萄酒，也有上烈性酒的，但白酒酒精含量都不超过40度。餐后在休息室茶话时会再上一小杯烈性酒，通常是白兰地。有时餐前开胃酒以迎宾酒形式出现，即客人到后，主人先陪着站聊一会儿，一边寒暄一边等没到的客人，这时手里有个酒水杯无疑有助于营造良好且轻松愉快的气氛。

我国在这方面做法相对比较简单，一般习惯于餐前在休息室稍事叙谈，此时通常上茶水，近年来流行水果餐前吃，也不失为一种改革创新，宴请和餐饮也应该与时俱进。有时没有休息室，则可直接入席。席间一般根据客人愿望或主人的安排上葡萄酒或白酒，对女士有时专门上酒精含量略低一点的甜酒。餐后不再回休息室茶话，亦不再上餐后酒。

并非只有政府高官的宴请才叫正式宴会，任何组织任何人都可以举行正式宴会，关键看宴会的正规程度，如果完全是严格按照宴请程序安排和进行，非常注重形式和过程，那就可以称之为正式宴会。

3．便宴 （Informal Dinner）

也就是非正式宴会，相对于正式而言，要宽松、随便一些，不拘泥于礼仪形式，更注重气氛。常见的形式主要有午宴(Luncheon)、晚宴（Dinner），有时亦有早上举行的早餐会(Breakfast)。这类宴会形式比较简便，一般不严格排席位，不作正式讲话，菜肴的道数也可以酌情减少。因为下午都还要工作，在欧美午宴不上烈性酒，有时甚至也不上汤。便宴的好处就是都比较随便，显得彼此更加亲密，因此宜用于日常友好交往。

4．家宴（Family Feast）

即在自己家中设宴招待客人，这是一种较为难得的友好的礼遇。一般情况下，正式的公务活动不会将客人请到家中款待。对于特别熟悉而且私人关系良好的朋友，西方人偶尔也喜欢采用这种形式，以示特别的亲切友好，也相对比较随意。家宴往往由主妇亲自下厨烹调，家人共同招待。

（二）招待会（Reception）

招待会是指规模较大、人数较多、不备桌椅、没有固定位置、可以自由走动捉对交流、自助取餐的一种招待形式，也是一种不备正餐但较为灵活的宴请形式。常见的又可细分为：

1．冷餐会（Buffet，Buffet-dinner）

也叫自助餐，这种宴请形式的最大特点，就是不设桌椅不排席位，菜肴以冷食为主，但一般也多少都会配几道热菜，连同餐具一并陈放在长条餐桌上，由客人自取。餐会进行过程中，客人可随意行走，自由活动，也可根据自己的需要喜好多次取食。酒水有专门的水台，有时招待员也会用托盘端送。冷餐会的地点也比较灵活，一般在室内居多，欧美、非洲和澳洲等地夏天都喜欢在室外院子里、花园草坪上举行，冷餐会大都会设小桌，也叫解手桌，也会适当放几把椅子，供年老体弱者自由歇坐。根据主、客双方身份，招待会规格隆重程度可高可低，举办时间一般在中午11:00至14:00或17:00至20:00之间。这种形式常用于官方的正式活动，或某社团、组织，以宴请人数众多的宾客。

但各国都因地制宜地对冷餐会的形式和内容有所革新和改进，所以各地又都有所不同。像我国有时一些单位举行的大型冷餐招待会，只是名义上保留了这个叫法，其实就是大型的招待会，经常是用大圆桌，设坐椅，主宾席也排座次，只是其余各桌不固定座位而已，食品与饮料均事先放置桌上，招待会开始后，自动进餐。从效果看应该是介于便宴和招待会之间，取两者之长，撷彼此之便，主要考虑是为了方便客人，同时也为组织工作省去一些环节。

2．酒会（Cocktail Party）

又称鸡尾酒会，这种招待会形式基本等同于冷餐招待会，也比较随意活泼，便于来宾广泛接触交谈。主要区别是餐饮上略比冷餐招待会简单，以酒水为主，略备小吃。也不设坐椅，仅置几张小桌（也称解手桌）或茶几，以便客人随时可以把用过的杯盘叉碟放下继续随意走动。酒会举行的时间亦较灵活，中午、下午、晚上均可，请柬上往往注明整个活动延续的时间，客人可在其间任何时候到达和退席，来去自由，不受约束。但现在比较流行的趋势是名义上叫酒会，

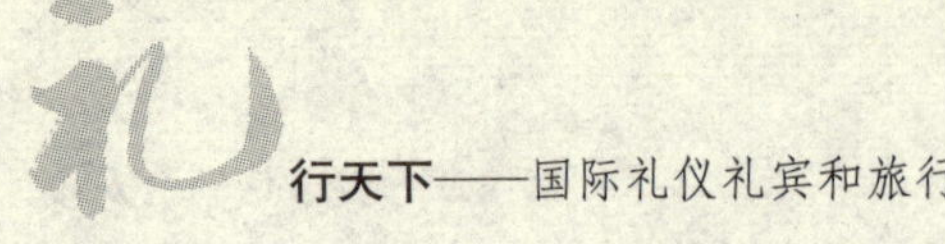

实际做法、规格等基本同冷餐会，特别是中国人比较好客，每次举行活动唯恐招待不周，让客人饿着回去，所以使馆每次搞国庆招待会，虽然平年请柬是邀请参加酒会的，但内容上都会比其他国家丰盛得多。如果是逢五逢十周年的国庆招待会，则更要隆重一些，形式也会升级为招待会（Reception），规格也相应较高。在欧洲和北美使馆工作期间我曾参加过数次使团或驻在国政府举行的酒会，相比之下都比较传统和简单，说是Reception的即略有几个冷餐，如火腿、香肠、西红柿、黄瓜、面包、沙拉、水果，偶有几个油炸食品就算是热餐了；而说是Cocktail的那就更是简单了，食品多为三明治、面包托、小香肠等几种小吃，以牙签取食。饮料和食品由招待员用托盘端送，或部分放置小桌和酒台。所以，邀请参加酒会基本上就是请客人到场、捧场、找几个熟人交流一下，吃喝不是最主要的。

鸡尾酒会上通常用的酒类和饮料的品种较多，并提供多种果汁，一般不怎么用烈性酒，但基本都会备上几种，客人点才给。

鉴于酒会的便利、简约、高效，基本能达到庆祝活动、表达谢意、接触

交流、增进友谊的目的，近年来国际上举办各种庆典、欢迎代表团到访、各种开闭幕式、文艺演出、体育赛事等大型活动时，越来越多地都会举行招待酒会。

（三）茶会（Tea Party）

茶会是一种非常简便的招待形式，主要是在一种轻松随便的环境中约几个朋友小聚，重在交流。举行的时间一般在上午10时或下午三四时。茶会通常在客厅举行，一般不到餐厅。厅内设茶几、坐椅，也不排座位，但如是为某贵宾举行的活动，入座时，可有意识地将主宾同主人安排坐到一起，其他人随意落座。

顾名思义，茶会是请客人品茶，这与我国广东喝早茶不同，茶会不备餐饮。因此，比较突出茶道，茶叶、茶具的选择就比较讲究或具有地方特色。一般用瓷器或陶瓷，如紫砂壶等，不用玻璃杯，也不用热水瓶代替茶壶，较好的做法是一边用考究的水壶煮水，一边泡茶、倒茶。西方人一般习惯于用红茶，加奶。虽不提供餐饮，但可略备点心和有地方风味的小吃。很少见西方人当外人的面嗑瓜子的。也遇到过名义上邀请参加茶会，实际上是以咖啡待客的，其组织安排完全与茶会相同。茶会重在聚会，至于用茶还是咖啡不过是一个形式。

在驻外使团圈子里，茶会是夫人和女外交官们常用的活动形式。它不很正式，参加者比较随便轻松，彼此都不拘谨，所以效果一般不错。一些平时请不到的人物有可能会出现在茶会上，有时外长夫人、部长夫人甚至总理夫人都会欣然前往。

（四）工作进餐

工作进餐其实就是公务聚会的方式之一。从名称上就可以看出主要是为了解决某一工作问题而一起用餐，利用一起用餐的机会就某一问题交流意见或达成一致。因此，按用餐时间的不同可以分为工作早餐（Working

Breakfast）、工作午餐（Working Lunch）和工作晚餐（Working Dinner）。一般以工作午餐居多。

工作聚餐是现代社会生活中经常采用的一种非正式宴请形式，一般都不重吃什么、怎么吃，更重在谈什么；也不在乎谁请谁，但在乎和谁吃。所以，在北欧和加拿大，经常是参加者各自付费，之所以要这样做，就是想利用进餐时间，边吃边谈点事情。有时候在代表团访问期间或使团之间，往往因日程繁忙安排不开而采用这种形式。所以此类活动一般只请与工作有关的人员，不请局外人，也不会带配偶。为便于交谈，工作进餐不一定排座次，但是捉对而坐。有时会有意识地以工作话题为核心分几个交谈中心，这样就需要事先排一下座位，尤其是用长桌时。其座位排法与会谈桌席位安排基本相仿。

（五）BBQ家庭烧烤聚会

把BBQ列入似乎有点牵强，但随着社会的进步，越来越多的人特别是北美人都喜欢举行一些既简单易行又方便热闹的活动，旨在联络友情、密切合作，因此像BBQ这样的家庭烧烤形式越来越广泛地被用到人们的社会交往和日常生活之中。

所谓BBQ，就是主人事先约好一群朋友，一般是在休息日到自己家中做客。此类聚会大都会在夏秋天气晴好时在家中花园进行。既不发请帖，也不排座位，只是在花园草坪上支几张桌子，放几把椅子，弄上一两个烤炉，提前把所有食品用调料腌好，等客人到后聊到吃饭时间，便让大家根据自己的喜好选择食物、自己动手烧烤，吃什么、怎么吃、要多少完全由自己选定。每次人数可根据具体情况而定，少到四五个人，多到二三十人均可。其最大的特点就是比较轻松随意，既没有固定座位，也不必西装革履，更没有尊卑高低之分，甚至没人照顾，没有招待员，基本都是自己动手，用的餐具也都是一次性的，但BBQ所营造的氛围非常轻松愉快和无拘无束，便于彼此互动和深入交流。所以这是近年来越来越受欢迎的一种社交方式。

二、安排宴请及请柬式样

要搞好宴请，达到宴请的目的，做好下面几项工作尤显重要：

（一）明确宴请目的，确定宴请对象、范围与形式

宴请的目的各不相同，多种多样，可以为某人，也可以为某事。我以前在驻外大使馆工作时，经常为国内代表团往访或驻在国代表团访华举行宴会，或为外交使节或外交官员（如大使或参赞）的到离任，为国庆、建军节或为展览会的开闭幕举行宴会或招待会。

宴请缘由明确后，根据主、客双方的身份和相关程度确定邀请的对象和范围，有时需要考虑到主客双方身份的对等与相称。例如，作为东道主宴请来访的（外国）代表团，出面宴请的主人的职务和主管的专业一般要同对方代表团团长相应和对等，身份太低使人感到冷淡，规格过高亦无必要，除

非有特殊考虑。又如大使馆官员宴请驻在国部长以上官员，一般应由使馆最高外交代表，如大使（代办或临时代办）出面邀请。低级官员请对方高级人士，就显得不很礼貌，除非这已经是使馆相应最高级别的官员了。

一般正式场合都只请单身及其团队。但若是比较轻松以联谊为主的宴请或招待会等，通常以夫妇名义邀请对方夫妇参加。我国大型正式活动都以一人名义发出邀请，如国庆招待会都以总理一人名义邀请，但都是请夫妇出席。日常交往中，小型宴请则需根据具体情况决定以个人名义或以夫妇名义出面邀请。

这里应该注意，最好事先弄清邀请对象是否有配偶，对“偕夫人出席”要准确使用。如果知道对方还是未婚或单身，则请柬上一定注意只请本人而勿写“夫妇”。

邀请范围是指请哪些方面的人士，请到哪一级别，约请多少人，会来多少人，主方有哪些人员作陪，等等。这些都是要考虑的因素，还有诸如宴请的性质、主宾的身份、国际惯例、对方以往对我的做法，乃至当前双边关系和政治气氛等，都应想到，不能只顾一面。

确定邀请范围与规模之后，即可拟定具体邀请人员名单。一些基本信息，如被邀请人的姓名、职务、单位甚至是否有配偶都要准确，任何一个小的差错对外都是工作不细的体现，甚至导致邀请无法及时到位而失去意义。举行多边活动时尤其要考虑政治关系，特别是对政治上相互敌对的国家，或者来宾私人之间有隔阂的是否邀请其出席同一活动，一定要慎重考虑，事先需要做细致的工作。

至于宴请宜采取何种形式，在很大程度上应参照当地的习惯做法。一般来说，正式一点的、规格高的、人数不多的以正式宴请为宜，人数多、规模大的节庆活动则以冷餐或酒会更为合适，妇女圈里的活动以茶会居多。

从目前实际情况来看，各国礼宾工作都在趋于简化，提倡节俭、高效、务实、简约，宴请范围趋向缩小，形式也更为简便。特别是美国和加拿大，对欧洲繁复的礼宾程序不屑一顾。比如，在欧洲，大使或代办外出公务活动时，其座车上都会插上国旗，作为一国代表的象征，所以每到国庆招待会时，院子里停满了插有国旗的豪华车子，基本从中可以数出来了多少位使节。而在加拿大，大使或其他使馆长的座车上从来不挂国旗。人家讲究的是人人平等，只有分工不同，没有高低贵贱之别。此外，目前国际上酒会、冷餐会被广泛采用，而且中午举行的酒会经常不请配偶。不少国家领导人出访不坐专机只乘民航班机，轻车简从只带几个随行人员等，都是务实高效和追求简约快捷的表现。

（二）确定宴请时间、地点

宴请的时间应对主、客双方都合适。如果有机会口头当面征询主宾意见，最好先行敲定。如果必须通过电话联系的，以我个人的经验是发起方最好给出两三个时间供对方选择。主宾同意后，时间即被认为最后确定，可以据此约请其他陪同参加的宾客。一般来讲，邀请方越多，协调难度越大，协调过程也更为繁杂，但征求意见的过程必不可少，有时甚至需要几个来回。最后应该都能找到一个折中和妥协的方案。

地点一般是客随主便，但有时候也有主随客便。比如为了照顾客方，主方可就近前往被宴请方处，但相比而言，地点要比时间更易达成一致。对于其他一些官方的正式隆重的活动，一般安排在政府、议会大厦或宾馆内举行，其余则按活动性质、规模大小、形式、主人意愿及实际可能而定。选定的场所要能容纳全体人员。举行小型正式宴会，在可能条件下，讲究一点的会在宴会厅旁另设休息厅，供宴会前简短交谈之用，待主宾到达后或客人都到齐之后一起进宴会厅入席。

商定大规模的招待会或酒会的时间有时需要多费一些工夫和周折。如我国的国庆与尼日利亚同一天，为避免冲突，需要两方提前沟通错开。有的国家由驻在国外交部礼宾司来协调，这样驻外机构举行较大规模的活动时，需要事先与驻在国主管部门商定时间。举办此类活动尽量不要选择在某一方的重大节假日、有禁忌的日子或有重要活动的时间。例如，对信奉基督教的人士尽量不选13号，更不要选13号星期五。伊斯兰教在斋月内白天禁食，宴请宜在日落后举行。

（三）正式邀请

各种宴请活动一般均需印发请柬，这既是出于礼貌，亦是对客人的一种提醒和备忘。但便宴相对宽松一点，一经约妥便基本算数，请柬发或不发完全由双方自己商定。工作进餐一般都临近商定，也比较随便，一般不发请柬。有些国家在邀请最高领导人作为主宾参加活动时，还需单独发出书面邀请信，其他宾客则发请柬。

以前通信手段没有今天这样发达，因此宴请时间都会早早定下，请柬一般都会提前一至二周就发出，有的国家甚至需要提前一个月约定，以便被邀请人及早做出安排。有些活动虽然已经口头约定，但仍应补送请柬，这种情况要在请柬右上方或下方注上“To remind（备忘）”字样。需安排座位的宴请活动，为确切掌握出席情况，往往要求被邀请者提前确认能否出席，因此，请柬上一般会用法文缩写注上R.S.V.P.（敬请答复）字样。有的只需不能出席者回复，则可注上Regrets only（不能出席者请答复），并会注明回复的电话号码。做得更细致一点的，也可以在请柬发出后数日或活动开始前两三天，通过打一圈电话确认能否出席。

（四）请柬格式及式样

随着社会的发展进步，请柬的形式和内容已经大大改进和简化，主要讲清活动事由、形式、举行的时间及地点、主人的姓名（如以单位名义邀请，则用单位名称）、邀请对方一人或携配偶，等等。请柬行文不用标点符号，所提到的人名、单位名、节日名称都需用全称。中文请柬在行文中不提被邀请人姓名（其姓名及邀请人数都写在请柬信封上）。对客人着装要求、请柬是否可以转让等也均可有所表述。请柬格式与行文中外文本差异较大，注意不能生硬照译。

请柬可以印刷也可以手写，但手写字迹一定要美观、清晰。在请柬数量不多的情况下，都是以邀请方用电脑打印者居多，此时要认真校对请柬所述内容，时间、地点、行车路线务必准确明了。

请柬信封上被邀请人姓名、职务书写必须准确。国际上习惯对夫妇两人发一张请柬，我们国内也有场合需凭请柬每人一张入场。正式宴会特别是规模较大的宴会或招待会，为便于客人找到自己的座位并尽快入位，最好能在发请柬之前就排好席次，并在信封或请柬下角注明本请柬邀请人的席次号（Table No.），再细一点的可附上宴会厅桌位示意图和车辆通行证、路线图甚至还有司机的安排等。对规模不大的宴请活动，请柬发出后，应及时确认出席情况，准确记载，以便安排并调整席位。即使是不安排席位的活动，也应对出席率有所估计。

比较常见的几款请柬样式有：

1．突出宴请事由及宴请人的

①

为欢迎××国总统×××阁下（先生）访华谨订于××××年××月××日（星期×）××时在××××举行宴会

敬请
光临

×××
（主人姓名）

凭柬入场，每柬×人
请着正装（便装）
进×门

②

> 为庆祝中华人民共和国成立××周年谨订于××××年××月××日（星期×）××时在××××举行招待会
>
> 敬请
>
> 光临
>
> 中华人民共和国驻××国特命全权大使
>
> ×××（姓名）
>
> 凭柬入场，每柬×人
>
> 请着正装　　　　回复请致电：×××××××××
>
> 请进××门

注：请柬①为2页折叠，请柬②可以是单页，由于都是代表国家举行，正面都印有国徽。

2．专为某人举行的宴请请柬

①

> 谨订于××××年××月××日（星期×）×午××时在××××为××阁下（先生）举行宴会
>
> 敬请
>
> 光临
>
> ×××
>
> （主人姓名）
>
> 凭柬入场，每柬×人
>
> 请着正装（便装）
>
> 请进××门

②

为欢迎××××阁下谨订于××××年××月××日（星期×）×午×时在×××举行宴会

敬请

光临

×××

（主人姓名）

凭柬入场，每柬×人

请着正装（便装）

请进××门

注：若宴会系为国宾举行，主人为部长以上阁员，请柬可印国徽。

3．普通请柬

①

为欢迎××××阁下谨订于××××年××月××日（星期×）×午×时在×××举行宴会

敬请

光临

×××

（主人姓名）

凭柬入场，每柬×人

请着正装（便装）　　　　回复请致电：×××××××××

请进××门

②

为庆祝×××谨订于××××年××月××日（星期×）×午×时至×时在×××举行招待会（酒会）

敬请

光临

×××

（主人姓名）

凭柬入场，每柬×人

请着正装（便装）

请进××门

4．下面是几款有一定代表性的请柬外文格式

①

这是2001年7月随李岚清副总理赴俄罗斯参加北京申办奥运会活动时，为庆祝申办成功，北京奥申委在我驻俄罗斯大使馆举行盛大庆祝招待会的请柬。

Invitation

On the occasion of the election of

Beijing as the host city of

the Games of the XXIX Olympiad 2008

the Beijing 2008 Olympic Games Bid Committee

requests the pleasure of your company

at a reception

on__________,July________,2001

at __________

at______________

②

这是2005年10月加拿大与中国联合发行一套中国虎年邮票，加拿大邮政部长邀请出席发行仪式及庆祝招待会的请柬。

The Honourable John McCallum,P.C.,M.P.
Minister of National Revenue and
Minister responsible for Canada Post
and
Dr. Victor Rabinovitch
President and Chief Executive Officer
Canadian Museum of Civilization Corporation
cordially invite you to attend the
official unveiling of the postage stamps celebrating
Canada/Chinese Joint Issue: Big Cats
The occasion is the 35th anniversary of Canada' establishment of
formal diplomatic ties with the People's Republic of China(P.R.C.)

Thursday, October 13, 2005, at 5:30 p.m
River View Salon, Canadian Museum of Civilization
100 Laurier Street
Gatineau, Quebec

A reception will follow — ***RSVP:*** *1-800-218-1186*
Business attire — *before October 7, 2005*
Invitation for two persons

③

这是2005年9月16日国家主席胡锦涛应邀访问加拿大时，马丁总理设宴欢迎胡主席一行的请柬。

The Right Honourable Paul Martin
Prime Minister of Canada
And Mrs. Sheila Martin

Are pleased to invite you to a luncheon
In honour of
His Excellency
Hu Jintao
President of the People's Republic of China
And Mrs. Liu Yongqing
Saturday, September 17, 2005, at 11:30 a.m.
The Westin Bayshore, Main Floor, Grand Ballroom
1601 Bayshore Drive, Vancouver, British Columbia
(Guests are requested to arrive at 10:30 a.m.)

Business Attire

同时，附另纸说明相关安检事项：

FOR SECURITY PURPOSES

The invitation card and a photo identification are required
For admittance for
THE WESTIN BAYSHORE
Bags,packages and cameras will be inspected on arrival.
The invitation is non transferable

④

这是为庆祝加拿大与中华人民共和国建交35周年，加拿大国会议员、加中友协与中国驻加拿大大使馆共同在加联邦议会举行庆祝招待会的请柬。

On the occasion of the Thirty Fifth Anniversary of Diplomatic Relations between Canada and the People's Republic of China

The Honourable Joseph Day, Senator
And
Mr. Tom Wappel, M.P.
Co-chairs of the Canada China Legislative Association
And
His Excellency Shumin Lu
Ambassador of the People's Republic of China
Request the pleasure of your company
At a reception
On Wednesday, October 19, 2005, from 5:30 to 7:30 p.m.
Room 237-C, Centre Block
Parliament Hill

Business Dress

RSVP(613)992-8772 or RSVP@parl.go.ca
Before Monday, October 17, 2005

（五）订菜及菜单

宴请的酒菜要根据活动的形式和规格，兼顾主宾及客人的口味和喜好，在规定的预算标准以内安排。一般来讲，宴会主要是为了宴请客人，因此应主要考虑主宾的喜好与禁忌，不完全以主人的爱好为准，但要尽可能让各方都能接受，绝对不能以点菜人的好恶来决定菜单内容。例如，有的人对海鲜过敏，有人不食辛辣或臭豆腐、臭奶酪；伊斯兰教徒用清真席，不饮酒，甚至不用任何酒精饮料；印度教徒不吃牛肉；佛教僧侣和一些人只吃素食，等等。所以在举行宴会之前或订菜时一定要询问各位有无饮食禁忌。如果有个别人有特殊需要，应尽量满足，可以单独为其点菜。大型宴请则应照顾到各个方面。招待会由于食物由客人自取，因此只要在每个餐盘前放上菜名注明即可。

菜肴的道数和分量都要适宜。宴请应有冷盘和热菜，有汤。内容上要荤素搭配，要有肉（牛、猪、鸡、鸭、禽等）、鱼（海鲜及淡水鱼等）、豆制品及蔬菜。招待外宾，不要简单地认为价格高的就一定是好的，或是以请客的花费标准来表示或衡量主人的真诚和好客度，也不要因为海鲜是名贵菜而大量点用。对食物的喜好其实都受一定的文化背景影响，如中国、日本、韩国、东南亚一带的人比较喜欢海鲜，如海参、海螃蟹等，价格不菲，但很多欧美人并不认同，他们并不习惯所以也并不喜欢。倒是传统的、有地方特色的食品和本地产的酒更受欢迎，但凡事不能过度，如特别麻辣的川菜或特别怪异的臭豆腐，一般情况下不主动上，但可以事先介绍一下并征求来宾意见后再做决定。

至于菜量，小范围的宴请宜少而精，8人以上的一般可参考人均一菜来订，人少的则适当多订两三个。点上的食物最好吃完，不要铺张浪费，要务实节俭。我在十几年的外事生涯中所接触的外宾都是非常节俭务实的，甚至经常见到他们用面包把碟子底擦得干干净净，这种尊重劳动、爱惜食物的精神给我留下深刻的印象。

举办招待会或酒会，对出席人数应预先有个估计，基本可参照两人一盘饭菜的量来上，但准备得要适当富裕一点，免得因临时情况变化而造成被动。

无论哪一种宴请，事先均应请厨师或饭店餐厅根据你的要求列出菜单，征求主管负责人的同意。批准后，如是正式宴会，则应印制成正式菜单，注明抬头是×××为×××（节庆）宴请×××（主宾）菜单，下面是具体菜名及顺序，一桌两三份，讲究一点的最好是人手一份。

下面是一个常见的菜单式样。

××××（单位职务）×××（姓名） 欢迎××××（单位职务）×××（姓名） 菜单 ××××年××月××日	菜单 餐前小吃 江南美景 野山菌炖夜鸣鸟 碧绿元贝 鲍汁扣辽参 过桥多宝鱼 集香牛肋骨 木耳百合炒甜豆 杭州片儿川 美点双辉 精美水果 茶

三、座次的安排及图示

（一）每桌人数

每桌人数多少为好，没有具体的规定，以宴请的规模和场地的条件而定。以圆桌为例，最多的有二十几人的，一般的在十位左右为宜。宴请外宾时尽量避开13人，也有人对14人避讳。

座次包括桌次和在一桌内的座次。正式宴会一般均要按一定规则排定每个人的席位，以保障宴请活动的有序进行。根据宴会的要求和正规的程度，也可只排部分最主要客人的席位，其他人只排桌次或自由入座。有时候根据实际情况不完全对号入座也有一定的灵活性，比如由于活动安排时间紧、规模较大等原因，无法及时掌握来宾出席情况，也就无法准确排定座次，如果凭想象排定并把桌签都放好，来客对号入座，结果稀稀拉拉坐不满，不仅难看，也不利于交流，还会造成不必要的浪费。

无论采用哪种做法，都要在入席前通知到每一个出席者，使大家心中有数，现场还要有人引导。大型的宴会，最好是排席位，以免混乱。

上面在请柬一节中已经提到席位通知的问题。除请柬上注明外，现场还应该提供一些座位指示图，便于来客方便快捷地找到自己的座位。具体办法一般有：1．在宴会厅入口处用小托架展示出宴会现场示意图，图上标明每人的姓名和位置；2．印出全场桌位示意图，标出出席者姓名和席次，发给本人；3．印出全场席位图，包括全体出席者位置，每人发给一张；4．事先用卡片写上参加人员的姓名和席次，发给本人。这些做法各有特点，人多的宴会宜采用前者，便于周知。人少的可用后者，更富人情味。无论采用哪种方法，一定要把握好通知的时机，最好是在客人驾到寒暄之后或在休息厅时告知或分发。有的国家则采取在客人从衣帽间出来之际，由招待员用托盘将卡片递上，这当然是全场示意图，不涉及个性化的一对一服务。不管采用哪种方法，都需要宴会的工作人员在活动开始前做好细致、烦琐的准备工作。

按国际上的习惯做法，桌次的高低是以离主桌位置的远近而定，右高左低。两桌以上时，要摆桌次牌。同一桌上的席位高低则以离主人座位的远近而定。按英国等一些老牌西方国家的习惯，男女交叉着安排，以女主人为准，主宾在女主人右上方，主宾夫人在男主人右上方。我国的习惯是按各人担任的工作职务排列，以便于交流；如有夫人同桌出席，则通常把女方排在一起，即主宾坐男主人右上方，其夫人坐女主人右上方。两桌以上的宴会，其他各桌第一主人的位置可以与主桌主人位置同向，也可以以面对主桌的位置为主位。

（二）排座次的基本原则

圆厅居中为上，横排时以右为上，有讲台时临台为上。每张桌子上的具体排位，面门为主，右高左低。

安排席位的主要依据是礼宾次序。因此，在席位排定之前，一定要首先落实出席宴会的主、客双方人员名单，按各自的礼宾次序排列出来，然后按排序规则一一对号入座。

我们在实际工作中经常会遇到一些具体的问题和需要，不可能完全照搬礼宾次序，在具体安排席位时，还需要考虑其他一些因素，如需要交流的话题、彼此的友好和熟知程度、外宾的语言沟通问题，等等。安排席位时要尽量把身份大体相同、使用同一语言、专业同一或接近者排在一起，这样做的目的是为了营造良好的气氛，使宴请成为一次轻松、融洽、友好、热烈的活动。

在安排长条桌的座次时，要注意最后不要让宾客收边，也不要让女士收边。

宴会上如有译员，一般安排在主宾的右侧，但我国的习惯是将其安排在左侧。在以长桌做主桌、主宾安排坐对面时，译员也可以考虑安排在对面，便于交谈。但如果对方有自己的译员，则不能作此安排。有的地方为便于主人和主宾与其他桌的交流，在用长桌做主桌时，主桌背向群众的一边和下面第一排桌子背向主桌的座位均不安排坐人。也有一些国家，包括我国的一些国宴，译员均不上席，为便于交谈，译员坐在主人和主宾背后。

任何规矩都不可能包罗万象，上述只是国际上安排席位的一些常规。我们在工作中经常会遇到一些特殊情况，这时就需要灵活处理。比如，在圆桌宴请情况下，有时遇到主宾身份高于主人，为表示对他的尊重，可以把主宾摆在主人的位置上，而主人则坐在主宾的位置上，其他人员正常排定。第二主人可坐在主宾的左侧，也可按常规安排。如果本国出席人员中有身份高于主人者，譬如部长请客，总理或副总理出席，可以由身份高者坐主位，主人坐身份高者左侧，但少数国家亦有将身份高者安排到其他席位上。如果主宾夫人随行，而主人无夫人作陪时，通常可以请其他身份相当的女士担任第二主人角色。如无适当身份的女士出席，可以把主宾夫妇安排在主人的右左两侧，这也完全合规中矩。

席位排妥后最终要通过桌签来体现和落实。座位卡可手写也可机打，手写的应用钢笔或毛笔书写，一定要清晰端正，字应尽量写得大些，便于辨认。我国举行宴会时，座位卡将中文写在上面，外文写在下面；或者是中文一面，外文一面。根据宾主不同而使外文冲外或冲里，以便于双方辨认。如果一桌人彼此都熟悉，坐定后桌签可以撤走，如果彼此不熟，则可以放着直至活动结束。

便宴、家宴一般都不放座签，但主人对客人的座位也要有大致的安排。

下面以图的形式向大家介绍一些常见的宴会座次排法。

1．几种常见席位的排法

例1：

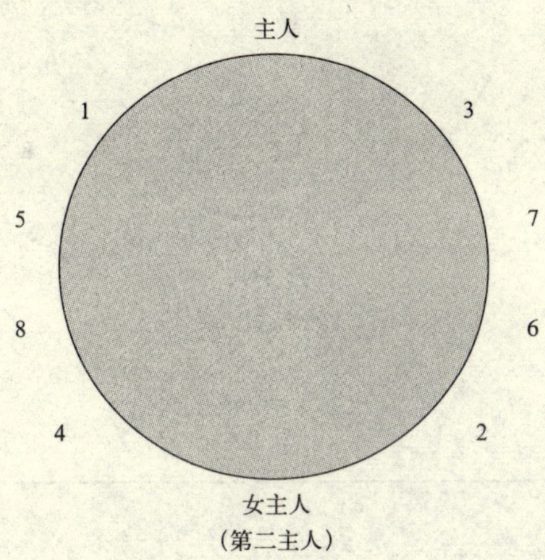

例2：

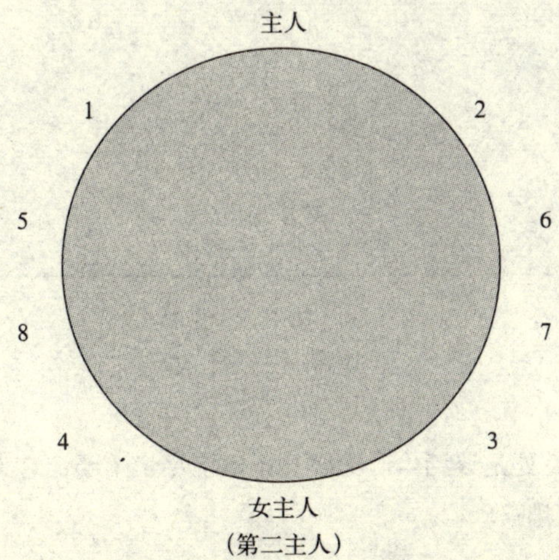

例3：

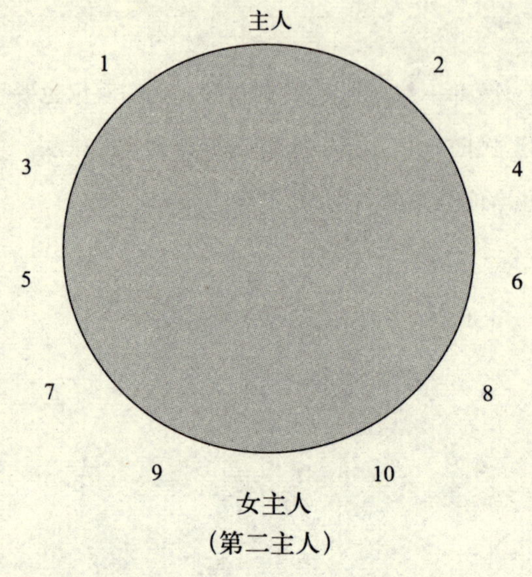

例4：

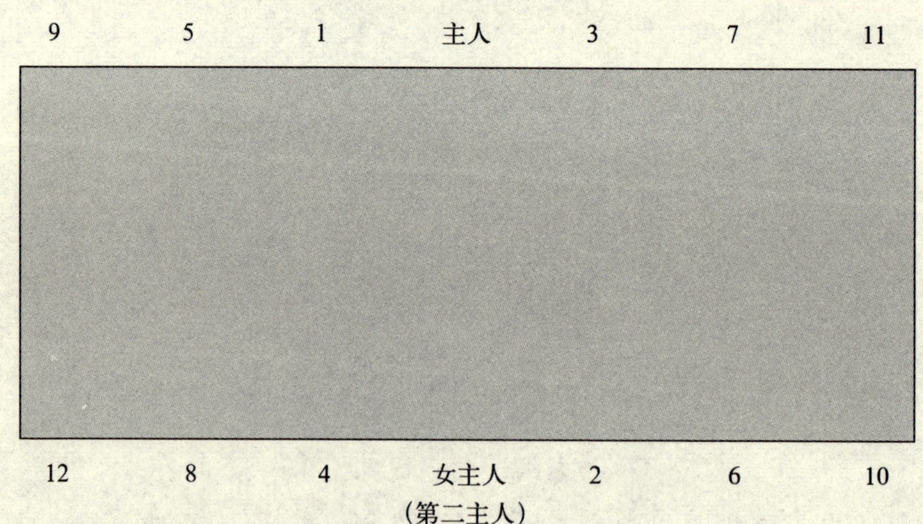

注：这种摆法好处是谈话中心比较集中，但尽量不要让客人和女士收边，一般把己方陪同或男宾安排在末端。

例5：

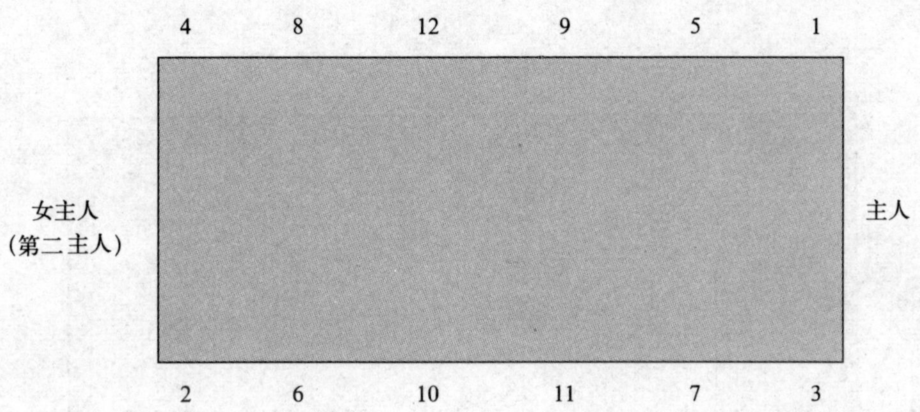

注：这种摆法的好处可以避免客人或女士坐在末端，同时可以提供两个谈话中心。

例6：

例7：

主人
女主人（第二主人）
5
3
1
2
4
6
7
8
9
11
12
10
13
15
16
14

例8：

9
5
1
主人
3
7
10
11
12
女主人
（第二主人）
8
4
2
6
13
15
16
14
17
19
20
18

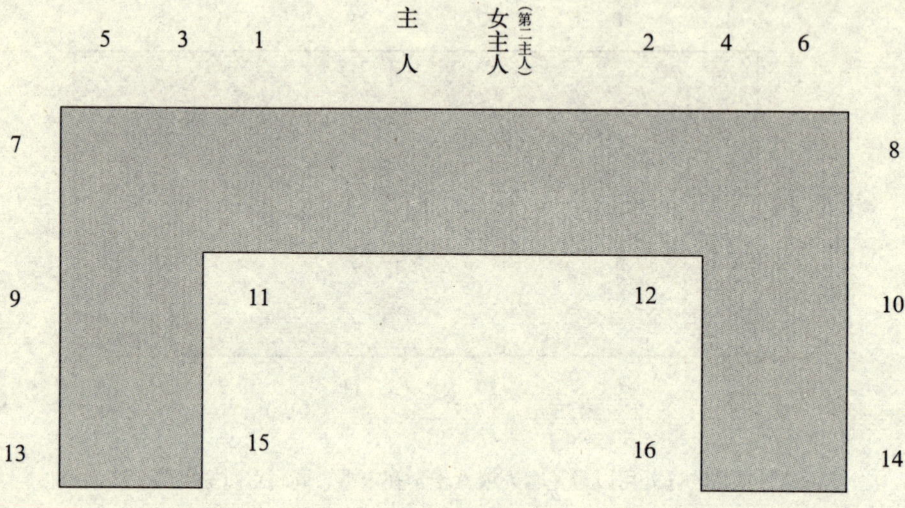

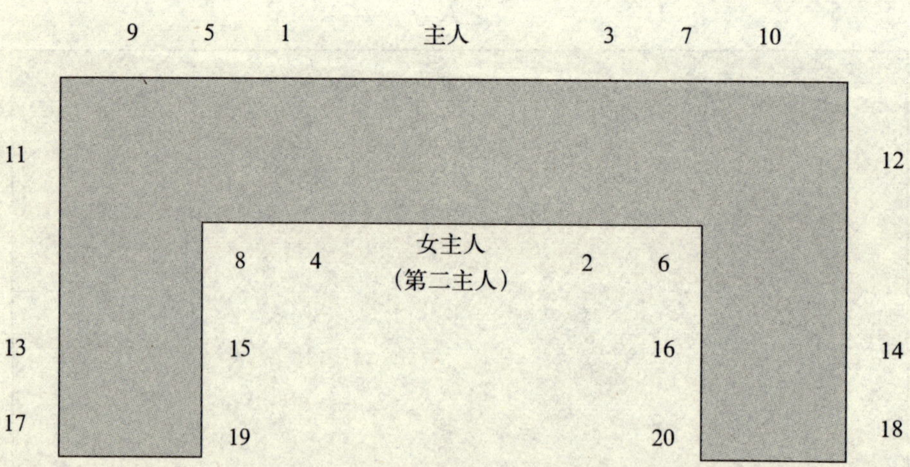

2.宴会桌次的布置及参考图示

圆桌的排法

例1：

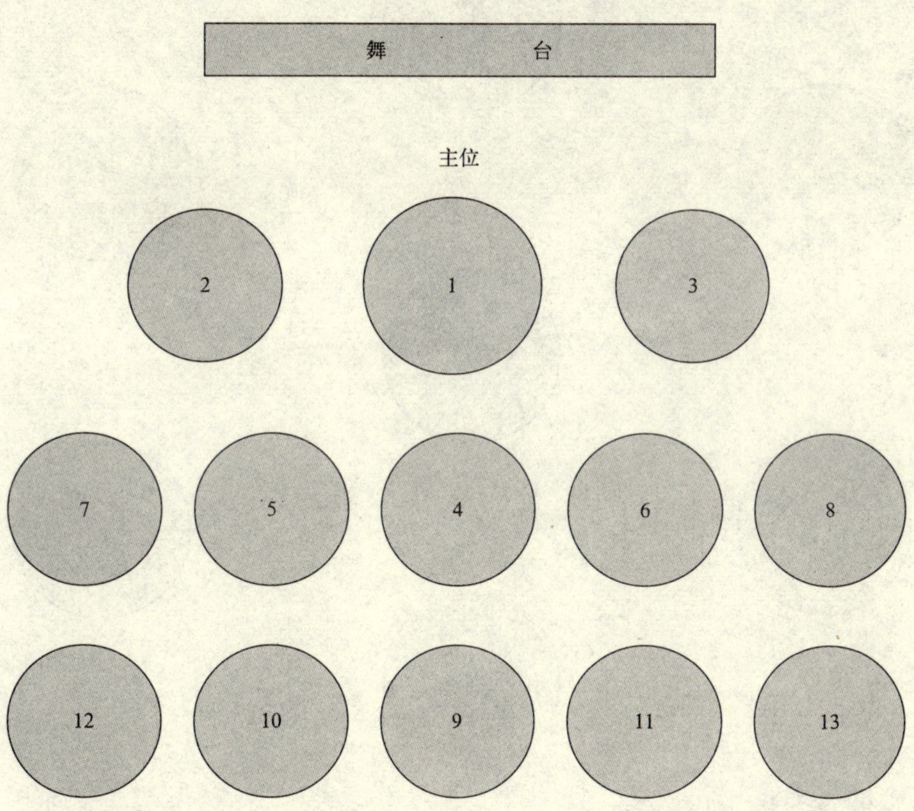

注：其他各桌的主位可与主桌主位同向，亦可相向安排。

例2：

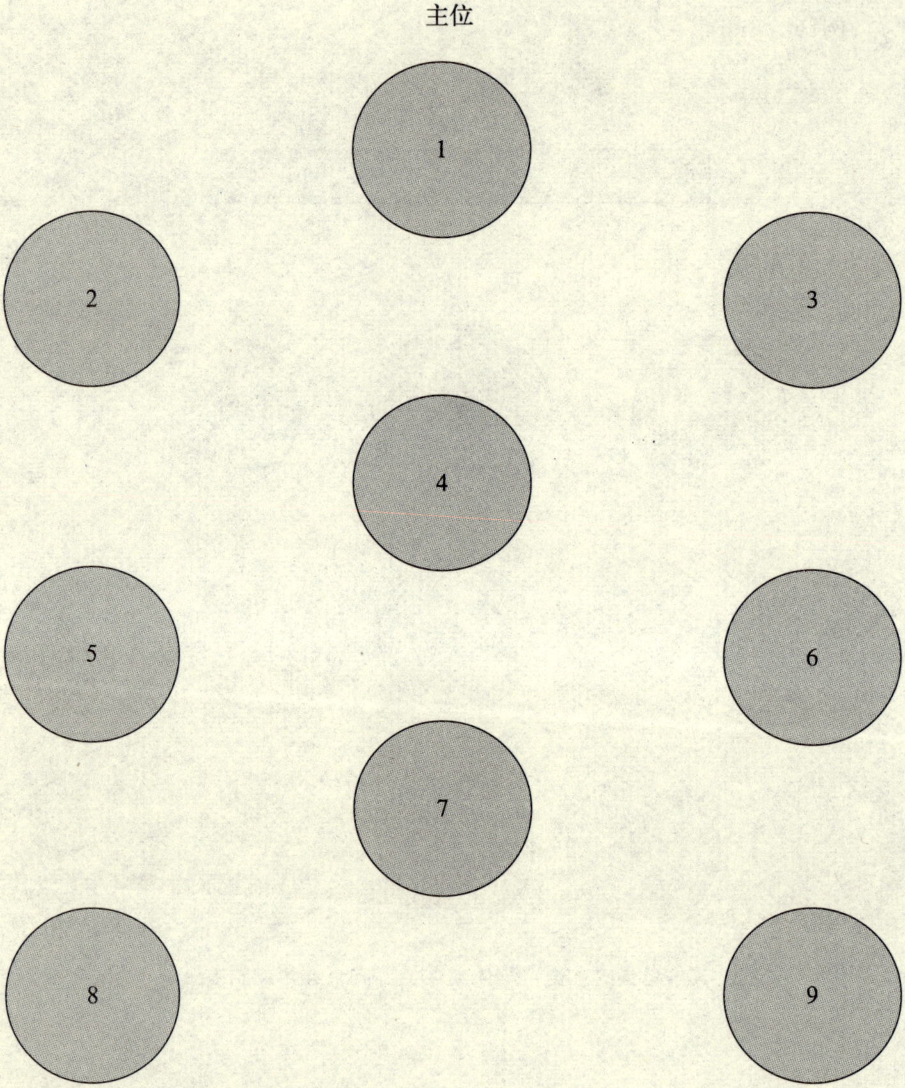

主位

1

2 3

4

5 6

7

8 9

例3：

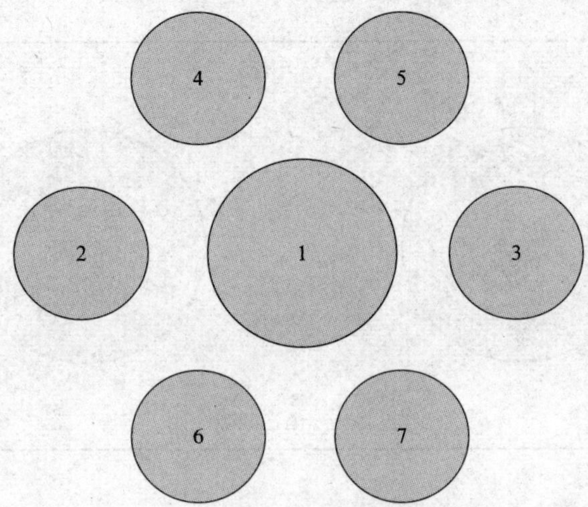

注：主位依面门情况而定。

例4：

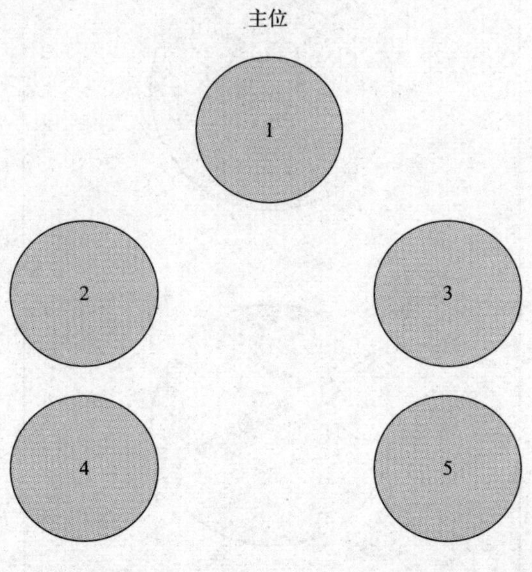

3．两桌的小型宴会桌次布置需依餐厅条件横排或竖排

例1：

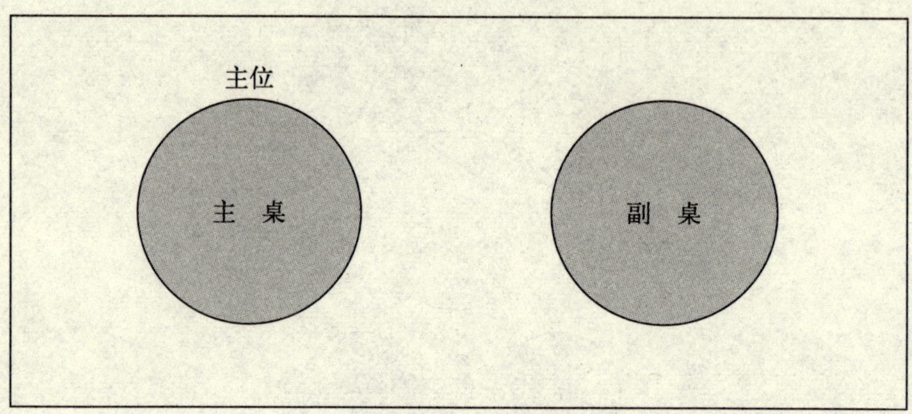

例2：

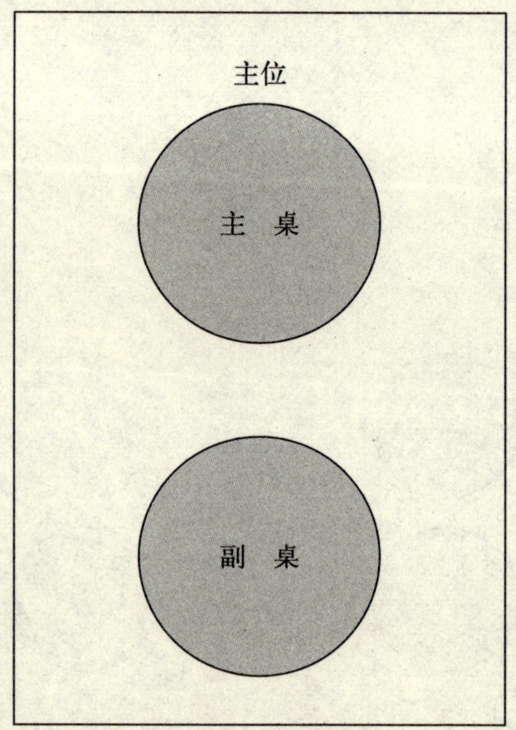

4．两张以上长条桌的排法

例1：

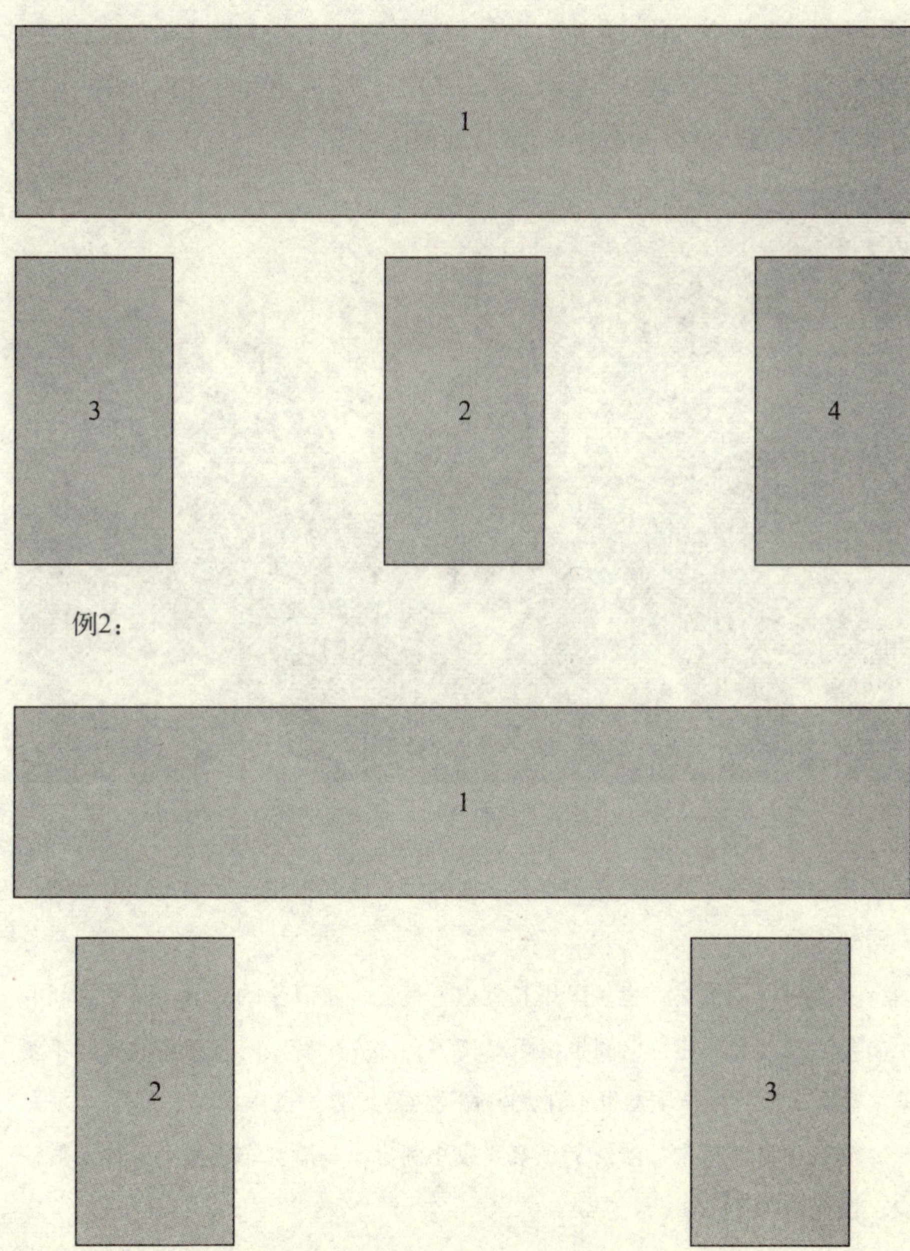

四、宴请现场的布置

宴会厅和会客（休息）厅的布置要根据活动的性质和形式来定。正式的活动场所应该布置得幽雅、整洁又不失庄重大方，不宜用红绿灯、霓虹灯来装饰，但可以适当点缀少量鲜花、插花或刻花。

适当布置一些鲜花或插花是会见会谈或宴请现场的最佳点缀之一

重要的活动，要注意提前查看必要的停车场和车位、休息室、卫生间、衣帽架等。

宴会可以用圆桌，也可以用长桌或方桌。一桌以上的宴会，桌子之间的距离要适当，各个座位之间也要距离相等。如安排有乐队演奏席间乐，不要离宴会区太近，乐声演奏也不宜太响太过热烈，有一点背景音乐即可。

宴会休息厅通常放沙发、小茶几或小圆桌，与酒会布置类同，如人数较少，也可按客厅布置。

冷餐会的餐台用长方桌，通常靠四周陈设，也可根据宴会厅情况，摆在房间的中间。摆放的原则是方便取餐、便于走动，不要造成拥堵。

要根据出席人数设计摆放一个、两个或多个餐台。酒水台应该另设，保证有足够的空间摆放杯子、饮料。如系坐下用餐，可摆四五人一桌的方桌或圆桌。座位要略多于全体宾客人数，以便客人自由就座。

招待会用碟及用以放酒或饮料的塑料夹

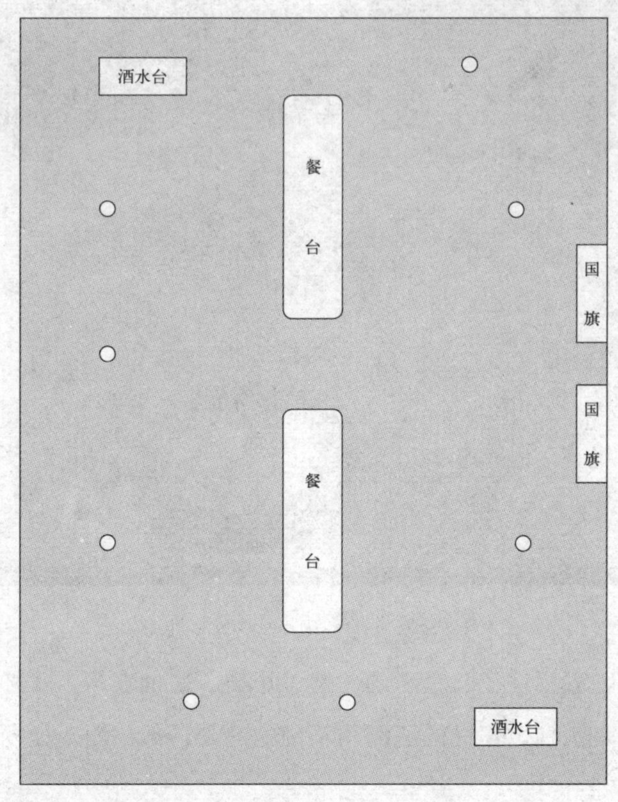

酒会一般摆小圆桌（解手桌），个别情况也可设几个茶几，以便放些花瓶、干果、小吃等。一般情况下不设桌椅，但为照顾年老体弱者，也可在四周适当放些椅子。

五、中西餐具的配置

宴会应根据参加宴请的人数和酒水、菜品的道数准备足够的餐具。所有摆到餐桌上的用品都要整洁卫生。桌布、餐巾都应浆洗熨平。酒水杯、筷子、刀叉、碗碟等在宴会之前都应洗净擦亮，不可有残缺口，更不能有任何手印或唇印。用餐时要随时准备给来宾更换干净的餐碟。

宴请前的准备工作和餐桌的布置

（一）中餐用筷子、盘、碗、匙、小碟、酱油碟等。水杯放在菜盘上方，右上方是酒杯，不同的酒需用不同的酒杯，如白酒、葡萄酒、绍兴黄酒、啤酒等，酒杯数目和种类应与要上的酒品及种数相同。餐巾叠成不同花色插在水杯中，或平放在菜盘上，有时主位的餐巾会与众不同。

宴请外宾时，可放筷子，一般都愿意尝试着用，以体会一下中国饮食文化，但最好同时摆上刀叉。酱油、醋、辣椒油等作料要根据需要每人单上，或一桌数份。如果是圆桌有转盘，应备有公筷、公勺置放其上，一般每人都还会有一个长勺供取菜用。餐桌上可备套装牙签。

（二）西餐具的摆设与中餐有所不同。西餐中都有刀、叉、汤匙、盘碟、杯等。而刀叉可细分为食用刀、鱼食刀、肉食刀（刀口有锯齿，用以切牛排、猪排）、奶油刀、水果刀等。叉分食用叉、食鱼叉、龙虾螃蟹叉。匙有汤匙、茶或咖啡匙等。杯的种类则更多，用法更细。茶杯、咖啡杯一般以瓷器杯居多，并配带小碟，还有牛奶杯、盛糖（块）的器皿等。酒杯、水杯多为玻璃制品，而且不同的酒用不同的杯。考究一点的宴请，上几道酒，就配几种杯。公用刀叉规格一般大于食用刀叉，直接随菜上来。

以法式西餐为例，刀经常是吃完一道菜之后继续使用，净刀放在刀架上，如同中国将筷子放在筷架上一样。在英国和美国，没有放刀的刀架。以前美国人习惯在菜盘中右手持刀切碎食物，然后将刀放在菜盘一边，再将叉子转到右手享用切好的食物。虽然这种吃法现在并不多见，但如与美国家庭聚餐，或与年长的美国人一起用餐，很可能看到这种使用刀叉的方式。

西餐具的摆法也有讲究。正面放汤盘（或冷盘），按左叉右刀的原则，左手放叉右手放刀。汤盘上方横放汤匙及甜食匙，再上方放置各色酒杯，自右向左分别为：烈性酒杯或开胃酒杯、葡萄酒杯、香槟酒杯、啤酒杯或水杯。餐巾一般都是插在杯内或摆放在盘上。左上方是面包奶油盘，有时盛色拉和水果的盘子也摆在那个位置。正式宴请餐，每人跟前的刀叉数目应与菜的道数相同，并且是按上菜的顺序由外向里摆放，注意刀口向内。用餐时应按此顺序由外及里取用，不用犹豫也不要打乱这个顺序用。用完就并排放在碟中，由招待员撤盘时一并撤走。

1．菜肴和酒的顺序

法式西餐与其他国家略有区别，但上菜的顺序基本相同：

冷盘或热开胃菜

汤　　　雪梨酒

鱼排　　白酒

肉食及蔬菜

色拉　　甜白酒或香槟

甜布丁　红葡萄酒(葡萄牙产）或烈性甜酒

干酪

水果

咖啡　　白兰地或甜酒

在法国，干酪在布丁之前食用，这种情况在其他国家也常见，有的国家也有省略的。除此以外，西餐菜肴的顺序各国基本一样。

2．酒的搭配

浓红酒与厚味肉食相配，较淡的红酒则供食用略为清淡的肉食时饮用。红酒应在室温下饮用，并且应该提前开瓶醒酒，酒龄愈小，开瓶的时间应该愈早一些。

干白酒和甜酒或香槟酒饮用前一般要冰镇一下，味道更佳。

西餐对酒类的讲究非常之细，不同的食物要配不同的酒：

开胃菜　西方人在吃开胃品时要根据具体内容选用酒品。如吃鱼子酱要用俄国或芬兰产的伏特加酒（Vodka）。

汤类　与汤类相配的有西班牙产的雪梨葡萄酒（Sherry）。也有人认为不同的汤应配不同的酒，如牛尾汤配雪梨酒，蔬菜汤则要配干白葡萄酒等。

海鲜及鱼类要配无甜味的干白葡萄酒、淡味玫瑰葡萄酒，如德国的莱

E N°1

茵（Rhin）白葡萄酒、法国的波尔多（Bordeaux）、中国的王朝白葡萄酒等。一般选用半干型的口味。

肉类、禽类及各式野味在酒品相配上有多种选择：各式牛排或烤牛肉，最适合选用法国浓味干型波尔多红葡萄酒、法国保祖利红葡萄酒（Beaujolais）等；羊肉类菜肴如羊扒、 烤羊肉，适宜配淡味一点的波尔多红葡萄酒；猪肉类如火腿、烤肉，适宜配香槟酒、德国特级甜白葡萄酒；而家禽类菜肴，宜选用玫瑰红葡萄酒等；对肉色浅、味道鲜美的野味类，适合选用淡味的波尔多红葡萄酒、意大利红葡萄酒。

奶酪要配香味浓烈的红葡萄酒。

甜品一般配甜葡萄酒或葡萄汽酒，有德国莱茵白葡萄酒、法国香槟酒等，加拿大冰酒也是一个非常理想的选择。

餐后酒　西餐讲究进餐完毕后饮用咖啡、茶等，与其相配的餐后酒可选用各种餐后的甜酒和白兰地酒等。

3．斟酒

不同的酒有不同的斟法。斟葡萄酒时，要右手拿瓶，左手拿餐巾，斜倾酒瓶挨近杯边斟酒，斟至八成满，不能像中餐那样全满，然后将瓶略抬起旋

转一下，并用餐巾擦一下瓶口，防止酒洒在桌子上；倒啤酒时，瓶口应靠近杯边，让酒顺杯内壁徐徐流下，以减少冲力，使泡沫不致外溢。西餐桌上，无论是斟酒还是倒饮料，都不能将杯子拿在手里，而要将杯子放在桌上进行。

上酒的次序一般是白葡萄酒比红葡萄酒先上，不甜葡萄酒比甜葡萄酒先上，新酿葡萄酒比陈年葡萄酒先上。

（三）烟灰缸。随着社会的进步和人们对健康意识的增强，也有越来越多的人认识到吸烟的危害而讨厌、反对吸烟，也有越来越多的国家禁止在饭店餐厅吸烟，中国也正逐步推行酒店禁烟令。那么，什么地方可以吸烟，什么地方不可以呢？普遍的共识是有烟灰缸的地方就说明是可以的，没有烟灰缸的地方一般就禁止吸烟。有的地方茶几上经常会有一个很大很漂亮的水晶玻璃缸，可能确实是烟灰缸，但有时候也可能真的就是装饰用具。因此在公共场合最好不抽烟，实在忍不住了，可到外面或吸烟室吸。但凡事都有例外。我们不主张宴请场所吸烟，但同时也要理解一些贵宾多年来对香烟的依赖性，在可能的情况下适当灵活处理。一般的做法是不主动放置烟灰缸，但可以预备烟灰缸，需要时奉上。位尊者一定要在餐桌上吸烟，最好征求一下女士们的意见，显得更加文明。

六、流程与现场工作

（一）迎宾。举行大型的正式宴请活动、在客人集中到来时，男女主人和少数其他主要陪同人员应按礼宾顺序在门口列队迎接。其位置宜在客人进门存衣以后进入休息厅之前。主人与客人握手见面之后，后者由工作人员引进休息厅或招待会大厅。如是小范围宴请又无独立的存衣室，则直接在门口迎接并挂衣，有套间的则请客人在客厅稍事休息再进入宴会厅。

有的国家（像英国）某些正式隆重的官方场合，在客人（包括本国客人）到达时，有专职人员唱名通报。我国则无此做法，但重要人物抵达时，应有工作人员及时报告，由主人专门迎候陪同。

主宾到达前，休息厅内应有相应身份的人员照料其他客人。由招待员送饮料和迎宾酒。

主宾到达后，主人陪同到休息厅与其他客人见面寒暄，也有再另辟VIP贵宾室的做法。若尚有其他客人未到，其他迎宾的人员依序替上，代表主人在门口迎接。

客人到齐后，应及时报告主人，或请主人决定何时上桌入座。全体客人就座后，宴会即开始。有时休息厅较小，但宴会规模大、来宾较多，这种情况可以请主桌以外的客人先入座，贵宾席最后入座。

（二）致辞。宴会上如有正式讲话或祝酒词，各国安排讲话的时间不尽一致。比较常见的是一入席，众人坐定后，双方即讲话致辞，也有在热菜之后甜食之前由主人讲话，接着请客人讲的；还有一种做法是，冷盘之后，主人首先讲，主食之后甜点之前，主宾致答谢词。冷餐会和酒会讲话时间则更灵活。

祝酒词的长短依活动主题的需要而定。如果是以宴请为主，则讲话宜短不宜长；如是专题午餐会，本来就是借午餐这一活动专门讨论某一问题的，则不受此限，边讲边吃，边吃边听，只要让主讲人能顺利发言即可。

（三）西餐上菜顺序与中餐有所不同。西餐先冷盘再汤再主食，然后是甜点或水果，最后是茶水或咖啡。中餐习惯是上完鱼和蔬菜后，再上水果便基本结束。一般情况下，是由主宾先表示感谢，提议退席。主人与主宾起立，宴会即告结束。

（四）在国外特别是欧美国家，当女主人为第一主人宴请时，往往以她的行动为准。入席时女主人先坐下，其他人员再入座；女主人展好餐巾布招呼客人后，才意味着晚餐正式开始，大家可以动刀叉开始用餐。等大家都用餐完毕后，女主人会起身，邀请全体女宾与她一道先退出宴会厅，转到其他地方继续再叙，这时男宾可继续留下或抽烟（用餐过程中一般是不能在现场抽烟的）、交谈或起立，也随女宾们一道进入休息厅，在休息厅里上茶、喝咖啡，也有继续上餐后酒的，如白兰地、朗姆酒等。

主宾应掌握告辞的时间。当主宾告辞后，其他宾客也应择时告别，主人及其他人员送至门口，与客人握别。

（五）家庭便宴则较随便，没有专门的迎宾队伍。只是客人到达时，主人主动开门并趋前迎接握手。如主人正忙于应付其他客人而未发觉客人到来，则客人应主动上前握手问好。宴会开始和结束基本同上所述，饭后聊兴尽时，即可陆续告辞。通常做法是男宾先与男主人告别，女宾与女主人告别，然后交叉，再与家庭其他成员握别。

（六）要保证宴请活动的顺利进行，工作人员必须提前到达现场，检查准备情况。若是正式一点的宴请，事先都要将座位卡及菜单等摆上。座位卡置于酒杯后侧或平摆于餐具上方，不要放在餐盘内。菜单一般放在餐具右侧，也有竖放在转盘上的。

（七）如事先安排双方讲话，要提前落实讲稿。为使双方讲的一致，通常双方事先交换讲话稿，宴请方先提供，客方作回应。如系代表团访问，在欢迎宴会时讲稿由东道国先提供；答谢宴会时则由代表团先提供。双方讲话由什么人翻译，也需事先沟通，一般情况是各方翻译本方的发言。

七、招待员的职责

招待员工作的好坏直接关系到宴请活动的成败与效果。因此，国际上无论哪国，特别是正式的重要活动，对服务人员的礼节、服饰、举止、服务水平要求都非常高，要求服务人员必须受过正规严格的训练。

在宴请活动中，招待员的工作大体应该注意以下几个方面：

（一）保持个人仪表整洁，服饰要熨平，头发梳理要整齐，不能染发，应着工作装。

（二）熟悉宴请场合的仪态礼节。举止端正、得体，有礼貌，面带真诚笑容。说话声音要放轻，语气要亲切，用词要得当，尽量多用“请”、“您”、“谢谢”、“对不起”、“请原谅”等敬语。对客人的要求要尽量尽速满足。主动引导客人到位，协助拉开坐椅入座。熟悉菜单及菜品，根据需要掌握好上菜速度。随时注意客人的需要。正餐上菜时，要掌握先主宾，后主人，先女士，后男宾，先主要客人，后其他客人这一原则。如只有一名招待员上菜，也可以从主人右侧的客人开始，然后主人，之后按顺时针或逆时针顺序上菜。正规的宴会也有要求严格按礼宾顺序上菜的。严格地说，上菜时，应左手托盘，右手上菜，从客人左边上；倒酒水时则应右手持瓶，从客人的右侧倒。每道菜上完第一轮后，如还有富裕，可待部分客人吃完，再上第二轮，但应事先征求一下客人的意见："再给您添一点？"如果对方表示不要了则不勉强。如不上第二轮，亦可将余下的菜稍做整理后直接放置桌上，由客人自取，适时撤下。往餐桌上菜与撤盘，一般宜选在主方的两位陪客之间进行，并预先提醒使其有所准备，以防不慎碰洒菜汁造成难堪。

客人吃完后，应从其右侧撤换餐具，但撤前一定要注意客人是否确实已吃完。西餐可从刀叉的摆放上看出：是合拢并列还是交叉摆开。如无把握，为保险起见，可以轻声询问一下。切不可在客人正吃时等着撤换，这很失礼。撤换餐具时动作一定要轻巧，对还需要继续用的餐具可轻轻拿开，再把盘子取走。有时客人（如译员）因谈话时间较长而来不及吃或没怎么吃，撤前一定要征询其意见，而不能直接撤下上下一道菜。

作为工作人员，工作时绝不可吃东西、抽烟饮酒，工作前不吃葱蒜等会留下较浓气味的食品。侍立左右时，站姿要端正，不可倚墙或靠桌，更不可聊天、嬉笑。多人侍立时，应排列成行。如是正式宴请，在主人或客人致辞时，应暂时停止上菜、斟酒，保持安静，即使是附近的备餐间亦不要发出声音。演奏国歌时，要随众人肃立、静止。 在宴会厅内行走移动时，既要脚步轻快，又要动作敏捷，轻拿轻放。

如遇有人不慎打翻杯盘，要保持镇静，泰然处之，第一反应是马上处理，消除后果，保证一切照常继续。如有酒水溅在客人身上，应尽快协助递上毛巾或餐巾，或帮助其擦干。

八、参加宴请注意什么

上面讲的基本都是如何做好主人办好宴请活动，那么作为被邀请的一方又有哪些需要注意的地方呢？

应邀　接到邀请，应尽快确认是否出席。一旦接受邀请，不要随意改动。万一遇到不得已的特殊情况不能出席，尤其是主宾，应尽早向主人解释、道歉，以便主人及时做出调整。

接到请柬后，要核实宴请的主人、活动的时间和地点、是否邀请了配偶，以及对服装是否有要求。这些基本的要素一定要搞清楚，以免出现主人未请配偶却双双出席。对活动地点一定提前摸清，必要时派人先认路并实地考察，以免去错地方或误时太多。下面一些细节也需要很好掌握。

（一）出席时间

出席宴请活动，抵达时间的早晚，逗留时间的长短，在一定程度上反映了客人对主人的一种姿态。应根据活动的性质和当地的习惯酌情掌握。无故的迟到、早退、逗留时间过短都有故意冷落、轻视之意；而特意的早到、晚走，依依不舍、迟迟不忍告辞又意味着彼此关系的亲密与特殊。

出席宴会时一般的国际惯例是：约定在第三地碰头会合的，提前或晚到15分钟都属正常，超过20分钟则算失约，半小时后一般不再等待；赴宴时，身份高者可略晚到达，其他客人宜略早到达。比较普遍的做法是：出席宴会，正点或晚一两分钟抵达最好；出席酒会，可在请柬上注明的时间内到达。

在西方国家，用正餐的时间比中国要晚。有的请柬上会注明两个时间：7:30 for 8:00p.m.（意思是晚上7:30到，8:00开餐）。在这种情况下，可在上述两个时间之间到场，但显然不能晚于8点了。如果请柬上只写一个时间，便应在该时间到场。

宴会结束，无特殊情况应待主宾告退后再陆续辞别。确实有事需提前退席，应向主人说明后悄悄离去。或事前打好招呼，届时离席。

（二）抵达

抵达宴请地点后，客人应先到衣帽间存放大衣和帽子，然后前往主人迎宾处，主动向主人问好。如是节庆活动，还应表示祝贺。

（三）赠花或备礼

若对方宴请或招待会系为庆祝国庆举行，可以参照当地习惯及两国关系，决定是否赠送花束或花篮，花篮上应附主送人名片并写上p.f.（敬贺）两字。如系私人家庭宴会，可酌情给女主人送一束花，或带一瓶酒，送盒巧克力也是大家经常采用的表达心意的方式。

（四）迎宾酒

客人开始抵达，正式晚宴开始之前，招待员通常会端上迎宾酒，一般是开胃酒，如鸡尾酒、雪梨酒，或中国的桂花陈葡萄酒等，当然也会有饮料。

到场的宾客边小口品酒，边自由走动，与其他宾朋交谈，等到主人宣布开始再步入餐厅入座。

（五）入座

应邀出席宴请活动，客人应遵从主方安排，要客随主便。若是人数稍多一点的宴会，在进入宴会厅之前，最好先了解清楚自己具体的桌次和座位，不至于届时到处找座。入座时要注意桌上的座位卡是否写的是自己的名字，不能随意乱坐。在主人未入座前不要入座。如邻座是长者或女士，可主动协助他们先坐下。主人未动餐巾或宣布开始之前，最好稍等一下，可先与左右邻居客套熟悉一下。

（六）女士手包的位置

在欧美国家，女士入座后，通常会直接把手提包放在脚边的地板上。把手提包放在桌上肯定是不妥的。除了晚装的小手包，其他手提包都不能放在餐桌上。

如果不习惯把手提包放在地板上，那么也可以放在背后的椅子上，或大腿上餐巾下。如果正好邻座没人，也可以放置在邻座的椅子上，还可以挂在皮包架上。

（七）开始进餐

客人全部坐定后，主人会根据当时的情况招呼大家开始用餐，此时可以拿起刀叉，进入用餐程序。切勿坐下来就径自与周边熟人推杯换盏起来。一般都要看看是否有讲话和祝酒，若主人带头开始进餐，则再跟进不迟。

（八）用餐时的细节

吃东西要文雅。闭嘴咀嚼，喝汤不要啜，吃东西不要发出声音。如汤、菜太热，可待稍凉后再吃，切勿用嘴吹；嘴内的鱼刺、骨头不要直接外吐，用餐巾掩嘴，用手（吃中餐可用筷子）取出，或轻轻吐在叉上，放在菜盘内。包括吃剩的菜，用过的餐具、牙签，都应放在盘内，勿置桌上，更不可吐在地上或扔桌子底下。对咬不烂的筋肉，最好用餐巾纸包起来放在盘内而不要直接把嚼过的烂肉放在别人看得见的盘面，影响他人食欲；用刀叉切食物时勿叩响盘碟；嘴内有食物时，先咽下去再说话，一定要注意说话时别满嘴喷溅，更不可溅到别人碟内；剔牙时，用手或餐巾遮口。

（九）交谈

无论是作为主人、陪客或宾客，都应主动与同桌的其他宾朋交谈，特别是左右邻座。不要只同几个熟人或只同一两个人说话，而冷落了其他人。邻座如不相识，可先主动自我介绍。

与人交谈，要注意控制好谈话的声音。很多人说话底气十足，声音洪亮，笑声爽朗，老远就能听到他/她在说什么。这在有些空旷的地方可能不会引人在意，但是在正式的宴请或公共场合就显得太随便了。所以，如果有其他人在场，两人交谈时的声音尽量压低，以对方能听清且不影响其他人为好。这是体现个人修养的一个非常重要的方面。

（十）祝酒

作为主宾参加外方举行的宴请，应了解对方的祝酒习惯，即为何由祝酒、何时祝酒等，以便作好必要的准备。碰杯时，主人和主宾先碰，人多可同时举杯示意，不一定一一碰杯。与不能交叉握手一样，碰杯也不可交叉，宁可稍等几秒钟。在主人和主宾致辞、祝酒时，应暂停进餐，停止交谈，要目视讲话者，注意倾听，更不要借此机会抽烟（能否吸烟一般以有无烟缸而定，没有烟灰缸说明不能抽烟）。奏国歌时应肃立，嘴里也应停止咀嚼。有的国家习惯主人和主宾讲完话与贵宾席人员碰杯后，再到其他各桌敬酒，遇此情况应起立举杯。碰杯时，一定要目视对方，说声“Cheers”以示敬意。

宴会上经常会有祝酒和敬酒，因此，尽管可能不会喝酒或不喜欢喝酒，但最好杯中保持有酒，便于互敬。敬酒不等于必须喝净，象征性地碰一下也可。

在主人邀请开始用餐前，不要首先动手，包括杯中的酒，如果实在需要，饮料可以先用。开始致辞后，主人提议干杯，可以响应互碰一下，但并不是真的要求一口见底，祝酒时将杯中的酒一饮而尽有欠明智，因为可能紧接着就会有另一次甚至数次祝酒。一般在每次祝酒前都会有一次讲话，可长达30分钟，或者很短。有的祝酒应当起立，有的则可保持坐姿，要依当时的情况而定。

宴会上相互敬酒是表示友好，也有助于活跃气氛，但切记喝酒过量。喝酒过量容易失言，甚至失态，因此必须控制在本人酒量的三分之一以内。这个“三分之一”是有来历的：新中国刚刚成立时，中国的外交一边倒，与苏联东欧社会主义阵营关系密切，周总理、陈毅副总理甚至毛主席都亲自出席一些国家的国庆招待会。有一次在阿尔巴尼亚的国庆招待会上，某东欧国家驻华使馆的一位政务参赞非常高兴，酒兴大发，多喝了几杯，结果在长安街上开车时发生车祸丧命。周恩来总理兼外长获悉后，便严令中国外交官引以为戒，明确规定公务活动场合最多只能喝本人酒量的三分之一。

中国人敬酒，经常讲究要把自己的杯子低于对方的杯沿，以示敬意。这个西方人倒不是非常在意，他们讲究平等，一般双方平着互碰一下就可以。

（十一）餐巾的使用

用餐前应先将餐巾打开铺在大腿上，主要用来防止食物洒落油渍弄脏衣裤，所以不要用它去擦餐具。现在国内经常有人把餐巾一角压在餐碟下面，这样虽然方便不少，却起不到防护的作用，甚至弄不好反而让食物落在身上。在电影里也见过将餐巾掖在衣领上的，但那基本上都是一两个世纪以前的习惯做法，现在极少使用。如果要跟别人交谈，最好用餐巾先把嘴角擦一擦。不可用餐巾擦汗擦脸。

如果进餐一半时需要出去一下并在之后返回，应该把餐巾放在自己座椅的椅面上，意思是告诉在场的其他人，特别是服务生，有点事到外面去了，但还会回来继续用餐。

餐巾放到桌上，是就餐结束的意思。但餐毕后要稍加折叠，放在盘子右边，但没必要叠得方方正正而被误认为没有用过。

（十二）宽衣

在社交场合，无论天气如何炎热，不能当众解开纽扣脱下衣服。小型的非正式宴请时，如主人请客人宽衣，男宾可脱外衣，搭在椅背或挂放衣柜中。女士一般不减，但如果是着正装且里边的穿着允许，也可。

（十三）喝茶或喝咖啡

还有一些小细节需要注意。喝茶、喝咖啡时，按欧洲人习惯，如喝 Black Tea 或 English Tea（即英式红茶）时，一般会同时提供牛奶和白糖，根据个人喜好自取加入杯中，用小茶匙搅拌后，茶匙仍放回小碟内。通常牛奶、白糖均用单独器皿盛放。喝时右手拿杯把，左手端小碟。不能响亮地吸喝出声或用嘴吹凉，更不要拿小茶匙舀着喝。

（十四）水果

吃梨、苹果等水果，应先用水果刀削皮，再切成四或六瓣，去核，然后用手拿着吃，削皮时刀口要朝内，从外往里削，不要整个拿着咬。橙子用刀切成块吃，橘子、荔枝、龙眼等则可剥了皮吃，但都需小心别把汁挤压得四溅，弄到身上。其他的如西瓜、菠萝等，通常主人都会事先去皮切块，用叉或牙签取食。香蕉剥皮后可直接小口吃或用刀切成小块叉着吃。

（十五）洗手水

在一些宴席上，上鸡、龙虾、水果时，有时会附上一小碗水（用铜盆、瓷碗或水晶玻璃缸盛放），水上飘有玫瑰花瓣或柠檬片，这是供洗手之用，如中餐也可能是供拔丝用的。洗时两手轮流沾湿指头，轻轻洗，然后再用餐巾或小毛巾擦干。当吃不准到底是干什么用的时候，宁可先等等，观察一下别人怎么办，或者直接问招待员，不要误认为是饮料而端起就喝，酿成笑话。

（十六）纪念品

有时好客的主人会为每位来宾准备一份小纪念品，或是给每位女士一朵鲜花。宴会结束时，主人招呼客人带上。遇此，可说一两句赞扬这一小礼品的话，但不必特别正式表示什么衷心感谢。有的外宾喜欢收集一些纪念物，比如把宴会菜单作为纪念品带走，甚至还会请同桌的在菜单上签名留念。但一般情况下，各种招待用品，包括糖果、水果、香烟等，都不宜带走，哪怕是悄悄地，除非主人特别明示可作为纪念品的。

（十七）致谢

在英国等比较讲究传统礼节的国家，一般在出席私人宴请活动之后，会专门致信表示感谢。但随着国际通行的礼宾简化，大家越来越倾向于省略一些繁文缛节，当面口头谢过即可。

（十八）用餐

在冷餐会和酒会上，有时招待员会端着托盘送一些面包托和牙签食品，不要抢着去取，待送至本人面前再顺手取用。周围的人未拿到第一份时，不要急于取第二份。

如参加的招待会是自助餐，即使自己最喜欢的食物，取餐时也不要盛得又高又满。盘中食物吃完后，可以再取。对不能吃或不爱吃的菜肴，当招待员上菜时，可以取少量放在盘内，或干脆说句“谢谢，够了。”但不要露出为难的表情。

此外，还要记得方便他人取食，不要围在餐台旁食用，取完即退开，保持餐台前的畅通。

对于外宾，一般情况下，他们都会大方地自助，不必为体现好客而主动为他们夹菜布菜。有时候主人的过于热情反而会让人感到为难。欧美人的思维逻辑是：你给我的可能并不是我喜欢的，我想要这个但你给我的却是另一个，你给了我一个，那我是不是不能再要了……西方人的民主与自由意识也体现在餐桌上。所以，你干脆就请他们自己来，说一句“Make yourself at home.”或“Help yourself，please.”就完全可以了。

如果餐桌上哪道菜你不喜欢，可以不吃。如果特别喜欢而将盘中的食物吃得干干净净则被视为有礼貌。出席家宴时，如果对某道菜特别喜欢，可以要求再添加，非但不会不妥，反而会让女主人非常高兴，因为自己的手艺得到了认可和欢迎，这样做也体现了彼此关系的亲近和随意。

在正式宴会上，餐厅是不给添加食物的，除非特别饥饿再另点一份，一般不宜要求再加。

（十九）餐具的使用

中餐的餐具主要是碗、筷，西餐则是刀、叉、盘子。现在通常宴请外宾是中餐西吃，既摆碗筷，又设刀叉。刀叉的使用习惯是右手用刀，左手拿叉，先将食物切成小块，然后用叉送入口内。使用时不换手，即从切到食均以左手持叉。菜吃完后，就将刀叉并排放在盘内，以示可以撤走；如未吃完，则不可并排摆，而应摆成人字，交叉状以示“X”表示请勿撤走。吃鸡、龙虾时，经主人示意，可以直接用手，否则应用刀叉把肉切下，分成小块再吃。切带骨头或硬壳的肉食，一定要用叉子把肉叉牢，注意不要用力过猛撞击盘子发出声音。不容易叉的食品，如比较散的饭粒，可用刀轻轻推上叉后再用。吃面条时，西方人习惯用叉卷起来送入口中，注意不能吸出声或扒着吃。除喝汤外，不用匙进食。汤用深盘或小碗盛放，喝时用汤匙由内往外舀起送入嘴，即将喝尽，可将盘向外略托起再舀，最后还有留在盘子底上的，外国人喜欢用面包片把汤碟底擦干净再吃掉。带有腥味的食品，如鱼、虾、野味等都会配上柠檬，可用手或挤汁器将汁挤滴在食品上。

有时会碰到一些意外情况，如不慎使刀叉叩上盘子发出声响，或碰翻酒水等，此时应表现沉着而不要慌张，只需轻轻道一声“对不起”，再采取一些补救措施即可。

叉子和勺子可入口，但刀子不能放入口中，不管它上面是否有食物。除了礼节上的要求，刀子入口也是危险的。

同样，为了安全起见，手里拿着刀叉时切勿指手画脚。发言或交谈时，应将刀叉放在盘上。这对一起进餐的人也是一种尊重。

第五章

演出与舞会

一、组织或应邀观赏演出

涉外演出是指邀请外宾观看文艺演出或体育表演。这既宣传了本国文化艺术和体育成就，对客人也是一种艺术享受和娱乐活动。所以外宾来访，只要时间允许，邀请方都会事先征求客人意见安排观看演出，一般都会选一些具有民族文化特色的节目，于是像北京的老舍茶馆就是一个外国朋友比较喜欢去的场所。有时我国驻外使领馆也经常会利用本国文艺团体访问之际，举行专场演出，邀请驻在国的各界朋友和使团的外交使节观看欣赏。有的国家也经常邀请驻本国的外交使团及其他客人观赏文艺晚会或其他体育盛事，主要目的就是要扩大宣传、加深了解、增进友谊、促进合作。

（一）应邀看戏、听音乐和观赏文艺晚会

各国的戏剧、音乐、舞蹈等文化艺术，鲜明地表现了各民族的独特思维观念和生活方式，也反映了一个国家文化艺术的发展水准。许多国家的首都和大城市都建有漂亮的剧院，修得富丽堂皇，气势不凡。在这些音乐和文化艺术殿堂里，不仅有一流的演出设施，还有宽敞的休息厅，甚至总统包厢。

在西方，人们把进剧院看戏、到音乐厅听音乐、欣赏文艺晚会视为一种高雅的艺术享受，也是一项非常庄重而体面的娱乐活动，所以每有这样的活动，参加者都非常重视，着装、服饰也非常讲究，有时甚至比参加晚宴还更正式。像男士甚至要穿燕尾服、系蝴蝶结，女士则是着最漂亮的晚礼服。衣衫不整或穿牛仔服、拖鞋者根本连门都不让进。

接到请柬，应尽早回复邀请方自己能否出席，以便组织方安排管理。如不能出席，已送来的邀请和票按主人意见处理。

剧院和音乐厅的规矩相当严格，来宾应尽量提前到达，准时入场。迟到者不能随到随进，必须等待一幕演完或奏完一曲后，来者方可入场，有时甚至要等到中间休息后，才能入场就座。

与开会要求一样，这种场合要求手机务必调成振动或关机，但总有人或忘记或不配合，所以绝大多数剧院干脆采取屏蔽手段让移动电话无法正常工作，以免影响演出效果。

如请柬里附有座位号码，应对号入座。如无座位号，应到现场了解座位安排情况，然后再入座，不要贸然坐到贵宾席上。

演出过程中应保持肃静，尽量不要说话，否则会引起周围观众的不满。不要没有遮挡地大声咳嗽或打哈欠，不感兴趣的也不要打瞌睡。

遵守演出场所的规定，如禁止吸烟，不能嗑瓜子、吃零食等，有的地方甚至连甜饮料都不得带入。

看演出、听音乐会，怎样鼓掌是一门学问，为演员的精彩表演鼓掌也有讲究。什么时候该鼓掌什么时候不能鼓掌一定要心中有数，否则就会贻笑大方。吃不准的情况下就采取保守做法——观望，看别人怎么行动再跟进即可。

观众在演出进行中不要鼓掌，也不要叫好，更不要吹口哨。看戏是每一幕完结时鼓掌。看芭蕾舞则可以在演出中间，当一段独舞或双人舞表演之后鼓掌。听音乐则只能在一曲终了之后鼓掌，不可在中间稍有停顿时鼓掌。

（二）组织和邀请观看文艺晚会

因为艺术的高雅、文化的独特，所以在一些国际交往中，安排外宾看戏（如京剧）、听音乐（如中国民乐）或参加其他形式的文娱晚会，便成为一项重要的活动安排。在一些国宾来访时，有时还要举行专场晚会。要组织好一场晚会，应注意做好以下几个方面：

1. 选节目

组织晚会，首先要精心安排好节目，根据来宾的身份、访问性质、风俗习惯、相互关系、本地的传统文化和实际能力来拟定。一般来讲，要优先考虑向客人展示具有本国民族文化特色的节目，同时要对节目的内容事先有个基本了解，以免因政治原因或宗教信仰、风俗习惯等问题引起不

快。如果组织的是专场歌舞晚会，则尽可能穿插安排一些外宾本国著名的或外宾熟悉偏爱的节目，以活跃气氛，体现对客人的重视和友好。

节目选定后，对每一曲目要适当加以文字性的描述或解释，也可配照片图画，最后印制成正式的（中外文）节目单。

2．正式邀请

文艺晚会的邀请与宴请活动大致相同。商定邀请人数时，要充分考虑场地的容量，适当留有备份余地，防止临时增人。同时注意填空，防止有人临时无法到场出现空位。

发送请柬时，一般同时附有交通路线图、停车证。节目单可事先附送，也可届时现场发送。

3．排座位

观看演出，应按客人的身份事先安排好座位。在剧院或礼堂观看演出，各家观众席的布局和宽紧都有所不同，但总体而言最佳位置是第7、8、9排的中央，尽量安排客人坐在这一区域，并且宾主相对集中，穿插就座，既兼顾交流，又方便进场、退场。在国外的大剧院以包厢为最好。看电影则是15排前后最佳，宽银幕影片可再靠后一些。专场演出通常把贵宾席留给主人和主要客人，其他客人可排座位，也可自由入座。如对号入座，可将座位号与请柬一道发出。

4.专场演出的入席

演出前，宾客抵达时，要有接待人员在门口迎候、引领。有条件的可设立VIP休息室，茶几上摆放鲜花或插花，备妥茶水饮料，供宾主交谈、休息之用。如果客人身份颇高，或是主办方包场，主人陪同来宾步入剧场时，可配合背景音乐，现场观众起立鼓掌欢迎。

5. 观看节目时，如果客人是外宾，主人可在开始前略作介绍，主要让客人自己欣赏。陪同翻译声音要轻，事前要对节目内容、情节梗概有所了解，在现场大略译几句即可，以免引起周围观众的不满。

6. 摄影

从维持现场秩序，防止影响演职人员正常表演，也有从保护知识产权角度考虑，许多剧院禁止演出时摄影拍照。外国文艺团体演出，拍摄录像、照相、录音，尤其是现场转播，事先必须征得剧团同意。音乐会演出过程中，即使允许照相也不得随意用闪光灯。

7. 献花

许多国家习惯在部分精彩节目后和整场演出结束时向演员献花。我国在专场演出结束时，也会安排献花篮或花束，主宾在主人陪同下登台向演员致谢、握手、合影。但需事先商定，主人一般不提示客人献花，更不一定要安排客人登台与演员握手合影。我国的代表团出国访问观看演出，应事前了解清楚当地有无献花习惯，如有，应主动表示献花。作为客人，可以献花而不登台，但不献花却登台的做法基本没有，也不可取。

8. 在欧美大型演出结束后，一般都会谢幕多次。如果有宾主要上台向演员表示感谢，观众应热烈鼓掌，也可继续坐在位置上，但不要急于离场，而应表现出足够的文化修养，等主要来宾退场后，观众再开始离场。

二、举行和参加舞会礼仪

舞会是人们以交谊交际舞为媒体的聚会和社交形式，也是大家喜闻乐见的联谊娱乐形式。

（一）应邀参加舞会

舞会是男女一展风姿的时机和场合，所以应邀参加某一舞会，进入舞厅要表现得彬彬有礼，一展绅士或淑女风度，对熟人旧友要握手致意或点头问好，即使彼此陌生也应以礼相待。

1．舞会着装

参加舞会时，得体的着装可以塑造良好的个人形象。总体来讲要注意以下几点：

①家庭舞会

如果是亲朋好友在家里举办小型生日聚会等活动，可以相对舒适随便一点，选择与舞会的氛围协调一致的服装。一般来说，女士的衣装宜明快典雅，可适当化妆，但不宜浓妆艳抹。比如可以穿便于舞动的裙装或旗袍，搭配色彩协调的高跟鞋，也可系色彩明快艳丽一点的丝巾，在脖子上扎个漂亮的小结，取下或换装也比较便捷。

对男士而言，一定要头发干净、衣着整洁。一般的舞会可以穿深色西装，如果是夏季，可以穿淡色的衬衣，但最好穿长袖衬衣打领带。跳舞时，即使天气炎热，如主人未表示请大家宽衣，男士们也不能随意脱下外套。特别要注意个人卫生和体味。

②隆重的大型舞会

如果应邀参加的是正规的大型舞会，或者有外宾参加，这时请柬一般都会注明：请着礼服。接到这样的请柬一定要提早作准备，在正式的场合女士的礼服就是晚礼服。晚礼服源自法国，法语中有“袒胸露背”的意思。有条件经常参加盛大晚会的女士应该准备晚礼服，偶尔用一次的也可以租借。近年，市面上出现几款从传统旗袍改良的晚礼服，既保留了中国民族特色又端庄典雅，特别适合展示中国女性的气质。

2.请人跳舞

正常情况下，第一支舞曲应该让主人夫妇、主宾夫妇共舞。如夫人不跳，也可由已成年的女儿代替。第二支曲子是男主人请主宾夫人，男主宾请女主人共舞。之后就可以随意组合。

舞会中，男主人要注意照顾没有舞伴的女士，发现有落单的女士应主动陪舞，或为她们介绍其他舞伴，同时还要照顾好其他客人。男主宾应轮流邀请其他女宾，而其他男宾则应争取先邀女主人共舞，同时注意既不能冷落某一位女士，也要避免全场只陪一位女士共舞。无论男女都不可同性共舞。

男士意欲邀请女士共舞，如有其丈夫、男友或父母陪伴，则应首先向他们致意。请舞时，应先立正，一手抚胸弯腰，“可以请您跳支舞吗？”待对方同意后，抚胸手顺势弧线下划，引导舞伴进舞池。如对方累了或因其他原因不想跳，应表现得绅士一点，不要勉强。一曲跳毕，男方应向女方表示感谢，并陪送回到原处，向其周围亲友点头致意后离去。女士受到邀请是荣幸的事情，没有特殊情况应该接受邀请，即使不会跳也没有关系，无故拒绝邀请是不礼貌的。若实在不愿意与某人共舞，可婉言致歉，但不要一曲未了就另同别的男子共舞，这样会让人下不来台；男士即使被拒，也要显得温文尔雅，宽容大度，而不要觉得没有面子而面露不悦，否则都暴露出自己涵养不够。

3.舞池风度

跳舞时要注意舞姿，男方应挺胸收腹，右手轻放在女方腰部正中，左手侧伸，手掌向上，托起女方右手。女方则右手顺势放在男士左手上，左手轻轻搭在男方右肩上。舞姿要力求正确，不宜做过于亲昵的动作。两人轻歌曼舞时，应四目相对，要有眼光的接触，但双方如果一味死盯着对方的脸反而会让人感觉不适。同时还应该有点轻声细语，适当交流。既不能沉默无语，也不能高谈阔论，口水四溅。跳舞时不能吸烟、戴口罩。要注意个人卫生，保持口气清新，事先不吃大蒜等容易留下异味的东西。对自己不熟悉的舞步，最好不要下场。

对男士来说，如果舞会上有人将一位女士介绍给你，就一定要请她跳一支舞曲，如果自己真的跳得不好，可以解释并征求一下她的意见，是否可以在身边稍坐一会儿而不去跳舞。

（二）组织舞会

如果要发起和组织一场舞会，则要注意以下几项事宜：

1．决定或商定举办一场舞会后，要根据舞池、场地的容量确定人数。发邀请时，要注意邀请的男女客人人数大致相等，否则届时有人冷场或坐冷板凳又会产生另一个需要协调的问题。对已婚人士要邀请夫妇双方参加。

2．请柬上应注明舞会起止时间，客人可在其间任何时候到场和退席。

3．现场灯光设备要保证没有故障，整齐洁净，舞池地板要保持光滑，必要时要打蜡维护。舞会可以用音响设备，选好舞曲，调好音响设备，既不要声音太高嘈杂也不要过低。有条件的最好安排乐队现场伴奏，显得更加高雅而充满激情。

4．如在家里举办舞会，通常在隔壁餐厅备有咖啡、茶水、点心等饮料食品，也可设几张桌椅，以便客人取用或小坐休息。

第六章

参观与考察

参观访问可实地了解一个地方、一个企业或某个单位的实际情况，对双方加深印象、增进友谊，促进合作都有好处。在繁忙紧张的会见、会谈、业务活动之余，安排一些参观访问和游览也是必要的。

一、安排参观访问

来访的客人一般都非常希望通过参观访问了解情况，而对于接待方来说，也希望通过来宾对实地的考察访问，达到推介、宣传自己和影响对方的目的。

参观项目的选择往往是同整个访问的目的密切相关。当然，参观访问项目的选择，需要通过双方协商确定。东道国可以根据实际情况，先提出几种建议方案，供对方选择。

在选择参观项目时，还要考虑路程远近、交通条件、整个日程的安排、生活接待条件、客人体力和健康状况等因素。对年老体弱的来宾，不宜把日程安排得过于紧张。对参观活动期间的休息、用餐、介绍情况、座谈、陪同、导游等环节，也都要提前做出妥善的安排，必要时应事先实地考察一遍，对每个环节做到心中有数。如果参观项目在外地，还应事先征得当地主管单位的同意，争取当地的配合与支持。

安排参观访问主要考虑以下几个方面：

1．尽可能与业务会谈相结合。安排参观具有比较典型意义的地方或单位，优先参观考察会谈中涉及的相关合作项目，对这些单位的参观访问有助于双方进一步了解项目情况和处理相关问题。

2．根据来访者的专业，兼顾兴趣爱好，尽量满足当事人愿望，安排相应的参观单位。如科学工作者可以安排其参观访问科研单位，医生则可以参观医疗保健企业。

3．对于某些女宾，可根据其兴趣，安排其参观社会福利、文化艺术、妇幼保健等项目，也可适当安排旅游景点或安排购物。

4．日程一旦商定，不要随意单方更改，除非有其他特殊原因。

5．按通常礼节，高级别的来宾参观时，应由相应身份的人员陪同，被参观单位亦应有负责人出面接待。但陪同人员不宜过多，现场也不要围观，不要打乱正常的生产秩序。参观过程中，陪同人员不能中途离去。陪同的领导若中途突然有事必须换人，应向客人解释或事先通报。

6．对于一般性的参观项目，介绍情况时宜简明扼要，不宜长篇大论，更不要讲套话、空话。要实事求是，既不可虚报，也不必遮遮掩掩，要以务实的态度对待。对于一些基本数字，可以提供的，也可给书面材料。保密的东西应注意内外有别，未经授权不得提及。对来宾的询问，应有所准备，尽可能给予回答。没把握的事情，不要轻率表态。确实不了解或说不明白的，可据实告诉不知道，也可以表示了解清楚后再告。对专业性的参观要请专业人士在场介绍。

7．对外宾不宜使用“汇报”、“指示”、“检查工作”等词，也不要称“同志”，都称先生、女士，部长以上的可称阁下。

8．参观单位不要自行悬挂标语，必要时可挂双方国旗，具体挂旗要求请见相关章节。介绍和接待过程中，要注意到来宾的民族、宗教、习俗等问题。

9．如参观过程中来宾提出想照相，原则上只要是让看的地方，就应当允许照相。如明确不允许照相的，应在事前向来宾说明，最好在现场用（外）文字或图标做出说明。

10．如果本单位有请来宾签字题字的惯例，可请其在题字簿上签字题名，也可与其合影留念。

11．参观结束时，如有本单位的产品适合作为礼品送的，可送作纪念。如来宾自己到门市部选购，也可以安排。

12．如果参观时间较长，有一定的路程，则应提前做好充分准备，特别是饮料、食物、汽车用油等。重要来宾或年老体弱者以及人数众多的参观团外出活动，最好派医务人员随车。

二、应邀参观访问

出去访问的代表团或个人，应邀参观访问，应客随主便，尊重接待方的安排，认真听取主人的介绍，注意学习对我有用的东西，不清楚或感兴趣的地方可以适时提问，切不可漫不经心或脱离介绍的大队伍自己活动，表现出不感兴趣。参观后应以适当方式表示感谢。

常驻国外机构的人员外出参观，由于身份敏感，应遵守驻在国规定。特别是如果要去禁区或不开放地区，应事先向驻在国外交部或其他有关单位提出申请，征得同意后方能前往。

第七章

节　庆

每一个国家、每一个民族都有许多自己的节日，包括官方的、民间的、传统的、宗教的，等等。当节日到来之际，人们都会通过各种方式加以庆祝，对一些诸如国庆这样的重大节日，国家领导人之间还会互致贺电，以示祝贺。

一、国庆节

国庆节是每个国家的重要节日，但各国国庆的名称不尽相同。世界上许多国家叫“国庆节”或“国庆日”；还有很多国家叫“独立日”、“宪法日”、“革命日”、“解放日”，也有的称“共和日”、“共和国日”、“国家复兴节”，等等。更有直接以国名加上“日”来命名的，如“澳大利亚日”、“加拿大日”、“巴基斯坦日”等。也有以国王生日或登基日作为国庆的，如英国国庆日就是伊丽莎白女王的生日。在这种情况下，如国王更替，国庆的具体日期也就随之改变。

各国庆祝国庆的方式亦不尽相同，但宗旨和核心内容基本一致。像加拿大，每年7月1日是其国庆，全国上下都会举行盛大的庆祝活动，但套路大同小异。如国庆当日早上，组织市民跑步，上午10点，皇家骑警在国会大厦广场列队表演，总督及总理等内阁成员出席群众集会并讲话，之后雪雁机群穿越国会山上空进行飞行及跳伞表演。下午举办国会山音乐演唱会，晚上则在渥太华河畔举行盛大焰火表演。

又如，匈牙利国庆日是8月20日，其政府每年都要在首都布达佩斯、200多公里外的巴拉顿湖畔和全国其他大中城市举行隆重而热闹的庆祝活动，逢五逢十周年，庆典活动便更显隆重。白天，在国会大厦前的多瑙河上空，飞机特技和空中跳伞表演总是吸引成千上万的市民。晚上，多瑙河沿岸和巴拉顿湖畔规模盛大的焰火晚会，也是必不可少的国庆节目。

美国则每年以7月4日独立日作为国庆。除全国各地教堂钟声齐鸣外，各地居民都会举行庆祝游行，有彩车、模型车、小丑和杂技表演等穿插其中，同游行队伍一道，浩浩荡荡，绵延不断。

英国的国庆是女王的“官方生日”。其实伊丽莎白二世的实际生日是1926年4月21日，而其“官方生日”则定在每年临近6月11日的那个星期六。之所以如此安排，主要是6月时节伦敦天气更好，春暖花开，阳光明媚。而英国国庆最主要的活动之一就是女王检阅“狗熊”仪仗队表演“军旗敬礼分列式”。

我国目前做法一般都在国庆前夕，9月30日晚由国务院总理在人民大会堂主持盛大国庆招待会，宴请中外宾客。全民放假三天，各大公园免费开放，晚上在天安门广场举行联欢晚会。逢五、十周年庆时也会举行规模不等的阅兵式。

二、圣诞节

圣诞节是每年12月25日西方基督教和天主教庆祝耶稣基督诞生的节日。公元354年由罗马教会宣布这一天是耶稣基督的生日，因此便成为圣诞节。这一传统的宗教节日，现在已广泛成为世界上许多国家特别是信仰基督教的国家的一个群众性的节日。其重要的程度甚至超过任何其他节日，有点像中国的春节。

同中国人过年一样，在圣诞前夕，西方也习惯从四面八方赶回家中，全家人欢聚一下，吃一顿团圆饭，享受一下人间亲情和天伦之乐。

在北美，圣诞节餐桌上必不可少的是火鸡。火鸡原产于美洲大陆，15世

纪下半叶后传入欧洲，成为圣诞节最流行的大菜。但是在产火鸡的墨西哥和其他拉美国家中，西班牙的烤羊羔和烤乳猪却成了他们圣诞餐桌上的主菜。而在捷克，鲤鱼则是圣诞晚餐必有的一道佳肴，每年圣诞前几天，大街上就到处是装满了肥大金黄活鲤鱼的大木桶，人们买回去鱼肉做圣诞大餐，鱼鳞晒干后挑最大的存放在钱包里，祈求来年财源广进。用餐期间，人们不开家门、不接电话，也不回应任何人敲门。

圣诞餐大都在晚上，主要是家人团聚，一般不请外人。偶有例外，是请家在外地却又回不了家的朋友。1987年我在捷克布拉格查理大学留学，一个人单身在异国他乡过圣诞节，当时正好有一个捷克朋友杨，他便早早地邀请我去西部城市MOST他父母家中过节，那一次我有幸亲身体会西方人过圣诞节的传统习惯和家庭节日氛围，令我终生难忘。

圣诞用餐之后，是互赠礼物时间。一家人事先都会备好自己给每一位家庭成员的圣诞礼物，什么都可以，从服装、首饰，到营养品、化妆品，一般事先都会征求对方意见需要什么，再有的放矢，这样做的好处既让对方得到了想要的东西，又不致盲目造成浪费。所有礼物都精心包好，提前几天就堆放在家中的圣诞树下，只有到圣诞晚餐后，大家才可以坐下来欢度这最为开心快乐的一刻，彼此互赠心爱的礼品，互致美好的祝福，相拥相亲，享受着人世间最甜美的亲情。让我感到有点惊讶的是，欧洲人的圣诞礼物中也有包钱的，看来世界各地的风土人情和表达亲情的方式都大同小异。

对于过圣诞节的民族来说，圣诞树是圣诞节期间最重要的而且是必不可少的装饰，欧洲人喜欢用一人多高的冷杉树做圣诞树，所以每到圣诞节前，大街上总有许多卡车拉着一车一车的树在卖，一般都是专门种植以供应圣诞市场的，也有为控制树木的疏密度而砍掉的。近年来，随着人们环保意识的增强，人造圣诞树也普遍受到欢迎。绝大部分人造圣诞树都是中国制造的，它在价格、耐久性和重复使用方面比真树更占优势。人们把圣诞树放在家里，在不太高却又挺拔的绿枝上挂满五彩缤纷的装饰品和小礼包，提前十几天就把彩灯点亮，流光溢彩，透过门窗向外界传递着圣诞的快乐和喜庆。

得到圣诞礼物之后，年轻人开始高唱圣诞颂歌，走家串户，祝贺节日快乐。或者相约去教堂参加宗教仪式，大家一起做平安夜弥撒，一直到凌晨方散。

有些信仰基督教的国家领导人，在互贺新年的同时，也相互祝贺圣诞节。英国女王则一般都选择在圣诞节下午发表广播电视讲话，向全国和英联邦各国祝贺圣诞和新年。

三、新年

有些国家有自己的历法。按照自己的历法确定每年的新年元旦。比如，伊朗规定3月21日是新年第一天；泰国的传统新年在每年的4月13日至15日，官方名称为宋干节，也叫泼水节，梵语里有“求雨”的意思；而4月13日同样也是其邻邦柬埔寨的新年。有的国家则是以大自然的一些节气为依据来确定元旦的日期。如非洲乌干达一年就有两个元旦，因为每6个月就有一个雨季和旱季。而居住在北极圈附近的爱斯基摩人，则把当地第一次下大雪的日子称为“雪花元旦”，作为新的一年的开始。

世界各国普遍公认的元旦则是每年的1月1日。世界各地都在这一天

辞旧迎新，且无论大人还是小孩子都要好好庆贺一番，表达破旧立新、趋利避害、祈盼丰收、吉祥如意、幸福美满的美好愿望。

目标和愿望虽然一致，但各地的庆祝习俗不尽相同，迎新年的方式也各有千秋。像我国的一些地方，特别是农村，人们都要满满煮上一大锅饭，或蒸出许多馒头，炖出许多的肉菜，肯定吃不完而留到新的一年，以图“年年有余”。英国人则喜欢在除夕这一天，家家户户必须瓶中有酒、橱中有肉，图个吉利；有的人在除夕深夜，带上糕点和酒去亲友家拜访，他们进屋后径直奔向壁炉，让它烧得更旺更热，以取“开门大吉”之意。美国人在除夕之夜，喜欢在外举行篝火晚会。午夜时，把一些旧东西扔进火里烧掉，并围火热舞。加拿大地处北美，一年中几乎有近半年是冬天，皑皑白雪是其冬日最常见的景象，圣诞过后新年时节，家家户户住宅周围会堆起一道雪墙，以阻止邪魔侵犯，并祈求幸福平安。而德国人、捷克人则喜欢在除夕之夜涌上街头，唱歌跳舞，饮酒狂欢，第二天环卫车总要清理走几车的各类酒瓶；捷克人还会在新年举行传统的新年爬树比赛。除夕之夜，意大利人也喜欢涌上街头，畅饮起舞。到午夜时分，很多人会把一些没用的旧东西从窗口抛出去，以示抛弃烦恼与噩运。元旦当天，家家都要燃起一炉旺火，日夜不熄，以烧掉霉气，求得新年万事顺利。法国人则更有意思，他们必须在除夕之夜把家中剩下的最后一滴酒喝完，以腾出空间、虚位以待迎接新的一年。有的法国人特别关心元旦这一天的天气，观察风向，认为南风预示一年风调雨顺，东风预示水果高产，西风预示捕鱼和牛奶将丰收。瑞士人过年时，要从屋外取些白雪，洒在地上除尘，融化后进行清扫。匈牙利人除夕之夜不食飞禽和鱼类，他们的祖训是：吃了这些食物，幸福就会像飞禽那样飞走，像鱼儿那样游走。

在世界各国，“守岁”是比较普遍的。除夕之夜，人们一般都会通过不同形式，如唱歌、跳舞、喝酒、打牌，一直守候到新年的钟声响起。新年到来后，则开始走亲访友，互致新年问候和祝福。尽管当今网络极为普及，移动通信十分便捷，但寄送贺年卡还是人们喜欢的一种传统贺年方式。一般在12月初，人们就开始寄送圣诞新年贺卡。为了防止圣诞新年期间邮件过多导致邮政瘫痪，有的国家邮局特别规定，要求圣诞和新年贺卡必须在12月20日前投邮，否则不保证节前送到。每逢新年，很多国家的领导人要向全国人民致辞，恭贺新年，亦多互致贺电。有些国家还要举行新年团拜会或招待会，并备酒水小吃，邀请外交使节参加，由驻在国领导人或外长致贺词、外交使团长代表全体使节致新年祝词。

四、春节

春节是中华民族的农历新年，也是全世界华人最主要的传统节日。除中国外，一些东亚及东南亚国家如日本、越南、泰国、缅甸、朝鲜和新

加坡等也有过春节的习惯。遍布全球各地的华人华侨更是把这一华夏民族的文化传统和风俗习惯传到了侨居国。同在祖国过节的习俗一样，春节期间，华人华侨也贴春联、放鞭炮、穿新衣、吃团圆饭、迎财神、送红包，还相互拜年，不亦乐乎。美国纽约的华人每年还要专门举行盛大的游行，隆重庆祝春节的到来，他们舞狮子、玩龙灯、坐彩车，十分热闹。加拿大渥太华的侨界还在市政府的支持下开辟场地举行庙会。而中国驻外使领馆也都要同当地华侨举行春节联欢活动。西方人虽不过春节，但他们对于中国农历每年有一个生肖属相，以及天干地支，12年一个小轮回，60年一个大轮回等习俗却很感兴趣。我国发行的生肖邮票，在国外也很受欢迎。不仅如此，像加拿大这样华人集居较多的国家，每年还要专门发行一枚中国生肖邮票，与华人一道共庆新年。

五、复活节

复活节（Easter）在信仰基督教的西方国家中，是仅次于圣诞节的第二大节日，也是纪念耶稣复活的日子。具体日期不固定，但都是每年春分（3月21日）之后第一次月圆后的第一个星期日，一般在每年的3月22日至4月25日之间。

欧洲大部分节日都起源于宗教。有一种说法认为复活节最早是纪念西亚异教神明巴力的同父异母妹妹亚斯塔路降生的日子。相传巴力得知亚斯塔路降生在一枚天鹅蛋中，就去灌木中寻找到并抱在怀里孵化出了一只兔子，兔子长大后变成了一个美女，并同巴力结合。复活节一词就是从亚斯塔路（Easter）一词而来。

现在更多的说法，是根据《圣经·新约全书》记载，耶稣被钉死在十字架上后，到了第三天身体居然复活，复活节因此产生。按基督教教义，耶

匈牙利民族过复活节有向姑娘们泼水的习俗，有如中国云南少数民族的泼水节。

稣之死是为了赎世人之罪。耶稣基督身体的复活，是为了让信徒从此得到永生。因此，复活节的重要性在基督教中绝不逊于圣诞节。

过去，在大多数西方国家中，复活节一般都要举行盛大的宗教游行。游行者身穿长袍，手持十字架，赤足行进。一个个都按《圣经》描述打扮成基督教中的人物，口唱颂歌，欢庆耶稣基督复活。现今这种节日游行其往日浓厚的宗教色彩已逐渐淡化，代之以节日的喜庆气氛，庆祝的方式世界各地不一，具有浓烈的民间和地方特色。比如，在美国，游行队伍中既有身穿牛仔服踩着高跷的小丑，也有活泼可爱的卡通米老鼠和唐老鸭。在委内瑞拉，每年复活节期间都要把象征着叛徒“犹大”的假人吊起来焚烧，是一项传统的纪念仪式。匈牙利人用水泼向年轻女孩，是复活节的传统。而在英国，游行多以介绍当地的历史和风土人情为主，游行者一身苏格兰风笛手及皇宫卫士打扮，吸引众多的游客。而在捷克，特别是东南部的摩拉维亚地区，每到复活节，小男孩们都要用红丝带扎上柳条鞭追打姑娘，而姑娘们则要早早绘制好许多彩蛋，作为礼品和吉祥物，送给亲朋好友。被男孩们追上并打着，预示着快乐吉祥，姑娘们更要拿彩蛋或糖果回赠。

过去基督教徒会特意选在复活节前夕去教堂洗礼，然后穿上自己的新装，以庆祝基督的新生。现在，穿戴一新的习俗被保留下来。因为人们相信，复活节里不穿新衣是要倒运的。此外，像迎接新年一样，复活节前人们也喜欢彻底打扫自己的住处，表示新的生活从此开始。

现在对大多数人来说，复活节只是一个享受明媚春光的普通节日。典型的复活节礼物都是跟春天和再生有关系的。由于鸡蛋孕育着新的生命，人们就从蛋的孵化中看到了复活的希望和生命的象征。而柳条开始泛绿吐芽，带来春天的气息，蕴藏着生机。鸡蛋、小鸡、小兔子就是这一时节的象征。对于孩子们来说，没有比复活节彩蛋或巧克力彩蛋更有吸引力的了。

在西方国家，复活节还没到，很多家庭就把鸡蛋、鸭蛋甚至鹅蛋先后放在几个盛有洋葱等不同植物的锅里煮，以染出不同的颜色。所以最后煮出来的蛋不再是白色或浅棕色，而成为黄色或粉红色、蓝色或绿色。当然，植物染料是安全的，即使渗透到蛋壳也仍然是可以食用的。

节日期间，人们按照传统习俗把鸡蛋煮熟后涂上红色，代表天鹅泣血，也表示生命女神降生后的快乐。经常可以看到孩子们三五成群地聚在一处，用彩蛋作游戏；他们把彩蛋放在地上或土坡上滚，最后破裂者获胜，胜出者可以得到所有参加游戏的彩蛋。该活动非常普及，因为人们相信，鸡蛋是复活节新生命的象征，彩蛋在地上来回滚动，就可以使恶魔不断受到惊颤、直至最终驱散，从而使新的生命顺利降临。所以，就连美国的白宫也经常在复活节组织孩子们进行这种游戏，只是他们是将彩蛋放在草坪上滚。

复活节的另一个象征是小兔子,原因是它们具有极强的繁殖力,人们视之为新生命的创造者。节日中,成年人会形象生动地告诉孩子们复活节彩蛋会孵化成小兔子。

许多家庭还会在花园草坪里放些彩蛋，让孩子们玩彩蛋的游戏。复活节小兔子和彩蛋也成为节日期间抢手的商品。商场出售各式各样的小兔子和彩蛋状商品，还在小小的食品店和糖果店摆满了用巧克力制成的小兔子和彩蛋，这些“食品小兔子”神态可爱，彩蛋形状不一，吃起来味道香甜，送给朋友也很适宜。

六、愚人节

愚人节也称为“万愚节”，是在每年的4月1日专门搞一点小把戏捉弄人的日子。据说耶稣曾在这一天遭受过犹太人的捉弄，所以这天上午可以允许人们搞一些小的、无伤大雅的恶作剧而不加责怪。

每到这一天，平时非常老实诚信的人也可能突然例外一把，编套假话哄骗别人；也有人谎报虚情捉弄他人。参加这些玩笑活动的大多是青少年，但也有一些成年人借机取乐。有的新闻媒介甚至刊登假新闻、假广告，开一些耸人听闻的玩笑，目的只有一个，开个小小的玩笑，捉弄一下对方，让对方上个小当，既无可奈何，又不能发作，开心一笑而已。

七、情人节

情人节听上去富有浪漫色彩，充满青春的友谊和欢乐。其实它并不是我们从字面上所理解的只是一个情侣们之间的节日，而是指所有有爱的人的节日。这个节日原文叫圣瓦伦丁节（St. Valentine's Day），在每年的2月14日。

这一天，年轻的恋人互赠有纪念意义的礼品或精美的贺卡，彼此约会、成双成对地参加舞会或一起出去郊游。有的还专门为年轻人举行化装舞会。那些表达爱慕之情的贺卡，有时只有收信人的姓名，而没有发信人的落款，但收信人多半能猜出是谁。礼品常常是装饰成心形的巧克力糖盒、首饰或香水，也有的是系着红丝带的郁金香或红玫瑰。

在北美地区，亲朋好友或同事之间，不论年龄大小，都会利用这一天互赠小礼品，表达自己内心的热爱和感激。

八、开斋节

开斋节和古尔邦节都是伊斯兰教的重要节日。世界上有几十个国家的7亿多人口信奉伊斯兰教，因此，这些节日在世界范围内还是具有一定的影响。

根据伊斯兰教义规定，每年伊斯兰教历的9月为斋月。在斋月内，每天在日出之后、日落以前，穆斯林必须实行“斋戒”。除孕妇、病人、乳婴、作战的士兵和远出的旅行者外，人人在斋月期间白天都要禁食，甚至连水都不能喝，更有严格的教义连吐沫都要吐掉。斋月期满，由阿訇登楼寻看“新月”，见月即可开斋，第二天就是开斋节。

在伊斯兰国家，斋月期间，白天不举行社交娱乐活动。所以，如要举行宴请活动，一定要安排在日落以后。但这种时候，由于一天没有进食，往往感到饥饿与疲劳，要适当予以理解和照顾，比如可先上一道容易消化的汤羹之类的食物，使其肠胃先适应一下，然后再开始上其他主食。

开斋节到来时，穆斯林兄弟们都要庆祝一番，他们沐浴更衣，穿上新装，探亲访友，互赠礼品，相互祝福，去清真寺做礼拜。

世界上不同国家、不同民族、不同宗教都有许多不同的节日，正是这些不同的传统和文化习惯构成了各自生活中丰富多彩而又独一无二的特点，吸引着人们往来和交流。在开展对外交往时，一方面应当注意虚心好学，另一方面要入乡随俗，彼此尊重，利用各种机会促进相互理解，努力避免因不了解或无知而无意中触犯禁忌、伤害感情。

九、建军节

很多国家都有自己的建军节，特别是各国军方对于建军节更是重视有加，多数国家的国防部长或总参谋长等最高军事首领会举行军节招待会，邀请各国武官参加，有时也邀请使节出席。

各国驻外武官是否举行军节招待会，要视各自的具体情况而定。建军节招待会的主要邀请对象是驻在国军方人士和驻该国武官团，有时也邀请驻在

国有关部门负责人和外交使节等。我国驻外使团的传统做法是每年国庆、建军节和春节招待会都要举行庆祝招待会，除非我驻该国没派武官。

十、建交或友好条约签订日

这类庆祝活动主要涉及相关国家，因此都是根据一定时期国家关系的需要在双边范围内进行。常规做法是两国元首、政府首脑和外长互致贺电。逢五逢十周年更加隆重一些，两国驻对方的大使馆可举行招待会，对方一定级别的政府官员也会应邀出席。一些双边关系非常密切的国家对友好条约签订日比较重视，有时会举行规模较大的集会，以示庆祝。

对于各国官方节日，民间友好人士间、有关业务部门之间，通常也相互祝贺，对关系较好的国家还可赠送花篮和登门拜访祝贺。

十一、三八国际妇女节

有些国家由妇女团体发起组织各种茶会、座谈会、报告会等庆祝活动，

邀请女宾参加。在我国一般都由全国妇联举行茶会，邀请驻华使节的夫人、女外交官和外国女专家、女记者参加，或组织女士们感兴趣的参观访问，其间穿插一些文娱节目。

十二、五一国际劳动节

虽然叫“五一国际劳动节”，但并不是所有的国家都过这个节。由于各国社会体制不一、态度不一，所以庆祝的形式也相差甚远。有的国家每年都要举行盛大的群众游行，有的甚至还有阅兵式，邀请外宾参加。也有的国家根本不庆祝这个国际劳动节，而是以另外一个日子作为本国的劳动节，因此在5月1日不举行任何庆祝活动，也不放假。

第八章

庆贺慰问吊唁礼仪

一、就职典礼

许多国家元首当选就任时要举行隆重的就职典礼，国王登基则要举行加冕仪式。通常在就职典礼上的一项重要内容就是要举行宣誓仪式，并发表施政纲领演说。有的国家元首或国王就职还举行规模盛大的招待会、阅兵式、文体表演等庆祝活动。就职仪式一般也邀请各国外交使节参加，有的还邀请外国政府派代表或特使参加。新元首或新国王往往还礼节性地接见各国外交使节。有的国家政府首脑（内阁首相）就职也举行一些庆祝仪式。

对外国元首就职或国王登基，我国也根据双边关系的需要适时派出特使前往祝贺。比如：2004年12月5日，时任外交部部长助理李辉以中国政府特使的身份率团赴阿富汗首都喀布尔，专程前往参加12月7日举行的卡尔扎伊总统的就职典礼。2007年7月16日，外交部部长助理何亚非以中国政府特使的身份在密克罗尼西亚联邦首都帕利基尔出席了密联邦新任总统、副总统和第15届国会议员的就职典礼。2009年5月10日，全国政协副主席阿不来提·阿不都热西提以国家主席胡锦涛特使的名义出席了在南非行政首都比勒陀利亚举行的南非新总统祖马的就职典礼。2009年6月19日，全国人大常委会副委员长蒋树声以国家主席胡锦涛特使的身份在乌兰巴托出席了蒙古国总统查希亚·额勒贝格道尔吉的就职典礼。2009年8月10日，中国农业部部长孙政才以中国政府特使身份在厄瓜多尔国民代表大会出席科雷亚总统的宣誓就职典礼仪式。

这些就职、登基典礼不见得每个国家每次都会派员出席，但只要是建交国，对这样的外国领导人当选、就职均应以相应的领导人名义发去贺电表示庆祝。所谓相应就是元首对元首、议长对议长、首脑对首脑、外长对外长。各国驻当地的使节按惯例亦应向新任领导人致信祝贺。新任外交部长的任命公布后，建交国外长一般也都致电祝贺。

二、祝寿

在国际对外交往中，不少国家还保留着相互祝寿的传统。新中国成立初期，以苏联为首的社会主义阵营相互之间还有给领导人祝寿的习惯。随着社会的进步发展，我国逐步取消了给领导人祝寿的做法。

一般情况下，祝寿的方式在做法上有点同祝贺国庆，以相应的领导人名义发贺电，如果是关系特别密切的人士，还可请驻该国使馆派员送去花篮或礼品（如蛋糕、美酒等），对一般人士的生日则送束花附上名片或口头表示祝贺。若应邀参加生日庆贺活动，则都送点有意义的小纪念品或花束。各国

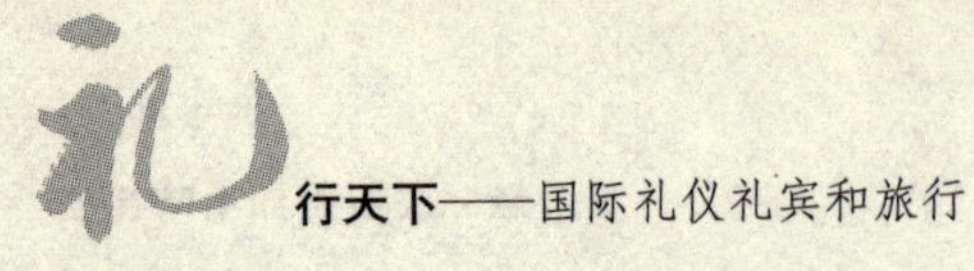

驻外使节一般都会应邀出席驻在国领导人的祝寿活动（如宴请、授勋等），并转达本国领导人的祝愿。

三、吊唁与丧礼

（一）凭吊

中国自古就有红白喜事之说，意思是指世界上除了生辰、婚娶、乔迁、晋升、开业等庆祝活动之外，也有生老病死等自然规律不可避免的事情，也就是平常说的白事儿。对这类事情的处理，同样也有其自身的特点和做法。既要客观面对，又要从善如流，冷静处理。

1．国家元首或政府首脑逝世

由于各国社会制度不同、宗教信仰相异、民族文化和传统习惯不一，对国家元首或政府首脑逝世后的治丧活动安排也有所不同。

首先是择时讣告，宣布志哀期，成立治丧委员会，在全国范围内停止各种娱乐活动，下半旗志哀。治丧国除发布讣告外，还会由外交部照会当地各国使馆。讣告照会的信纸和信封一般都带黑边；同时，治丧国驻外使领馆也会照会驻在国外交部和当地使团各建交国使馆，周知有关情况。一般情况下，如接受吊唁，照会中同时也会通知接受吊唁的时间、地点。

举行治丧活动，主要内容有向遗体告别或瞻仰遗容、接受各界人士的吊唁包括送花圈，最后举行追悼大会或葬礼。大多数情况下都设灵堂，吊唁活动都在灵堂内进行。在我国，灵堂的布置要求庄严、肃穆。在大厅入口处上方悬挂黑底白字的横幅，门边设吊唁桌，备吊唁簿，并为吊唁者准备小白花。大厅内正面墙上悬挂遗像，镶以黑边或挽黑纱，上方挂黑底白字横幅。大厅四周悬以黑黄两色相间的挽幛。水晶棺置于遗像下，周围围上鲜花和翠柏等常青树木。遗像两侧放置各界人士送的花圈，而亲属献的花圈则放在水晶棺前。

一般情况下，追悼仪式后，参加人员与逝者亲属陆续告别。

政府首脑的治丧仪式大致与元首相同，但规格略低。

治丧期间，当事国的驻外使领馆也设灵堂，并接受驻在国官方领导人、使团和各界人士的吊唁。各国驻治丧国的使节、驻第三国的使节在接到治丧国外交部或使馆的照会后，亦应按规定时间前往悼念。至于是否献花圈或以谁的名义献花圈视两国关系和当地的习惯做法而定。

各国对于外国领导人逝世的反应，一般视两国关系以及逝者在国际上的威望而定。比较通常的做法是由相应的国家领导人向治丧国国家领导人发唁电，向该国及逝者家属表示慰问。

派出相应级别的领导人前往治丧国使领馆吊唁亦是普遍采用的吊唁方式之一。这种吊唁包括送花圈、在吊唁簿上题词签名、默哀等。前往吊唁人员级别的高低也要视两国关系而定。当有重要人物前来吊唁时，治丧国使节应亲自出来守灵，接受吊唁，其他时间应有主要馆员代表守候。有的国家也接

受普通群众到使馆吊唁。

个别情况下，如逝者在世界事务中有重要影响，也有关系特别密切的友好国家会采取一些非常之举，如举行隆重的追悼活动、在一些场合降半旗志哀、开会时默哀，以表示哀悼。

对特别重要国家的重要人物逝世，有的国家还会派出专门的代表团或特使前往治丧国参加葬礼。这样的代表团和特使只参加与葬礼有关的活动，一般不进行其他访问活动。我国的习惯做法是不接受外国代表团或特使前来吊唁，均予婉谢。

有的国家在其领袖人物逝世或举行国丧时，会在规定时间举行全国默哀和鸣笛，届时举国行止，火车、轮船、军舰、工厂等鸣笛志哀。即使是外国轮船恰好停靠该国码头，亦应按通例挂半旗和鸣笛。

联合国规定，其会员国元首或政府首脑逝世，联合国旗下半旗一天，且不再升其他会员国国旗。如果安理会和其他专门委员会开会，执行主席要宣布默哀表示哀悼。

2．一般人士逝世

一般人士在国外任职期间因故去世，其丧事一般是由死者的亲属或其本国有关机构（如使领馆或其他代表机构）举办，但也有由所在国有关单位出面举办的。治丧安排常见的有设置灵堂、举行追悼会或葬礼等。所在国有关方面视情况以适当的方式表示哀悼，如向死者家属发唁函、送花圈，派有关人员参加葬礼等。信奉宗教的，还举行各种宗教仪式。

若在境外遇有外国友好人士去世，我国人员可以口头或书面形式表示哀悼，向死者家属致以慰问，也可送花圈。

参加其他国家或民族追悼仪式或丧礼时，我们一方面要尊重当地的风俗习惯，另一方面在参加有宗教仪式的丧礼时，不信教者亦可不做下跪等动作，主办方应予谅解。

我国对长期在华工作的外国友好人士、老专家逝世的习惯做法是，有的丧事由中国有关方面为其举办。如遇一些知名的国际友人在华逝世，首先要通知该国驻华使领馆，同时还要组成治丧委员会，发表讣告，设置灵堂，接受死者生前友好、国际友人以及中国各界人士的吊唁。中国政府和有关部门负责人要送花圈、出席追悼会，并根据死者或其亲属的愿望，协助将其骨灰（或遗体）或运回本国，或择地安放（或安葬）。

3．花圈的制作

西方都以鲜花以及松柏树枝来制作花圈，我国较多选用绢花、料器花制作。花圈多以白色缎带（也有的国家用红色缎带镶黑边）做挽联，用黑色或金粉书写，悬在花圈的左右两侧。

（二）谒墓

结合正式访问，许多国家领导人出访期间，经常按各国习惯，安排前往谒墓或向纪念碑敬献花圈。具体地点以无名英雄（革命烈士）纪念碑为多，也可以是已故领导人的陵墓。通过谒墓或献花圈，来表示对该国人民的友好亲善，以及对该国先烈们的敬意。

无论形式如何，各国在安排领导人谒墓或向纪念碑敬献花圈的仪式都大同小异。比较通常的做法是：一般东道国都要在现场安排仪仗队、军乐队，并派相应的高级官员陪同。车队抵达后，乐队奏乐，仪式开始，花圈由东道国礼兵或谒墓者的随行人员抬着走在前面，仪仗队分列两旁，向来宾致意，谒墓人表情肃穆，随行于后。花圈搁置到位后，谒墓人上前一步，整理一下花圈上的挽带。然后稍退几步，肃立默哀，有的还绕陵墓或纪念碑一周。信仰宗教的谒墓人，有的还要为逝者祷告。

我国领导人出国访问时，也往往尊重对方的习惯往谒陵墓或向无名英雄纪念碑献花圈。前来我国访问的国宾和其他重要的外宾，根据其意愿，安排他们向天安门人民英雄纪念碑献花圈。

来访的国宾向人民英雄纪念碑献花圈时，我国的习惯做法是由我国驻该国大使陪同。花圈由来访代表团或来访国驻华使馆准备。

1．献花圈仪式的基本程序是：

国宾乘车抵达纪念碑前，由两名中国人民解放军礼兵抬着花圈走在前列。国宾及其随行人员缓步随后走向纪念碑，军乐团奏乐。陆海空三军礼兵持枪向国宾致敬，国宾安放花圈后，军乐团奏致敬曲，全体肃立。礼毕，国宾绕纪念碑一周。

2．需要注意的事项

①弄清背景

谒墓和向纪念碑献花圈，并不是单纯的作秀活动，还有许多潜在的因素需要考虑。有时候由于某种原因，特别是因为墓或碑的政治背景因素，而不能安排或参加这类活动。所以到国外访问，如需要谒墓或向某纪念碑献花圈，一定要事先将其政治和历史背景了解清楚，别草率行事，以免出不该出现的差错。

②着装

谒墓是一个严肃、沉重的活动，整个过程都充满庄严肃穆的气氛，参加仪式的人员应穿着深色服装，也有个别国家明确要求穿礼服，谒墓时应脱帽，托于左手，军人若不脱帽则应举手行礼。

③细节

如外方前来谒墓，应将仪式和程序事先通告对方。到国外前往谒墓或纪念碑要事先向对方了解谒墓程序和其他注意事项，最好先行到现场勘察一圈，做到心中有数；花圈、挽带等提前预订，挽带上的题词和书写要恰当。

④宗教习惯

有些国家的陵墓建在寺院内，谒墓有其独特的宗教仪式，不信教者前往谒墓，对于宗教仪式中的一些要求可不仿效，但应遵守对方的风俗习惯。如进入清真寺要脱鞋，女士需用头巾包住头发等。

（三）葬礼

如果应邀参加葬礼，尽管具体形式因逝者生前的宗教信仰不同而有所不同，但参加者的着装等要求基本一样，比较西化的都要穿黑色或其他深色服装，男士可以穿白衬衫，系黑领带，但不要系黑色蝴蝶结。可以送个花圈或送一束鲜花，以黄白色为主的，具体可参见本书第十一章第十二节。

（四）慰问

1．伤病慰问

在现实生活中我们经常碰到亲朋好友伤病住院，一个国家或某个单位团体的领导人同样免不了会有个头痛脑热。一国元首或政府首脑如若患病或因故负伤，其他友好国家的领导人获悉后一般都要致电慰问，或指派本国驻该国的使节前往医院探望慰问。如因种种原因，使节不能亲自前往看望伤病者本人，也有发函或赠送花篮表示慰问的，花篮上要附有赠送人名片。1992年9月1日，捷克斯洛伐克联邦议会主席杜布切克遭遇车祸重伤，住布拉格国家医院，我正好在大使馆工作，受大使委托前往医院探望。但由于他住在ICU重症病房而不能探访，只好请医务人员转交花篮和信件并转达问候。

对于一般的伤者病友的慰问，也可适当赠送鲜花、水果等，表示一下心意即可。探访谈话和逗留时间不宜过长，以不影响伤、病者的休息为准，并注意不要谈论可能刺激对方的话题。

2．灾情慰问

当一国遭受重大天灾人祸时，如自然灾害或重大伤亡事故，其他建交国领导人也经常会致电慰问，有时也会通过驻该国的使节致函外交部或外交部长，代表本国政府和人民表示慰问。有的外国政府视灾害严重程度，结合两国关系或通过红十字会向受灾国捐款捐物、赠送药品或其他救灾物资。对于有友好城市、姐妹城市关系的，或是密切合作伙伴关系的，也可视情致电、发函表示同情和慰问。

（五）植树

有些国家会为来访的外国领导人安排植树活动。如加拿大渥太华总督府大院里，有十几棵大小不一的各式树种，都是外国元首到访时种下的。印度习惯于安排外宾在向甘地墓献花后植树，而巴基斯坦则喜欢请访问拉瓦尔品第的外国领导人到后山植树，并设植树人铭牌，以资纪念。新中国成立十周年国庆时，中国政府也曾安排到访的各国领导人在钓鱼台国宾馆等地植树。

安排植树，不仅仅象征两国人民之间的友谊，更在于倡导绿化，提高绿色环保意识。一般的植树活动只是请外方或双方领导共同培土，实际上事先都已经种好树苗，只是请领导上去象征性地挥锹添几锹土或浇一桶水，拍几个镜头。因此，工作人员事先应备好树、土、水和工具，挖好坑基，也可适当固定好树苗。

对植树人员的着装应视实际情况而定。

第九章

中外国旗的悬挂

国旗是国家的一种标志性旗帜，是国家的象征。它通过一定的式样、色彩和图案反映一个国家政治特色和历史文化传统。在一个主权国家的领土上一般不得随意悬挂他国国旗。在我们的社会生活和涉外交往中，人们经常通过悬挂国旗来表达对国家的热爱或对他国的尊重。各国对悬挂本国或外国国旗都有具体规定，如我国就有《国旗法》。除此之外，在国际交往中，还形成了一些约定俗成的国旗悬挂惯例，为各国所公认，这些都是每一个礼宾工作者必须了解、掌握和执行的。

一、涉外挂旗的几种情形

按通行的国际关系准则，当一个国家的元首或政府首脑在他国领土上访问时，其住所及交通工具上可以悬挂国旗，有的国家则挂元首旗，这是一种外交特权和国际礼节，按对等原则进行。换言之，东道国在接待来访的外国元首或政府首脑时，在隆重的欢迎仪式、会议场所、下榻的宾馆、乘坐的汽车上悬挂对方（或双方）的国旗（或元首旗），这也是一种国际外交礼遇。1996年4月钱其琛副总理兼外长访问捷克共和国时，捷方就在他所住的政府宾馆门口挂起了中国国旗。2001年7月江泽民主席访问俄罗斯和白俄罗斯等国，他走到哪里，中华人民共和国的国旗就升到哪里。同样，外国元首或政府首脑访华时，其座车和下榻宾馆也都升挂其国旗（或元首旗）。

根据《维也纳外交关系公约》，一个国家的外交代表，如大使。代办（或临时代办），在其驻在国境内执行公务时，可以在交通工具上插挂本国国旗；大使馆、大使官邸及其他外交代表机构的办公地（包括总领馆、领事馆、办公室等）和总领事官邸等，可悬挂国旗。

召开国际会议，应在会场悬挂各与会国国旗。按会议组织者有关规定，也可以在各国政府代表团团长下榻的地方或乘坐的车辆上悬挂其本国国旗，亦可选择不挂国旗。有多国参加的展览会、体育赛事等国际性活动，也往往要悬挂相关国家的国旗。

正规情况下，在建筑物或在室外悬挂国旗都是随着太阳而动，即日出升旗，日落降旗。但在实际生活中，由于各种原因，这一规定可根据实际情况灵活掌握。

二、升挂国旗的具体要求

国旗要标准且外观良好，不得升挂破损、污损、褪色或者不合规格的国旗。升降国旗时，服装要整齐，要立正脱帽行注目礼。国旗一定要升至杆顶；列队举持国旗和其他旗帜行进时，国旗应当在其他旗帜之前。国旗与其他旗帜同时升挂时，应当将国旗置于中心、较高或者突出的位置。

三、降半旗

降半旗是公众表示哀悼的重要礼节，一般是在某些重要人士逝世或重大不幸事件、严重自然灾害造成重大伤亡（如地震、海啸、泥石流、火灾等）时来表达全国人民的哀思和悼念。

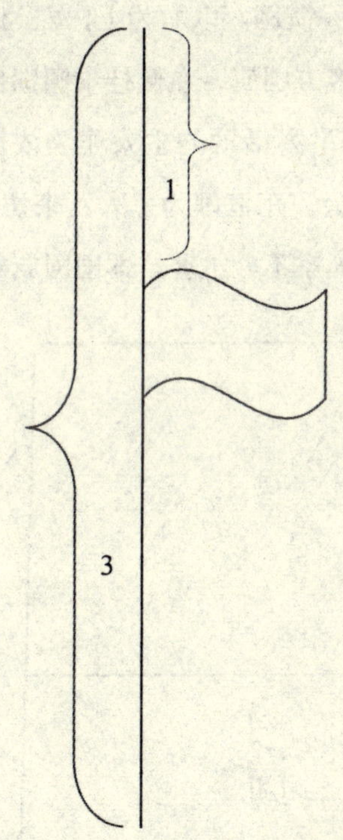

下半旗时，应当先将国旗升至杆顶，然后降至旗顶与杆顶之间的距离为旗杆全长的三分之一处。

也曾见过有的国家不以降半旗志哀，而是通过在国旗上方系挂黑纱的做法来表示哀悼。

四、汽车上插挂国旗

有时候国家元首或政府首脑、特使等重要人物出国访问时，要在其所坐的汽车上插挂国旗或元首旗，这种情况下以汽车行进方向为准，驾驶员左手为主方，右手为客方（见下图）。

大使或代办（临时代办）的座驾车上，一般只在车的右前方插挂本国国旗。

悬挂两国国旗，按国际惯例，以右为上，左为下。两国国旗并挂时，以旗本身面向为准，右侧挂客方国旗，左侧挂本国国旗。

所谓主客，是以谁是举办活动的主人作为依据。例如，外国代表团来访，东道国举行的欢迎宴会，东道国为主人；来访方举行答谢宴会时，则来访者便是主人。也有个别国家不分主客，本国国旗总是挂在上首。

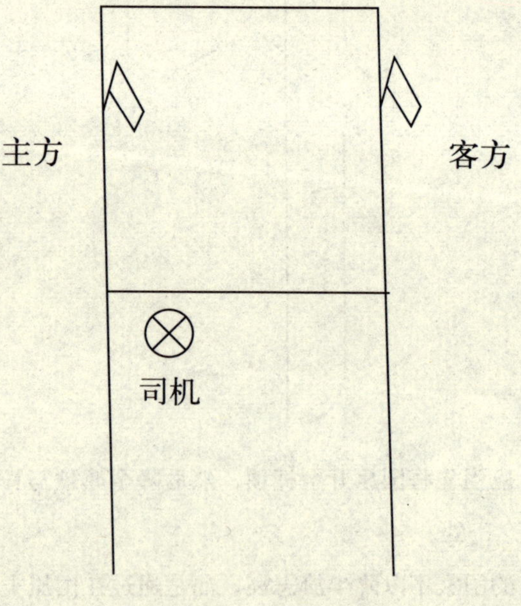

五、常见涉外挂旗图示

1．两面国旗并挂

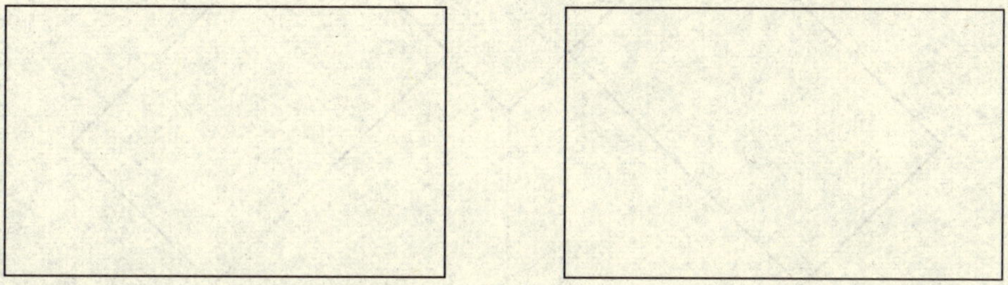

客方　　主方

2．三面以上国旗并挂

（1）　（2）　（3）

客方　客方　主方

注：同时悬挂多国国旗，多面并列时，主方最右；或以各国国名的英文字母为序，自右而左依次排列；如系国际会议，不分主客时，则按会议规定的礼宾顺序排列。

3．并列悬挂

客方　　主方

4．交叉悬挂

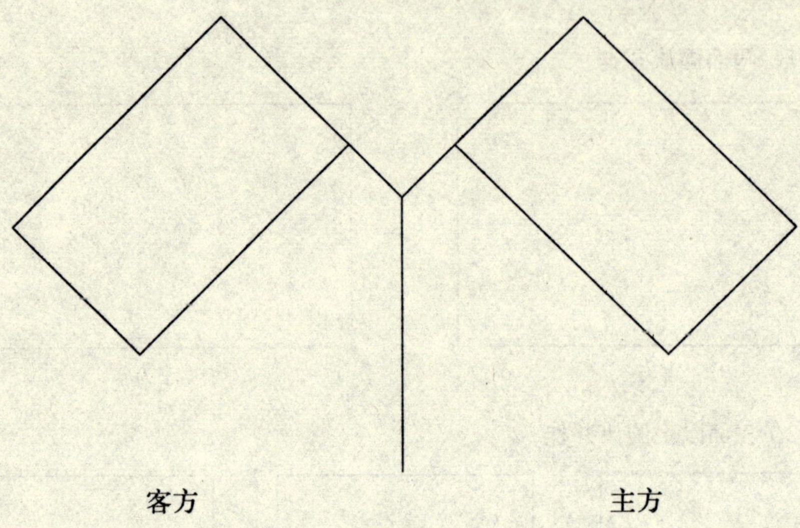

5．交叉挂

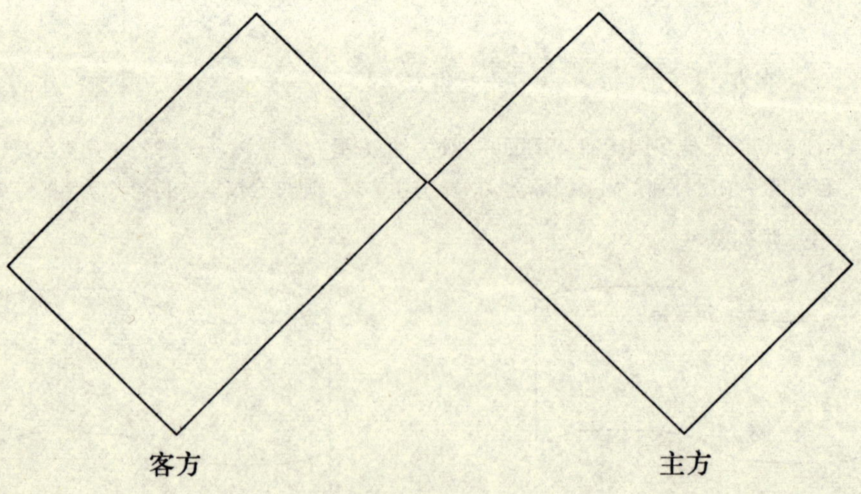

6．竖挂（客方为反面，主方为正面）

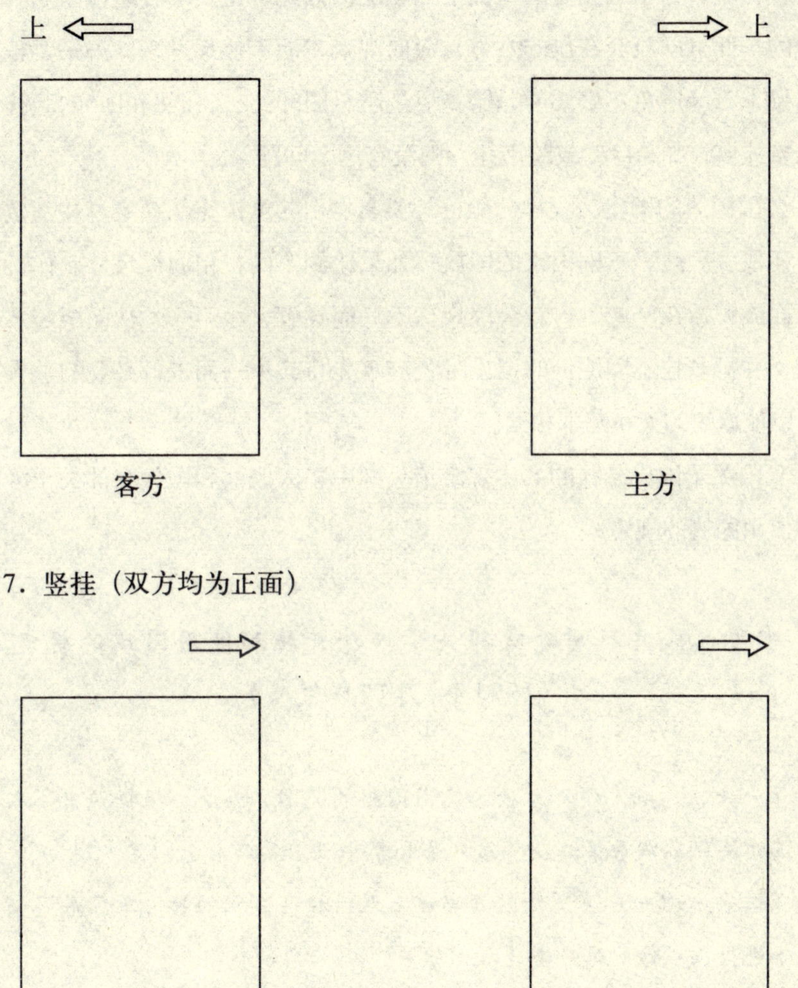

7．竖挂（双方均为正面）

客方　　主方

需要注意的是，国旗不能挂倒，有的国家国旗有文字和图案，从而肯定也不能竖着挂或反着挂。而有的国家则明确规定，竖挂务必另行制旗，以保证国旗图案处于正视位置。比较典型的例子就是朝鲜民主主义人民共和国国旗，竖挂时，旗上五角星的星尖依然朝上。因此，正式场合悬挂国旗时，要将旗的正面（即旗套在旗的右方）面向观众，而不能反过来。如果要把旗挂到墙壁上，为避免不必要的差错，尽量避免图5的交叉挂法和图6的竖挂。如果悬空挂旗，如跨厅堂或跨街挂，则没有这个问题。

各国国旗的图案、式样、颜色等要素均由其本国宪法规定，按一定比例设计而成。因此，不同国家的国旗，如果比例不同，用同样尺寸制作，那么这两面旗帜放在一起时，就会因规格不一而导致大小不一，从而引起歧义。因此，并排悬挂不同比例的国旗时，应事先将其中一面进行必要的放大或缩小，以使旗帜的大小基本相同。

我国关于国旗悬挂的具体规定请见《中华人民共和国外交部关于涉外升挂和使用国旗的规定》。

中华人民共和国外交部关于涉外升挂和使用国旗的规定

（1991年4月15日发布）

第一条　为确定涉外升挂和使用国旗的范围和办法，根据《中华人民共和国国旗法》第四条第二款、第九条和第十五条第四款，制定本规定。

第二条　（一）下列外国贵宾以本人所担任公职的身份单独或率领代表团来华进行正式访问时应当升挂国旗：

国家元首、副元首；

政府首脑、副首脑；

议长、副议长；

外交部长和国防部长、总司令或总参谋长；

率领政府代表团的正部长；

国家元首或政府首脑派遣的特使。

（二）接待外国国家元首（含副元首）和政府首脑时，在重大礼仪活动场所，如欢迎仪式、欢迎宴会、正式会谈、签字仪式等，升挂中国国旗和来访国国旗。

（三）接待外国政府首脑时，在重大礼仪活动场所，如正式会谈、签字仪式等，升挂中国国旗和来访国国旗。

（四）接待本条第一款中其他外国贵宾时，在重大礼仪活动场所，如正式会谈、签字仪式等，可以悬挂中国国旗和来访国国旗。

（五）接待本条第一款中所列的外国贵宾时，可以在贵宾的住地升挂来访国国旗，在贵宾乘坐的交通工具上悬挂中国国旗和来访国国旗。

（六）外国国家元首如有特制元首旗，可按对方意愿和习惯做法，在其座车和下榻的宾馆升挂元首旗。

第三条　下列重要国际活动场所可以升挂国旗：

国际条约和重要协定的签字仪式可以悬挂中国国旗和有关签约国国旗；

国际会议，文化、体育活动，展览会、博览会等，可以升挂中国国旗和有关国家的国旗；

外国政府经援项目以及大型中外合资经营企业、中外合作经营企业、外资企业（以下简称外商投资企业）的奠基、开业、落成典礼以及重大庆祝活动可以同时升挂中国国旗和有关国国旗；

民间团体在双边和多边交往中举行重大庆祝活动时，可以同时升挂中国国旗和有关国国旗。

第四条　各省、自治区、直辖市人民政府外事办公室，如与省、自治区、直辖市人民政府不在同一建筑物内办公，可以在工作日升挂国旗。

第五条　外国驻中国使、领馆和其他外交代表机构可以按照《中华人民共和国外交特权与豁免条例》和《中华人民共和国领事特权与豁免条例》升挂派遣国国旗；

其他外国常驻中国的机构、外商投资企业，凡平日在室外或公共场所升挂本国国旗者，必须同时升挂中国国旗；

外国公民在中国境内平日不得在室外和公共场所升挂国籍国国旗。遇其国籍国国庆日，可以在室外或公共场所悬挂其国籍国国旗，但必须同时悬挂中国国旗。

第六条　中国国家领导人和各种代表团出国访问，根据东道国的规定和习惯做法升挂中国和东道国国旗。

第七条　出国参加各种国际会议、文化体育活动、展览会、博览会等，可以按东道国或有关主办单位的规定和习惯做法悬挂中国国旗。

第八条　中国派驻外国的外交代表机关和领事机关，按照《维也纳外交关系公约》和《维也纳领事关系公约》可以在馆舍和馆长官邸升挂中国国旗。各馆可以根据当地习惯每日或在重大节庆日（即中国国庆日、国际劳动节、元旦、春节和驻在国国庆日）升挂中国国旗。

新开馆或闭馆时应该举行升旗或降旗仪式。

在馆舍以外开设的办公处不升挂中国国旗。

外交代表机关的馆长乘用的交通工具可以悬挂中国国旗，领馆馆长在执行公务时乘用的交通工具可以悬挂中国国旗。

中国派驻外国的外交代表机关和领事机关的馆长举行国庆招待会、建交庆祝活动和为中国领导人访问举行的重大活动时，可以在活动场所悬挂中国国旗和驻在国国旗。

中国常驻各国际组织的代表团或代表处可按照以上办法升挂中国国旗。

第九条　中国派驻外国的外交代表机关和领事机关以外的其他常驻机构，中国在外国的投资企业和旅居外国的中国公民，根据所在国的规定和习惯做法升挂国旗。

第十条　遇中国由国家成立的治丧机构或国务院决定全国下半旗志哀日，外国常驻中国的机构和外商投资企业，凡当日挂旗者，应该降半旗。

第十一条　中国派驻外国的外交代表机关和领事机关遇下列情况降半旗：

（一）中华人民共和国主席、全国人民代表大会常务委员会委员长、国务院总理、中央军事委员会主席逝世；

中国国内发生特别重大伤亡的不幸事件或者严重自然灾害造成重大伤亡，国务院决定降半旗；

中国外交部通知降半旗。

（二）驻在国国家元首和政府首脑逝世，可以根据驻在国的规定降半旗；

在驻在国因发生严重自然灾害造成重大伤亡决定降半旗志哀时，可以降半旗。

其他驻外机构，凡平日挂旗者，参照上述规定降半旗。

第十二条　中国国旗与外国国旗并挂时，各国国旗应该按照各国规定的比例制作，尽量做到旗的面积大体相等。

第十三条　在中国境内举办双边活动需要悬挂中国和外国国旗时，凡中方主办的活动，外国国旗置于上首；对方举办的活动，则中国国旗置于上首。

第十四条　在中国境内，凡同时悬挂多国国旗时，必须同时悬挂中国国旗。在室外或公共场所，只能升挂与中国建立外交关系的国家的国旗。如要升挂未建交国国旗，必须事先征得省、自治区、直辖市人民政府外事办公室批准。

第十五条　在中国境内，中国国旗与多国国旗并列升挂时，中国国旗应该置于荣誉地位。

并排升挂具体办法：

（一）一列并排时，以旗面面向观众为准，中国国旗在最右方；

（二）单行排列时，中国国旗在最前面；

（三）弧形或从中间往两旁排列时，中国国旗在中心；

（四）圆形排列时，中国国旗在主席台（或主入口）对面的中心位置。

第十六条　中国国旗同联合国旗并挂，参照本规定第十三条办理。

第十七条　悬挂国旗一般应以旗的正面面向观众，不要随意交叉悬挂或竖挂，更不得倒挂。有必要竖挂或者使用国旗反面时，必须按照有关国家的规定办理。

第十八条　多国国旗并列升挂，旗杆高度应该划一。升挂时必须先升中国国旗，降落时最后降中国国旗。同一旗杆上不能升挂两个国家的国旗。

遇有需要夜间在室外悬挂国旗时，国旗必须置于灯光照射之下。

第十九条　外国驻华机构、外商投资企业、外国公民在同时升挂中国和外国国旗时，必须将中国国旗置于上首或中心位置。

外商投资企业同时升挂中国国旗和企业旗时，必须把中国国旗置于中心、较高或者突出的位置。

第二十条　各省、自治区、直辖市人民政府外事办公室负责监督管理本地区的涉外挂旗。

第二十一条　本规定由外交部负责解释。

第二十二条　本规定自发布之日起施行。

第十章

会议的组织与座次

一、会议的组织及座次安排

（一）会议的组织

会议，是将人们组织起来，在一起研究、讨论有关问题的一种社会活动方式。

为使会议取得预期的效果，做好会前准备工作是基本的前提保证，要进行的组织准备工作大体上可分为以下四项：

1．首先要确定会议的主题。会议指导思想定了，才能进而确定会议的形式、内容、任务、议程、时间、期限、出席人员、地点，等等。

2．拟定会议通知。通知应包含以下七项要素：①标题，要通过标题简明扼要地交代会议名称，让人一目了然。②主题与内容，这是对会议宗旨的介绍与交代。③需要与会者准备的材料、讨论题目等事宜。④会期会址，应明确会议的起止时间和地点。⑤报到的时间与地点，对交通路线和联系人员、联系电话，特别要交代清楚。⑥出席会议的人员范围，如参会人员不可自行灵活选派，则应规定具体条件。⑦会议食宿交通安排及费用等问题。

3．起草会议文件。会议所用的各项文件材料，无论是起草、定稿还是印制，均应于会前准备完成。为保证会议的顺利进行，应把有些重要信息做成简单明了的会议手册，与会者人手一份。此外，会议开幕词、主旨报告和闭幕词最为关键和重要。

要安排好与会者的接待工作。对于交通、食宿、安全保卫甚至医疗等都要充分考虑、精心准备并妥善安排。

会场要布置得当。既不能过大显得过于空旷，也不可太小而拥挤不堪。对背景板、主席台、代表席的座位、座次都要一一落实，对音响、照明、空调、投影、摄像设备，要事先认真调试，确保无误。需用的文具、饮料，亦应预备齐全，尽早布置到位。

主席台的座次是重中之重，要严格按规则排列。关于主席台上的座次，我国目前的惯例是：前排高于后排，中央高于两侧，左座高于右座。重要会议，主席台上须设桌签，要求姓名务必写准确。

听众席的座次，目前主要有两种方法：一是按指定区域统一就座，二是自由就座。

在会议开始，或主要领导入场前，工作人员应提醒与会代表先行入座，防止出现无故虚位。在会议期间，主要做好例行会务服务。会场之外要有专人迎送、引导与会人员；对年老体弱者要重点照顾。在条件允许的情况下，根据会议日程安排一定的文体娱乐活动。

做好会议简报的编写工作。会期较长的大中型会议，应按期编写会议简报。要认真做好会议记录。凡重要会议，不论是全体大会，还是分组讨论，都要有专人负责会议记录。会议记录是重要的史实档案材料，应客观、全面记录会议的内容，会议名称、时间、地点、参加人员、主持者、讨论过程及内容都应记录在内，不得夹杂记录者个人因素或评论。

一般而言，与会人员在出席会议时应当严格遵守会议纪律，不得无故缺席。具体要做到以下六项：1．规范着装；2．严守时间；3．维护秩序；4．专心听讲；5．积极讨论；6．关闭手机或调为振动。

在会议结束前，会议组织者应着重做好以下几项工作：1．尽快形成可供传达的会议文件；2．处理有关会议的文件材料；3．为与会者返程提供支持和方便；4．如需报道，应提前准备好新闻通稿，供媒体宣传参考；5．如在宾馆或租用的会议场所，应注意清理现场，防止内部资料遗失外漏。

（二）会议主席台的座次安排

根据中办关于会议的有关指导原则精神：领导面向会场时，左为上，右为下。当主席台上领导人数为奇数时，1号领导居中，2号领导排在1号领导左边，3号领导排右边，其他依次排列；当领导同志人数为偶数时，1号领导、2号领导同时居中，1号领导排在居中座位的左边，2号领导排右边，其他依次排列。

下面是会议主席台的座位布置示意图：

1．领导人数为奇数：

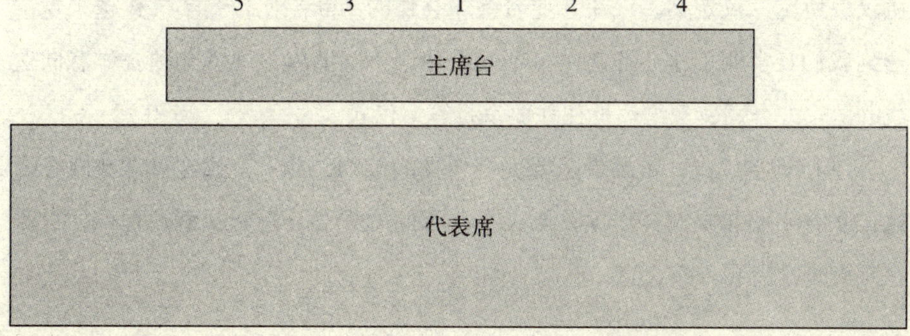

2．领导人数为偶数：

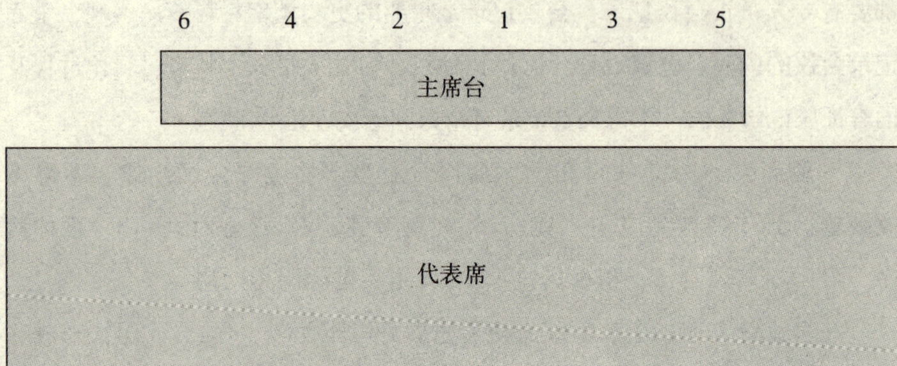

二、签字仪式的安排及图示

（一）前期准备

签字是指对所有由双方（或多方）代表通过谈判商定达成一致的文件，通过其各自授权代表签字，从而成为对双方（或签字各方）具有同等法律效力文件的过程。为签字而举行的仪式就是签字仪式。

签字仪式可以是签国与国之间缔结的条约、协定，也可以签国家领导人互访时要发表的联合公报或联合声明，或者两国政府有关部门间关于经济、贸易、文化、军事、科技、司法合作、航运、侨务、体育等各项业务达成的协议、协定、议定书。现在，随着全球合作的不断深化，签字仪式越来越渗透到我们日常的工作业务之中，不同企业、不同团体之间就某项合作意向达成的协议、合同、契约，也往往要举行签字仪式。

举行签字仪式，主要就是要表明所签的条约、协定、议定书以及联合公报、联合声明和重大合作项目协议书、合同的重要，及对此事的重视，有时也有对外宣传和公布之意。

国家之间的条约、协定、议定书以及联合声明、公报等，必须由两国授权代表签字，双方必须具有相应的身份。对于和平条约、互不侵犯条约、友好合作条约、友好同盟条约等文件，通常由双方政府首脑或外交部长签署。有些国际协定还必须经过本国议会批准通过方能生效。

从实际操作情况来看，签字仪式可以大致分为两类：对于一般性质的协议书、合同等，可以由双方代表共同签署，然后交换文本；也可以不举行仪式，只由双方代表在一定场合签毕，包括各自底下分头签妥，最后换文执行即可。签字仪式采取何种方式，由双方根据合作事项的重要或保密程度而定，最后决定是选择“多做少说”，还是“只做不说”。

要举行签字仪式，首先必须是对文本内容经过谈判取得一致，其次是做

好文本的准备工作，包括文本的定稿、翻译、校对、印刷、装订、盖火漆印(也有盖骑缝章)等各项工作。有的国家还要求提供签署人的正式授权书。有了这些，接下来就是仪式现场的准备工作，如横幅内容、鲜花盆景、话筒和扩音设备、 合影用台阶等。特别要注意备妥中外文文本、签字用的文具，如签字笔、吸墨器等，国际性的签字仪式还应准备好相关国家的国旗等物品。与对方商定好签字仪式的时间、地点及参加人员后，还有一些细节需要敲定，如助签人员、交换文本的程序、合影、是否上香槟等。如果需要宣传和对外公布的，还应通知媒体记者。

一般情况下，签字仪式在会谈之后进行。因此，参加签字仪式的人员基本上就是双方参加会谈的人员。如一方要求让一些未参加会谈的又比较重要的人员出席，另一方原则上应予同意，但双方人数应该基本相等。有些国家为了表示重视，往往请出更高或更多的领导人出席签字仪式，站在签字台的后面，实际上是起了见证的作用。

我国官方举行的正式签字仪式，一般在仪式大厅内放一张长方桌，供签字之用。桌面覆盖深绿色（也有红色的）台呢，桌后放两把椅子，供双方签字人员签署时用，主左客右。座前摆放要签的文本，上端分别放置签字笔，边上是吸墨器，中间摆一旗架，插挂签字双方的国旗。考究一点的，还应在签署人前面摆放鲜花。

如果是内部两个合作单位之间的签字仪式，则不必插挂国旗，但鲜花外侧应放置双方单位名签标志。若用简称，一定要符合双方标准称法。

举行双边签字仪式时，签字桌往往在室内横放，双方人员应在室内面对正门位于签字桌之后并排排列。客方签字人员居右，主方签字人员居左。双方的其他随员各自站立于己方签字人员身后。

参加签字活动的人员基本可分为三区三类，即签字区签署人、见证区见证人、观众区工作人员。

（二）现场布置示意图

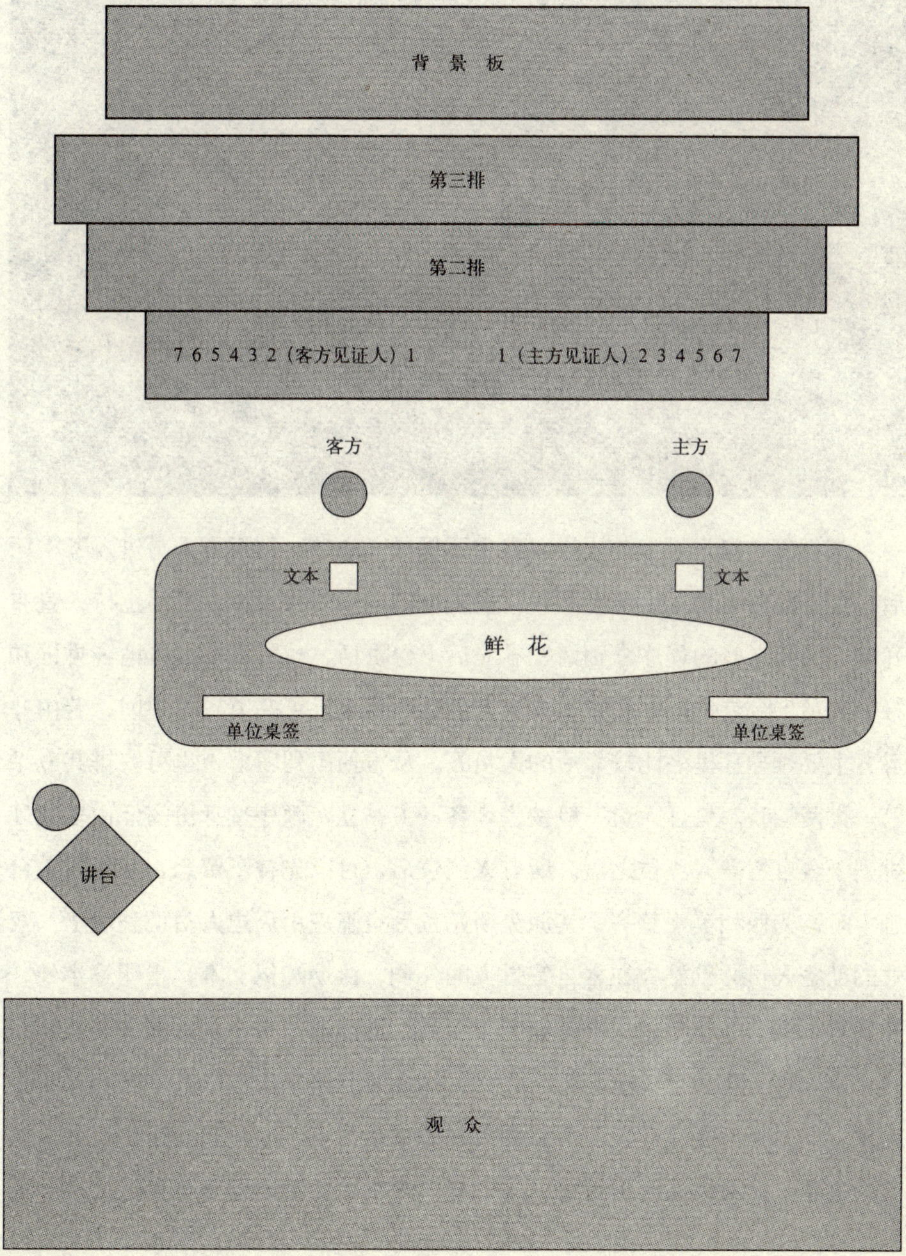

背 景 板
第三排
第二排
7 6 5 4 3 2（客方见证人）1
1（主方见证人）2 3 4 5 6 7
客方
主方
文本
文本
鲜 花
单位桌签
单位桌签
讲台
观 众

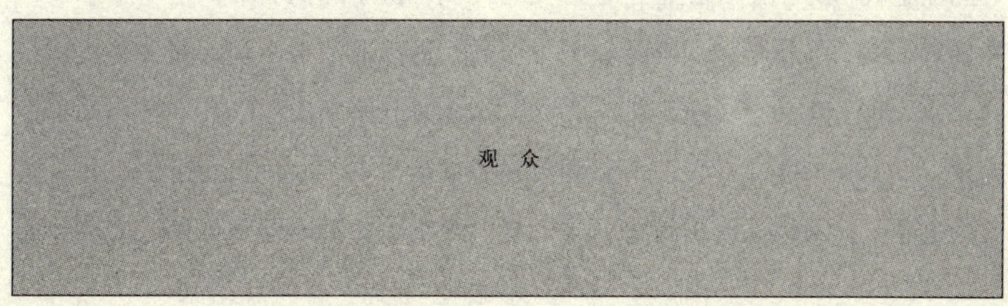

举行签字仪式时，如安排双方主要领导人致辞，则双方人员进入签字厅后，宜先在台下观众席前排站好，设座位的也可对号入座。然后主持人宣布开始，按商定好的程序分别请领导先后上台讲话。致辞完毕，再请各见证和签字人员上台就位（如签署人为双方主要领导人，可站第一排中间，若由非双方主要领导且排名比较靠后的人员签，从方便出列考虑，也可安排其分站第一排两端）。见证人员一般按主客各一方站立，顺序按身份高低由里及外排列于各自签署人座位之后。所有人到位后，可以先合影留念。签署人上台签字时，为照相美观整齐，其原先所站位置空隙应由周边人员调整填上。双方的助签人员分别站立在各自签署人的外侧，协助翻揭文本，指明签字处，在签署人签字完毕后，用吸墨器吸干墨汁，再后退一步，两助签人员互相交换文本，再上前放至桌上，请签署人再次签署。签字次数以签字方和文本数而定。文本全部签完后，双方签署人左手拿起文本，右手相互握手，并共同交换文本，面对镜头合影留念，之后众人鼓掌。此后，助签员接过文本，退下。服务员给签署人和每位见证人上香槟酒，双方共同举杯庆贺。签字仪式即告结束，可进入下一程序。

各国举行签字仪式的安排不尽相同。有的国家安排的仪式是并列设置两张方桌为签字桌，双方签字人员各坐一桌，双方的小国旗分别插挂在各自的签字桌上，参加仪式的人员坐在签字桌的对面。

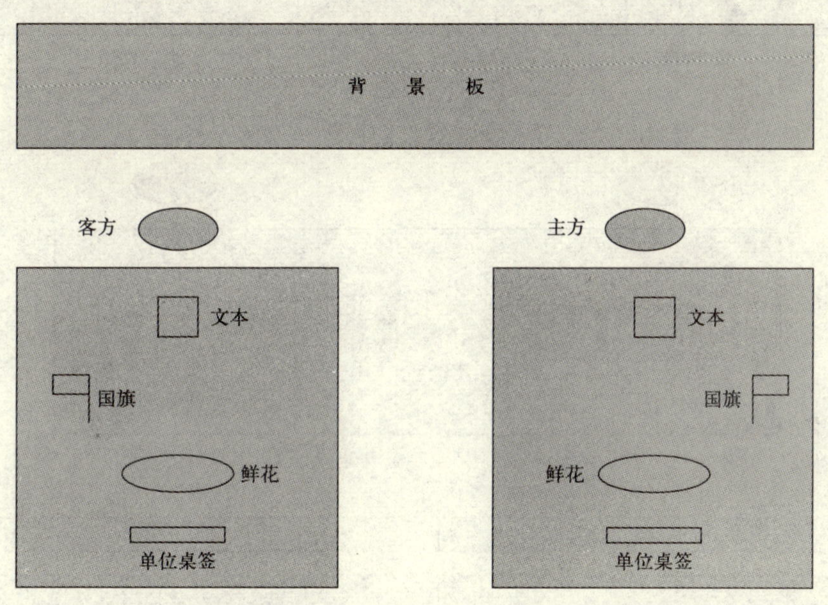

也有的国家安排一张长方桌为签字桌，但双方参加仪式的人员坐在签字桌前方两旁，双方国旗挂在签字桌的后面。

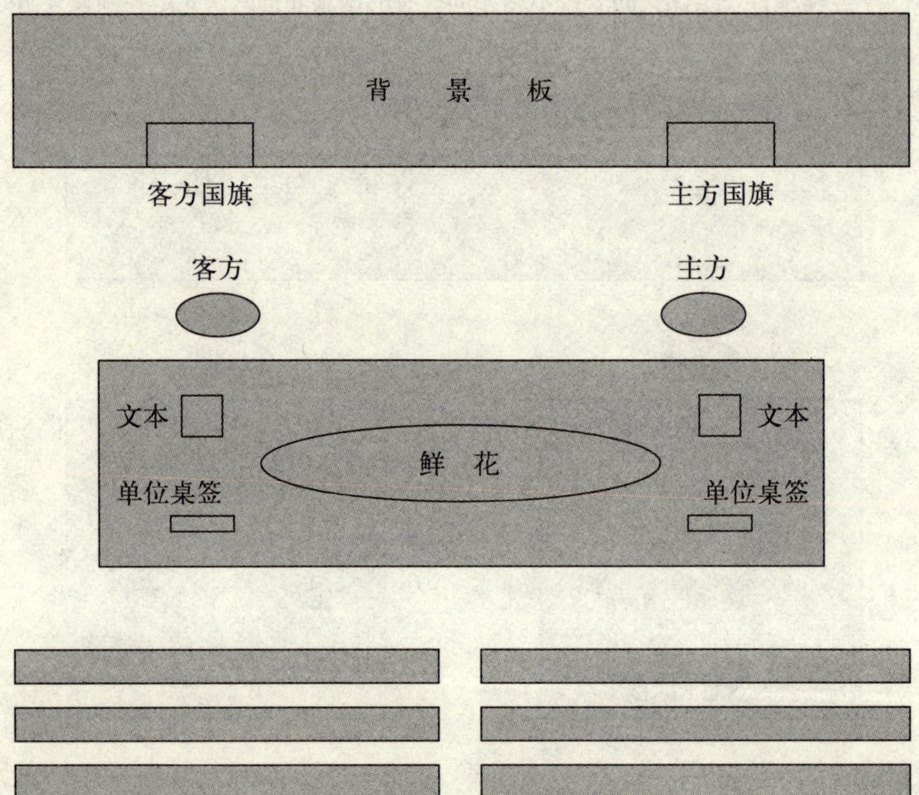

（三）签字仪式的基本程序

1．主持人宣布签字仪式正式开始

2．请（中外）双方主要负责人（名单事先商定）到主席台(也叫见证席)上就位（事先贴好地签）

3．合影留念（此时合影最为简便、整齐、快捷）

4．介绍（中外）双方领导及重要嘉宾

5．由中方（主方）代表致辞并简要介绍签约背景

6．邀请对方（或其他缔约方）代表致辞（事先商定）

7．请其他代表讲话

8．正式的签约活动，有的沿袭传统做法，签之前要请（中外）双方宣读（中外文）协议书文本，现在一般大都省略这一环节。

9．请双方主签人到签字桌前就坐，并在协议书上签字

10．交换文本

11．请服务员上香槟酒，大家共同举杯庆祝，背景音乐响起

也有把合影环节放在这时的，但鉴于见证人都已经离位走动、手中都举着香槟杯子，等收回杯子再回位合影又太过复杂费时，从各环节的衔接流畅角度来看效果不是最佳。

12．主持人宣布签字仪式结束

如有三四方共同缔结约定，其签字仪式大体相同，只是相应增添签字人员座位、签字用具和国旗等物，但要适当考虑到签约各方先后主次顺序。

国际公约的签字仪式有一定的特殊性。在签署多边公约时，通常只设一张桌子一个座位，一般由公约保存国代表率先签字，然后再由各国代表依一定次序轮流在公约上签字。

（四）合影及站位

在一些正式活动中，一般都会安排合影，以作纪录和留念。中外双方人员合影时，也涉及排序定位的问题。

合影排位的基本原则，一般讲究“中为尊”和“右为上”。以面对相机镜头为准，合影时中方（主方）人员居左，外方（客方）人员居右；双方人员各自按照身份的高低这一礼宾顺序，由中央向两侧分别排列。若一排排不开时，可分成数排，但以首排位次为最高。

合影现在一般有两种排位法：即传统交叉排列法和宾主左右分列法。

按传统排法排序时，宾主双方应相互穿插，排起来相对麻烦，站位略费

时间，但比较正式。这种排法两端一般均由主方人员收边。示意图如下：

第三排

第二排

9	7	5	3	主宾	主人	4	6	8	10

现在的实际工作越来越趋于务实，为提高效率，使主客双方更加轻松便捷到位，经常采用宾主双方左右分列的方法，其最大的好处就是很容易找到自己的位置，自己一侧按内部次序排列比较快捷。从整体而言也依然体现了主左客右的礼宾原则。示意图如下：

外方（客方）	第三排	中方（主方）

外方（客方）	第二排	中方（主方）

7	6	5	4	3	2	主宾	主人	2	3	4	5	6	7

三、新闻发布会的安排

新闻发布会又称记者招待会，是政府机关、社会组织或团体就某一事项向新闻媒体发布相关信息而举行的活动。

新闻发布会的特点是通过正规的途径、直接的渠道、顺畅的沟通，发布权威的信息，影响大、受众广、传播快、效果好。

全国性媒体调查显示，新闻发布会是各媒体获得新闻的重要途径之一，也是其最常参加的媒体活动。新闻发布会具有诸多便利，人物、事件、内幕等消息来源都比较集中，时效性强，参加发布会还可免去预约和采访环节上的一些麻烦和困扰。

新闻发布会一般有两种：常规的和紧急的。

外交部每周都会举行一次例行新闻发布会，对一些国际热点问题或重大事件发表官方看法或评论，发布一些重大出访或来访信息等。有些国家领导人访问结束前也会举行一个新闻吹风会，介绍访问达成的共识、签署的协议和取得的成果等。我国每届政府上任，人大三月年会之后，也会举行相应的记者招待会，介绍国家的大政方针。

有时面对一些突发事件，为介绍情况、披露信息或澄清真相，辟除谣言，以正视听，也会临时举行记者招待会。

（一）会议筹备

1．确定主持人和发言人

新闻发布会也是公司要员同媒体打交道的一次很好的机会。作为公司形象代表，新闻发言人良好的个人形象和不俗的谈吐对公众的认知度会产生重大影响。

理想的新闻发言人应具备以下几方面的基本素质：

①发言人一般由本单位主要负责人担任，有权代表公司讲话，以提高所

言的可信度和权威性。不宜由最高领导出任发言人，以留有一定的回旋余地。

②发言人应有落落大方的外形和丰富的知识、清晰的逻辑思维、较强的语言表达能力、机智敏捷的反应能力以及耐心的倾听能力。

③发言人应有执行既定计划并相机灵活调整的能力。

④发言人应有现场调控能力，可以充分控制和调动发布会现场的气氛。

2．培训与彩排

作为一项长效机制，各单位应未雨绸缪，尽早确定新闻发言人，平时专门负责与新闻媒体的沟通联络，归口统一管理对外信息的发布问题。

为更好地面对镜头，适应和熟悉新闻发布的各个环节，沉着应对各种问题，进行一些模拟和先期的系统化培训与排练是非常必要的。通过模拟，可以了解发言人是否称职、哪些方面还有欠缺需要改进、如何表现得更好。训练方法如下：

召集平时敢于直言的人，让他们充当记者，进行提问；请懂技术的业务专家与会，以检查发言人所说是否准确，需要时给予必要的专业指导；反复播放“彩排”录像，让发言人从自己的表情、体态、语言等方面的表现中，找出有待改进和提高的地方。

如果自我培训受到诸多因素的束缚，也可以请专业人士培训。在西方有一个专门的职业叫Spin doctor，俗称“职业政客身边的政治化妆师”。意思是指在西方的民主制度下，经常会面对大选或应对媒体及镜头，因此职业政客们也都有公关需求。在欧美，这些人的最主要的工作内容就是帮助政客设计对外形象、培训政客如何面对镜头最能展示个人正面魅力以打动公众、如何争取公众与媒体的支持、如何应对一些负面消息。西方人把这些翻云覆雨的职业包装师叫“Spin Doctor”，港台则形象地译为“政治化妆师”。

在西方政界从来没有什么“好人”、“坏人”这样的简单脸谱，无论哪个阵营、党派，每个光鲜面孔的背后，必然都有 Spin Doctor的影子。Spin

Doctor 只是一份职业，归根结底也是帮助客户更好地处理公共关系、有效传播核心信息。

中国虽然没有西方这样成熟的“政治化妆师”，但相对而言比一般的大众还是专业得多，因此尽早着手、未雨绸缪、防患于未然，是我们应对当今信息飞速传播、正确引导公众视线的有效措施。

主持人也应该反复训练，不仅主持词要滚瓜烂熟，着装得体和现场上佳的表现都对发布会的成功起着关键作用。事前可现场进行几次实地彩排，最后检验现场效果。

3. 充分准备，熟悉口径

对记者可能提及的问题及如何答问事先预作充分讨论，统一认识、统一口径，熟记于心。

发言人在新闻发布会上发布完消息后，通常有一个答记者问的环节，旨在通过双方的沟通，解答疑问，增加记者对整个新闻事件的理解以及对背景资料的掌握。准备充分、说服力强、有亲和力的领导人甚至还可以小范围接受媒体专访，可使发布会所发布的新闻素材的分量得到进一步的提升。

在答记者问时，一般由一位主答人负责回答，必要时，如涉及专业性强的问题，也可由其他专家辅助。

我参加过多次记者招待会，总体感觉中国的记者比较温和，都会围绕主题展开提问，但西方特别是欧美记者，一般主办方事先都不能对问题进行了解过滤，因此记者的提问主要看台上人的背景，有时甚至问一些与会议主题根本不相关却又非常尖锐敏感的问题。无论是怎样的场面，对于记者的提问都应该认真巧妙地回答，对于无关或过长的提问则可以委婉礼貌地制止，对于一些不便公开评论或涉及的问题，可以委婉作答，但不宜采用一些强硬、生硬的答词，如以往经常喜欢用“无可奉告”、“不知道”等表达方式，直接把与媒体的关系推到了对立面上。双方之间其实应该是一种理解、合作、共赢的关系。

也有些企业喜欢事先安排好媒体提问，这固然可以防止现场失控，在一定程度上可避免一些尖锐、敏感的问题，但一般性的新闻发布会不建议采取这种方式。

（二）时间选择

举行新闻发布会就是为了把信息推向社会，向公众公布，所以新闻发布的时间通常也是决定新闻何时播出或刊出的时间。正确选择发布会时间直接关系到新闻宣传效果的好坏。

大多数平面媒体是在获得信息后的第二天发布消息，因此要把发布会的时间尽可能安排在周一的下午或周二、三、四的上下午为宜，以相对保证发布会的现场效果和会后见报或播出效果。要充分考虑到记者的工作情况，尽量不要选择太早，也不宜安排在晚上。发布会时间在上午10点或下午3点开始为宜，根据主题内容的需要，控制在1个小时左右，最长不超过2小时。

有些办会方出于礼貌等考虑，特意在发布会后安排午餐或晚餐，其实效果并不好，不如把这部分开支以其他形式表示谢意。

如果有些重大活动要举行晚宴酒会，同时也邀请媒体记者出席，为确保消息于次日见报，则最好把发布新闻的内容环节安排在最初阶段，保证记者的采访工作可以较早结束。

举行新闻发布会在时间选择上还要关注时事新闻，避开重大的政治事件和社会事件，媒体对这些事件的集中报道，会吸引公众的视线和注意力，从而冲淡企业新闻发布会的传播效果。

（三）地点安排

根据发布会规模的大小，选择发布会场地。如在室内举行，可以直接安排在企业的办公场所或选择酒店。从维护企业形象考虑，重要的发布会宜选择在五星级或四星级酒店。尽量做到发布会现场的风格与发布会的内容相统一，同时要兼顾交通的便利，并在停车场等地设置比较明显的标志。

在选择发布会地点时，还应考虑以下的问题：会议厅的大小容量、主席台的设置、投影设备、音响设备、布景、相关服务、饮料、租用价格等。

（四）邀请记者

邀请媒体的技巧很重要，既要吸引记者参加，又不能过多透露将要发布的新闻内容。在邀请媒体的数量上，也是既不能过多，又不能太少。一般企业应该邀请与自己行业关系比较密切的记者参加，必要时也应有摄影摄像记者参加。

邀请的时间一般以发布会前3到5天为宜，发布会前一两天要做适当的提醒。联系比较多的媒体记者也可以采取直接用电话邀请的方式。一般情况下，采取书面邀请函的方式相对较好，一是便于其内部请示请假，二是可以备忘，三是这样也显得更为正式和重视，体现出主办方认真严谨的态度。

在发布会前最好不透露消息，但可把会议主题等背景情况适当介绍一下，以便记者有思想准备。在新闻发布会之前，不得将重大的新闻内容透漏给自己熟悉的记者。

邀请记者一定要有的放矢，对文字记者、摄影摄像或音像记者要有通盘考虑，适当选择。被邀请的记者应该是占有版面或有发稿权的。

另外确定邀请媒体范围也非常重要，全国和地方要综合平衡。地方上的再多，全国性的没有或极少，效果和影响都会大打折扣。

（五）标题的确定

新闻发布会一般都是针对本企业、本单位意义重大而媒体又较感兴趣的项目或事件而举办的。因此新闻发布会要紧紧围绕会议的主题确定会名，连同本单位的 LOGO 打在与发布会有关的一切表现形式上（如请柬、会议资料、会场布置、纪念品等）。

在选择新闻发布会的标题时，一般需要注意以下几点：

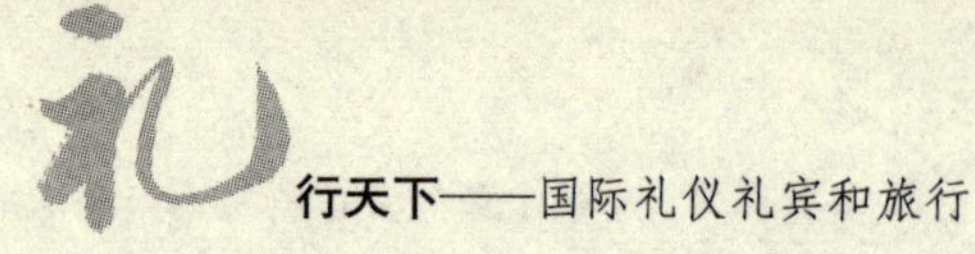

1．避免直接使用“新闻发布会”字样。这主要是由于国内对新闻发布会有申请和报批的要求，对各单位特别是企业来说，似乎没有必要搞得如此正规、繁琐，因为如果发布会定义为“××信息发布会”或“××媒体见面会”、“××媒体沟通会”、“×××推介会”、“×××推广会”等，不仅完全依法合规，效果也恰到好处。

2．也可以在发布会的标题中直接说明发布会的主题。如：“××企业××新品发布会”。

3．一般情况下，可以在主题下方落款处打出会议举办的时间、地点，如“2010年8月18日 · 北京”，在会议背景板、请柬、宣传资料封面上都可以出现此类字样。

（六）背景布置

主题背景板，内容含主题、会议日期，有的会写上召开城市。背景板的颜色、字体要美观大方，应以企业VIS视觉识别系统为基准。

酒店外围布置，如酒店外横幅、竖幅、飘空气球、拱形门等，要事先了解酒店是否允许布置，当地市政等主管部门是否有规定限制等。

（七）席位摆放

新闻发布会所用的房间大小主要取决于与会的媒体所需的空间。如果电视摄像机在房间后排，那么公司发言人应在房间前排就座；如只有报刊记者与会，发言人就可以坐在记者中，当有人提问时就走到前排。越随便，离记者的距离越近，就越容易营造出一种友好的气氛。房子空间大、人员少，给人的印象是新闻发布会的内容新闻价值不大。与其这样，就不如在小一点的房间里更好，会场看起来座无虚席、济济一堂，还有一些人站在过道里，给人留下发布的信息很重要、很抢手的印象。

席位具体摆法如下：

1．发布会一般是主席台加下面的课桌式摆放。注意确定主席台人员。

需摆放座位卡，既便于相关人员入座，也方便记者记录发言人姓名。主席台摆放原则：当主席台上领导人数为奇数时，1号领导居中，2号领导排在1号领导左边，3号领导排右边，其他依次排列；当领导人数为偶数时，1号领导、2号领导同时居中，1号领导排在居中座位的左边，2号领导排右边，其他依次排列。详细可参阅本书第十章第一节。

2．现在很多会议采用主席台只设主持席和发言席，贵宾坐下面第一排的方式。一些非正式、讨论性质的会议也有圆桌会议的形式。

3．还有的发布会现场摆放成回字形或U字形，发言人坐在中间，两侧及对面摆放新闻记者坐席，这样便于双方沟通，同时也有利于摄影记者拍照。

发布会要适当在后面场地预留一些坐席，以备不时之需。

（八）设施保障

1．会议现场的麦克风、音响设备、投影仪、幕布、笔记本电脑、连线、上网连接设备等相关设备要反复调试，确保能正常使用。

2．在企业内部或者酒店的大堂、电梯口、转弯处要有导引指示欢迎牌。必要的地方安排礼仪小姐迎领。

3．资料准备

为便于记者更深刻地了解会议主题，掌握更多有价值的相关信息，每次发布会都应提供新闻通稿和背景介绍。新闻通稿最好在记者签到时就提前发给，使之可以从一开始就进入角色、搜索必要的信息。材料要设计得重点突出，便于快速阅读，勿冗长拖沓。

提供给媒体的资料，可以广告手提袋或文件袋的形式在新闻发布会前发放给新闻媒体，顺序依次应为：

①会议议程

②主旨发言稿、供记者发稿参考用的新闻通稿，包括活动核心内容及主办方对主题确定的基调

③发言人的背景资料（头衔、主要经历、取得的成就等）及企业新闻负责人名片（会后进一步采访、联络）

④企业宣传册、有关图片或产品说明资料

⑤纪念品

⑥空白信笺、笔（方便记者记录）

（九）易发误区

1．频繁过虚。有些企业一味追求宣传效应，把开新闻发布会作为对外宣传、扩大影响、保持知名度的惯用手段，以证明自己的存在，于是经常举行没有新闻的“新闻发布会”。尽管组织者在会议的形式上挖空心思、绞尽脑汁，企业也投入了大量的人力和物力，发布会搞得规模盛大、气氛热闹，但新闻性的缺乏和内容的苍白无力却使得它没什么成效，其结果往往是把发布会搞成了联谊会。

2．主题不清。如同照相、画画一样，画面越是简洁，主题便会越突出，最好的佳作是一个画面往往只有一个主题，如果把什么都堆砌罗列到一

起，反而什么都显得不重要了。所以，如果主办者没有选择地发布信息，把什么光荣历史、优良传统都通通搬上去讲，比如什么时候得了金奖，什么时候通过了ISO国际认证，什么时候拿了第一，什么时候捐资助学尽了企业社会责任……便会使发布会偏离主题，不知所云。此外，新闻发布会要确定合适的主题，一般都是专题发布会，不能同时发布多个互不相关的信息而冲淡核心主题。

3．信息含糊。还有的企业在传播过程中，生怕泄露商业机密，凡涉及具体数据或内部东西时总是含糊其辞、吞吞吐吐。这样一来，媒体想要的信息拿不到，企业愿给的媒体又不要。

四、慈善赞助会的布置

赞助是指企业为了扩大自身影响、实现自己的目标而向某些活动提供资金、物质支持的一种行为，也是一种双方得益的公共关系活动。赞助是一种善举，同时也可获得有形或无形的收益。

捐款是当一方遭遇天灾人祸陷于困境时，他方从人道主义出发主动给予资金上的支持助其渡过难关。

捐助一般指主动以物质方式帮助经济上有困难的人。

捐赠是指没有任何索求地把有价值的东西赠送给别人。

随着社会的进步与发展，人们的社会责任意识日益增强，“一方有难、八方支援”和“众志成城、共克时艰”的团结互助、民族友爱精神发扬光大，公益捐助和赞助活动此起彼伏。

商界一般对赞助以下几类公益活动比较积极：公益事业、慈善事业、教育事业、科研活动、专著出版、医疗卫生、文化活动、展览画廊、体育运动、娱乐休闲，等等。赞助的形式有现金、实物、义卖和义工等。

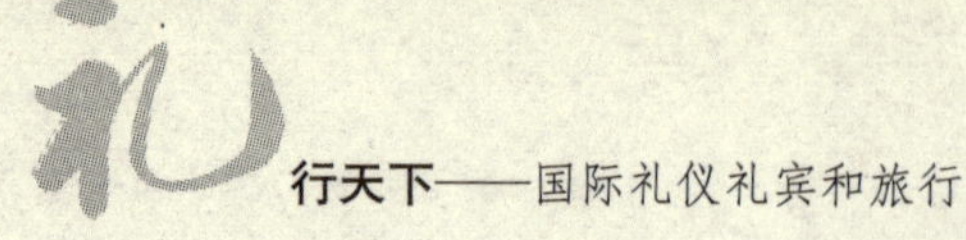

举行捐助活动或赞助仪式，要了解双方的关切，既达到捐助、赞助的目的，又扩大影响，取得积极的社会宣传效果。

因此，举行捐助和赞助仪式，要注意以下几个问题：

（一）灯光适宜

与其他活动不同，赞助/捐助会现场的灯光及亮度要布置得适中，总体思路是简单、朴素、务实。

（二）宜用横幅

一般情况可不做背景板，改用简单的横幅。即在主席台的正上方挂一条大红横幅，以白色或金色楷书列明“××单位捐助/赞助××项目大会”，或者“××赞助仪式”。前一种写法是突出赞助单位，后一种写法则主要是为了强调接受赞助的具体项目。

（三）简约节俭

一般来讲，捐助/赞助会的现场不宜布置得太过豪华。捐助/赞助本身一般都是解贫济危的慷慨解囊行为，应该把有限的捐助/赞助资金（物资）用到实处，既要热闹，又要节俭务实；既要宣传，又不能太借机作秀。否则，极有可能会使赞助单位产生不满，也容易使观众产生异议。赞助会的整体风格应该是庄严而神圣的，因此任何与会者都不能因为活动俭朴而挑三拣四。

（四）简短精练

赞助会的时间不宜过长，一般在一个小时以内。议程要周密紧凑，基本应有以下几项内容：1．活动开始前，宾主双方及来宾等另室休息并晤谈；2．主持人宣布赞助会正式开始；3．视情况安排奏国歌；4．赞助方与接受方双方代表上台正式移交并留影纪念；5．赞助单位代表发言；6．接受方代表发言；7．来宾代表发言；8．赞助方、接受方主要代表及主要来宾可共同合影；9．各方来宾一一告辞。

（五）不设酒宴

一般情况下，捐助/赞助会结束后，东道主都不安排宴请或招待酒会。如确有必要，也应是小范围便餐，而不宜设宴款待。

五、体育赛事活动礼仪

赛会除传统意义上的集体赛事外，还有第二层意思，即为举办体育比赛活动而专门进行的一种大型聚会，旨在确保赛事更加隆重、热烈。目前，在国内外最常见的赛会仪式有开幕式、闭幕式、入场式、点火仪式、宣誓仪式、赠旗仪式和颁奖仪式。

（一）常规的开、闭幕式

开幕式主要程序有以下八项：

1．主持人宣布赛会正式开幕

2．放信鸽和放飞气球

3．奏国歌及赛会会歌

4．运动员入场

5．嘉宾致辞

6．运动员、裁判员宣誓

7. 运动员退场

8. 团体操表演

闭幕式是宣布赛事结束的一系列程序。主要内容有以下五项：

1. 主持人宣布闭幕式开始

2. 主要负责人对赛事进行总结

3. 宣布比赛者成绩

4. 颁发奖品、纪念品

5. 宣布赛会正式闭幕

（二）奥运会的开闭幕式

以奥运会为例，虽然每届的主办国都想方设法办得更有特色，但其基本流程都是一样的。

1. 开幕式流程

①进场

由主办国奥运会组委会主席宣布开幕式开始。国际奥委会主席和奥运会组委会主席在运动场入口迎接东道国国家元首，并引导他们到贵宾席就座。各国代表团按主办国语言的字母顺序列队入场，但希腊和东道国代表团例外，希腊代表团最先入场，东道国代表团则最后入场。

②讲话升旗

主办国奥运会组委会主席讲话

国际奥委会主席讲话

东道国国家元首宣布奥运会开幕

奏《奥林匹克圣歌》，同时奥林匹克会旗以水平展开形式由旗手护送进入会场，并在会场的旗杆上升起。

③点燃火炬

奥林匹克火炬以接力跑形式进入会场，最后一名接力运动员沿跑道绕场一周后，点燃奥林匹克圣火。

④放飞鸽子

⑤运动员宣誓

各国代表团的旗手举旗绕主席台形成半圆形，主办国的一名运动员走上讲台，左手抚奥林匹克旗的一角，举起右手，宣读誓言。

⑥裁判员宣誓

⑦奏乐退场

奏或唱主办国国歌，各代表团依次退场。

⑧文艺表演

仪式后是团体操或其他文艺表演。这也是历届奥运会开幕式工作量最大、准备时间最长、花费最多的项目。东道国往往提前一两年就开始筹备，千方百计地打造出恢弘的气势，竭力以独特的文化和民族精神来吸引来宾，打动世界。团体操或文艺表演成功与否直接关系到开幕式的成败。

⑨首场比赛开始。

2．闭幕式流程

相比其他活动，闭幕式通常会多一些欢乐轻松的气氛，但还有一些程序仍然是必不可少的。以北京奥运会为例，其闭幕式程序如下：

北京时间2008年8月24日20：00，北京奥运会闭幕式开始。

①伴随着轻快优美的音乐，旗手们高举参赛的204个代表团的旗帜，按开幕式的顺序一列纵队进场，在他们后面的是不分国籍的运动员队伍，旗手还是在主席台后形成半圆形。

同开幕式一样，希腊代表团的旗帜率先入场，东道主中国代表团的旗帜最后入场。各国代表团运动员从 4 条通道同时入场，获奖运动员走在最前面。

②为男子马拉松比赛获胜者颁奖

③3位新当选的国际奥委会运动员委员会委员代表国际奥委会，向12名奥运会志愿者代表献花。

④升希腊国旗，奏希腊国歌

北京奥运会组委会主席致辞

国际奥委会主席罗格致辞，并宣布第二十九届奥林匹克运动会闭幕，同时号召大家4年后在伦敦举办的第三十届奥林匹克运动会上相聚。

⑤升英国国旗，奏英国国歌

⑥唱奥林匹克会歌，降奥林匹克会旗

⑦奥林匹克会旗交接仪式

北京市市长郭金龙从旗手手中接过五环旗，向全场观众挥动，然后交给国际奥委会主席罗格，罗格将会旗交给下届奥运会主办城市伦敦市市长鲍里斯·约翰逊。

伦敦奥组委沿用“北京八分钟”模式，带来了 8 分钟精彩的接旗表演。

⑧《奥林匹克圣歌》奏起

奥林匹克圣火在号角声中熄灭

奥林匹克会旗徐徐降下，并以水平展开的形式在旗手的护送下退出运动场。

⑨文艺表演

施放焰火

⑩奏响欢送乐曲，各国代表团退场

（三）中国全运会的开闭幕式

1．我国的大型运动会开闭幕式在很大程度上学习和参考了国际上的一些做法，在程序安排上基本相同。

如2009年10月16日我国第十一届全国运动会在济南开幕。其基本流程是：

①组委会执行主任、山东省省长主持仪式并宣布开始；

领导人入场

②国旗、全运会会旗、第十一届全运会会旗入场

③运动员、裁判员入场

④升国旗，奏国歌

⑤领导致辞

山东省委书记致欢迎词；

第十一届全国运动会组委会主任、国家体育总局局长致开幕词

⑥国家主席胡锦涛宣布第十一届全运会开幕

焰火表演

⑦升全运会会旗和第十一届全运会会旗，奏第十一届全运会会歌

⑧运动员代表和裁判员代表宣誓

⑨火炬入场，火炬手点燃主火炬

⑩开幕式结束

2．本届全运会闭幕式的流程是：

①主持人宣布闭幕式开始

②党和国家领导人以及各界贵宾入场

运动员入场

③演唱歌曲《有朋自远方来》

④为运动员颁奖

为获得一级奖章的运动员颁奖

⑤国家领导人宣布第十一届全运会闭幕

文艺表演开始（第一、二篇）

⑥圣火熄灭仪式

⑦闭幕式文艺表演（第三篇）

⑧降会旗，奏会歌

⑨向下一届主办城市移交全运会会旗

⑩闭幕式结束

（四）参赛者注意事项

体育比赛过程中，参赛者要遵守的规范有以下五个方面：

1．严守比赛规则

2．体谅比赛对手

3．尊重赛场裁判

4．善待热心观众

5．配合记者工作

（五）观众注意事项

在比赛场上，广大身临其境的观众往往都是某一项目的爱好者，或者是某些运动员的忠实 fans，所以尽管只是旁观之人，但却往往都会全力以赴全身心地投入赛事，参与到赛事当中。要使自己成为一名真正合格的文明的观众，要遵守以下几条起码的礼仪规范：

维护赛场秩序；宣泄个人情感不可有粗鲁的过激行为，如赤膊上阵、言行粗鲁、纠缠赛者、往赛场扔砸瓶子等物；发扬优良的体育道德，文明观看；尊重客队，不起哄，不鼓倒掌、喝倒彩；要宽宏大量，崇尚奥林匹克体育精神，对表现出色者表示出应有的尊重；即使客队或对手领先，也不可偏袒起哄，应热烈鼓掌；对弱者要有同情心并予以热情鼓励。

第十一章

交际礼节及注意事项

一、如何与人握手

握手是一个我们每天日常生活中都经常遇到、不断重复的动作，传递着许多的礼仪信息，反映了每个人一定的内心世界，体现了他（她）待人接物的修养和风范。

握手也是当今世界大多数国家相互见面和离别时的礼节。一般在相互介绍和会面时要握手。朋友相遇也是先打招呼，然后相互握手，寒暄致意。关系亲近的则边握手边问候，甚至两人双手长时间地握在一起。一般情况下，握一下即可，不必太过用力。但年轻者对年长者，身份低者对身份高者可稍稍欠身，双手握住对方的手，以示尊敬。男子与女士握手时，注意用力适度。

除是见面时的一个礼节之外，握手还是一种祝贺、感谢或相互鼓励的表示。一方取得成绩与进步时，有人赠送礼品或颁发奖品、奖状、发表祝词，之后均可以握手来表达祝贺、感谢和鼓励之情。

在欧美的正式场合会经常见到这样的情景：当有人从领奖台上下来，旁边的会站起来握一下手，表示感谢或祝贺，以资鼓励与肯定。

若应邀去朋友家里做客，主人适时热情、主动的握手也会让人备感亲切。

握手虽说只是一个礼节性的动作，却传递着很多情感上的信息，能给人很多的感受。得体的举止会给客人传递友好亲善的感受，有违常规的表现则会传递给对方一些潜在的暗示，甚至留下不愉快的记忆。

那么，怎样握手才是符合常理的呢？

（一）握手的标准动作

两人握手，彼此间比较舒服的距离大约在1米左右，既不能太近，也不能太远，双腿并拢立正，伸出右手，四指并拢，拇指张开，上身略向前倾，与对方右手相握。握手时应适度用力，上下稍微晃动三四次，随后彼此松开。

我曾多次碰到一些领导干部，他们每天要握无数人的手，养成了丰富的“职业经验”，一握手就会顺势将对方往前牵引，意思是让对方往前快走，自己好与下一个人握手。这样做的好处是给人指明了方向，节省了时间，但也有敷衍之嫌，让人感觉不爽。

（二）先后顺序

握手是有讲究的，包括谁先伸手谁后伸手也是有说法的。双方伸手的先后顺序至关重要。它的基本规则是“尊者优先”。比如男士见到女士时，要女士先伸手，男士才可相握；晚辈见到长者，应等到长者先伸手后再迎上前去握；同样，下级见到上级时，要等到上级主动伸出手来了，才可伸手相握。如果情况相反，就比较冒昧，也比较唐突。

与此不同，宾主双方见面握手时应是如下顺序：当客人抵达时，应由主人先行伸手，以示欢迎；当客人告辞时，则应由客人首先伸手，以示感谢，并请主人就此留步，不必远送。

一般来说，在社交、非公务的休闲场合，握手时伸手的先后顺序主要取决于年纪、性别、长幼；而在公务活动场合，通常还是依职务、宾主关系而论。

所以，在一些正式场合如果遇见身份高的领导人，应有礼貌地点头致意或表示欢迎即可，不要主动上前握手问候。只有当领导人主动伸出手来时，才可迎向前握手致意。如遇到身份高的熟人，一般也不要径直上去问候，而是在对方应酬活动告一段落之后，再上前问候。

（三）令人不悦的握手

与人握手时应注意以下情况：

1．不要心不在焉，眼看他处。与人握手，一定要注意双目注视对方，微笑致意，不要握手时眼睛却在看着第三者或其他地方，显得对对方的藐视和无所谓。

2．不要面无表情，不置一词。至少要说几句欢迎、幸会之类的客套话。

3．不要戴着手套、墨镜、帽子。在西方，女子可以戴白手套或装饰手套与人握手，男子握手前则必须先脱下手套，摘下墨镜和帽子。如有疾病，需解释说明。

4．不要拿左手与人握手，或握手时另一只手插在口袋里。

5．不要握着对方的手不放，特别是异性时；也不要握住手长篇大论。

6．不要在握手时争先恐后，应该等别人握完再伸手。

7．多人同时握手时不要出现交叉。

8．不要在握手时只递给对方一截冷冰冰的手指；不要在握手时仅仅握住对方的手指尖；不要在握手时把对方的手拉过来，推过去。

9．既不要以肮脏不洁或患有传染性疾病的手与他人相握，也不要在与人握手后，立即擦拭自己的手掌。

10．军人戴军帽与对方握手时，应先行举手礼，然后再握手。

11．没有特殊情况不要拒绝与他人握手。

（四）其他问候致意的方式

随着国际交往的深入和交流的日益频繁，握手越来越为世人所接受并广泛应用。除此之外，有些国家和地区还保留着一些传统的见面礼节，我们也需了解、掌握。如印度、尼泊尔、泰国等一些东南亚国家，男女之间见面更多的是行双手合十礼，伴以稍稍下蹲，以示敬意。日本则多行鞠躬礼。我国旧时传统是抱拳，现在极个别地方依然保持这种做法，但不常见。欧美、中东人喜欢以身体接触来行见面或辞行礼，如贴面礼、亲额礼、抱肩或拥抱礼等。我们对这些礼节应有所了解，在一定场合也可按对等对应方式使用，不致有错。

（五）握手的时机

什么时候握手最好，什么时候不宜握手？这是一个比较复杂而稍显微妙的问题，它通常取决于交往双方的关系、现场的气氛以及当事人当时的心情等多种因素。

但有一些场合显然不宜握手，也不必握手，只需相互致意即可。譬如下列情况：1．对方右手负伤；2．对方两手正在负重；3．对方正忙得不可开交，实在腾不出手来应付你，如打电话、用餐、主持会议、正与他人交谈，等等；4．对方与自己距离较远或正在相反的滚梯上；5．对方所处环境不适合握手。

二、贴面和拥抱礼

欧洲和南北美洲人相见时，无论同性还是男女异性之间，经常会采取身体接触的见面礼，如拥抱和贴面，甚至是相互的亲唇，有时一次还不够，要来回几次。这其实也是他们之间的一种传统习惯。

亲唇、贴面或者亲吻，都是源于古代的一种常见礼节，人们常以此来表达友情、亲情和爱情。行此礼时，往往与一定程度的拥抱相结合。

在古罗马与古波斯等国，只有同阶层的人可以亲唇，不同阶级的人只能亲面。今天虽没有阶层问题，但对不同身份的人，互亲的部位也还是有所不同。一般而言，夫妻、恋人或情人之间，是亲唇，可以称吻；父母子女之间亲脸、亲额头，兄弟姐妹平辈的亲友都是贴面颊。长辈与晚辈之间，宜亲脸或额；亲人、熟人之间见面多是拥抱、亲脸、贴面颊等。在公开场合，关系亲密的女子之间可亲脸颊，男女之间可贴面，晚辈对尊长可亲额，男子对尊贵的女子可亲其手指或手背。非洲某些部族的居民，常以亲酋长的脚或酋长走过的地方为荣。

在一些欢迎宾客的场合或祝贺、感谢的隆重场合，无论是官方还是民间，都有拥抱的礼节，有时是热情友好的拥抱，有时则纯属礼节性的。这种礼节一般是两人相对而立，右手扶在对方左后肩，左手扶在对方右后腰，按各自的方位，两人头部及上身向左相互拥抱，然后换位，头部及上身向右拥抱，再次向左拥抱后，整个过程才告完成。

西方现代的亲吻礼在欧美许多国家广为流行，拉美尤甚，法国人不仅在异性间，即使同性之间也多行此礼。法国人对贴脸礼更是情有独钟，这是他们最热情洋溢的问候方式，不管是初次见面还是老朋友，一律拥抱贴脸，以示友好。比利时人和中东阿拉伯人的亲吻也比较热烈，往往要反复多次才罢。

三、礼帽与脱帽礼

脱帽礼是指两位男士见面时，彼此左手抚胸，右手低头卸帽，略弯腰前倾，相互致意。或是男士遇到熟悉的女士时，同样脱下自己头上的礼帽，向女士鞠躬致敬。这种古老而传统的脱帽礼节，至今仍在欧美国家以及受欧美传统文化影响的许多国家流行沿用。

这一礼节最早起源于中世纪的欧洲，当时时兴武士。据说，按当时的骑士风度，武士在对女子讲话时，必须要把头盔举起，让她看清自己的真实面目，以示对女士的尊重和敬意。当武士们凯旋或友好相见时，为了互示友好、传递友情，彼此也要把头盔掀起而露出自己的面目，表明没有敌意。久而久之，便形成了脱帽礼。现代社会这一礼节被进一步简化，熟人有时在大街上相遇，如果双方都戴着帽子，只需用手指往上点一下帽檐即可，有的甚至更为省事儿，干脆只拿右手的食指和中指从额头往前一挥即告致意完毕。

欧美国家有个不成文的规定，即当你进入室内，进门时必须要把帽子脱下，或拿在手里，或挂到墙上，在屋里是绝对不可以戴帽的。

一般情况下，进入汽车之后也应脱下帽子，否则会引起后车的不满。在捷克民间有一个说法：如果你在马路上开车时，遇到前面车里开车的人戴着帽子，往往会感觉不爽，会赶紧开窗吐气，以解晦气。

四、礼宾介绍

介绍是人际交往过程中与他人结识交流、增进了解的一种基本的常规方式。介绍看虽然似非常平常，但真要做好还需要掌握其中的一些规则和技巧。

在交际场合结识新朋友，有两种情况需要作一下介绍：一是把自己介绍给大家，可由第二方介绍，也可自我介绍；二是把第二方介绍给其他人。

（一）让别人了解自己

1. 由他人来介绍

不相识的人初次相见，一般都由对双方均有所了解的第三者介绍或直接由双方作自我介绍。比如，几个正在交谈的人中，其中有你所熟识的，便可以适时主动趋前招呼，这位熟人顺便就可以把你介绍给其他人。除非他认为没有必要或不想让你了解其他几位。

当自己被介绍后，通常要做的是，迎上一步，与新认识的人一一握手，面带笑容并说一声：“您好。”在需要表示特别客气时，还可略施一躬，跟一句：“很高兴见到您！”

2. 自我介绍

一般来说，相互间的介绍是通过第三者来进行的，自我介绍往往是一种迫不得已的选择。

在社交活动中，如欲结识某人或某些人，而又无人引见时，只好大大方方地作个自我介绍。对方也会随后自行介绍，这样彼此便初步相识并可以开始自由交流了；在讲座、团体活动发言时，需要让大家知道自己是谁，也需要先介绍一下自己；在某些社交和宴会场合，如果都是来参加招待会、宴会、酒会的，或由同一个主人邀请来的客人，而一时又实在没有人来为大家作介绍时，参加者之间也往往需要自我介绍。简单报上自己的姓名、身份、职业等，让别人对你有个大概的了解和认识。

在人少或仅两三个人时，自我介绍可以简短而随便一些，直接报上自己的姓名，同时伸手相握，说句：“我是×××，很高兴认识您！”在人多或某些正式场合作自我介绍时，则要征求一下大家的意见，其实也是想引起大家的注意：“我可以自我介绍一下吗？我是×××。” 这样的措辞比较有礼貌，但略显严肃。

3. 有时候在自我介绍的同时还可以递上名片，并说句“很高兴见到您。我是×××”。但注意不要在自己的名字后加上“先生”、“夫人”、“小姐”或其他敬称，只告诉姓不说名字的介绍方法也是不够礼貌的。

4. 自我介绍一般可以分为下面五种具体形式：

①应酬式　应酬式的自我介绍，适用于某些公共场合和一般性的社交场

合，主要是进行一般层面接触的交往对象。

②**工作式** 在公务场合所使用的自我介绍，大体上应同时包括本人的所在单位、具体部门、担负职务以及完整姓名等四项基本内容，要求内容完整，一气呵成，缺一不可。

③**交流式** 交流式的自我介绍，主要适用于社交活动中，是一种刻意寻求与交往对象作进一步的交流与沟通，希望对方认识自己、了解自己、今后保持联系的自我介绍。介绍的内容大体应当包括本人的姓名、职业、籍贯、学历、兴趣，以及与交往对象的共同熟人的关系等。

④**礼节性** 礼节性的自我介绍，适用于讲座、报告、演出、庆典、仪式等一些正规的场合，是一种意在表示对交往对象友好、敬意的自我介绍。礼节性自我介绍的内容，可包含姓名、单位、职务等项，可适当多加入一些适宜的恭敬谦虚之辞。

⑤**问答式** 一般适用于应试、应聘和公务交往。内容上讲究问什么答什么，有问必答，真实客观。

5．自我介绍的分寸

①言简意赅，把握时间。自我介绍通常越简洁越好，让人一下子就抓住要点并牢记，因此以半分钟左右为佳，如无特殊情况最好不要长于1分钟。

②掌握好时间、地点、场合，适于自我介绍的时间点是对方有兴趣、有空闲、情绪好、干扰少、有要求时。当对方无兴趣、无需求、正忙、有干扰、情绪坏、休息中、用餐时，想进行自我介绍显然不合适，往往得不到应有的重视。

③讲究态度。进行自我介绍，态度务必要自然、友善、亲切、随和。要正视对方的双眼，显得稳重、自信、落落大方，不要畏首畏尾。自我介绍的内容要实事求是，既不过分谦虚，也不自吹自擂。

（二）介绍他人

1．介绍他人也称第三者介绍，是由第三者为彼此不相识的双方引见、介绍的一种方式。

与握手有先后之分一样，作介绍也有先后之别。先介绍谁后介绍谁？这是一个比较敏感的礼仪问题。解决这一问题的原则仍是“尊者优先了解情况”。即先把位卑者介绍给尊者，然后再向位卑者介绍位尊者是何许人也。简单可归纳为“尊者居后”。例如，要介绍女士和男士时，应先向女士介绍男士，再向男士介绍女士；介绍长者与晚辈时，应先向长者介绍晚辈是谁，再告诉晚辈长者是谁；介绍上司与下级时，应先向上司介绍下级，再介绍上司给下级。

在介绍客人与主人时，则实行“客人优先”原则，要先介绍主人给客人，再向主人介绍客人。若宾主双方不止一人，仍须先介绍主方人员，后介绍客方人员。不过在介绍各方人员时，一般应当依照各自的礼宾次序，按其职务、身份的高低，由高而低地依次介绍。也有只介绍团长，再由团长介绍自己的团员。

在家庭宴请或小型招待会上，主人一般都为后到的客人介绍先到的客人。但注意不要带着后到的女宾转圈介绍给所有的客人。

“尊者居后”和“客人优先”是为他人作介绍时必须准确掌握的两条基本原则，处理不好，次序颠倒介绍便会显得不懂社交规矩而贻笑大方，甚至造成一些不愉快。

2．在介绍方法上大体可以分为正式介绍、非正式或不拘泥于形式的介绍、比较亲昵的介绍三种，根据不同场合、圈子选择不同的方式，总体把握既轻松自然又恰如其分的尺度。

在介绍人们相识时，所用的语言要简洁，口齿要清楚，手势、体态要自然大方而有礼貌。例如，在把××介绍给别人之前，客气的方式是以询问的口吻说：“我可以给你们介绍一下我的朋友吗？”当你在年龄和地位差不多的人群和朋友中时，可以用一种最简单的介绍方式：“这是陈先生，王小姐。”特别是在人多的场合，这种方式是最方便的。还有一种较为随便、朋友式的介绍方式：“陈先生，您认识许先生吗？”当然还可以有许多其他的说法，例如，“王小姐，这是陈先生”、“陈先生，我想介绍您同许先生认识一下可以吗？”、“陈太太，这是我的朋友李芳小姐”，等等。

“May I introduce you Miss Winnie Zhang？”是西方介绍时经常挂在口头的一句话。切不可说“请同尼尔先生见见面”将英文说成“Please meet Mr．Neil.”比较正式的介绍应是“陈先生/女士，请允许我介绍一下欧阳宏先生”，“各位来宾，请允许我作一下介绍，这位是欧阳宏先生”。作为更加恭敬的表达方法，还可以使用“陈先生，我非常荣幸地向您介绍，这位是欧阳宏先生”。

为他人介绍时还可说明被介绍人与自己之间的关系，便于新结识的人相互了解和增进信任。

3．为他人介绍，最好要先了解双方是否有结识的愿望，不要贸然行事。在某些特殊情况下，进行介绍要慎重。例如，可能他们以前就认识，也可能过去认识，后又由于某种原因长期互不来往了；或者在外交场合，两个没有外交关系甚至是敌对国家的外交官同时出席，即使他们个人之间没有恩怨，也可能由于政治上的原因不愿在大庭广众之中来往。这时应尽量避免为他们相互介绍。

4．为他人介绍，特别是当介绍到具体某人时，应有礼貌地以手示意，不要用手指指，更不要用手拍打着别人介绍。介绍时，除女士和年长者外，一般应起立，伸手相握；但在宴会桌上、会谈桌上则可不必起立，被介绍者只要微笑点头有所表示即可。人多时，为便于所有人都能看到并认识你，可以起立致意。

五、怎样收发名片

名片，是一个人个人信息集中而简练的表述，记载着他（她）的联系方式和途径，分公务和私人两大类。公务名片包含姓名、单位名称及担任的职务、学位、职称、电话及传真号、电子邮箱、通信地址、邮政编码等信息；私人名片则有个人姓名、社会职务、学位、职称及家庭电话、电子邮箱、通信地址和邮编等。如果经常需要会见外宾交换名片，一般都会带上英文或经常用的外国语言的译文。公务名片不仅传递着个人的信息，同时也体现着其所在单位的形象与影响。

名片是当代社会公务活动和私人交往中一种比较经济实用的介绍性媒介，文字简洁、使用方便、容易携带、便于保存，而且不讲尊卑、不分职业，无论男女老少均可使用，因此用途广泛，是人们日常社会活动中颇受欢迎和较为普及的一种介绍方式。

在公务或私人社会活动中，与初识者互换名片是一种交际惯例，一是相互结识、增进了解，二是便于今后联络。如何交换名片讲究不少，掌握使用名片的礼仪体现着一个人的修养与品位。

（一）如何递送自己的名片

在把自己的名片递送给对方时，无论是内宾或是外宾，都应注意以下几点：

1. 双方见面握手之后，将名片顺势递到对方手中；如果是会议或宴请时已经坐下，则为不惊动其他人可不专门站起来互换。

2. 一般情况下，对亚洲人如韩国人、日本人等，都以双手奉送，略微前倾弯腰为恭敬；欧美等西方人则不太讲究，可以双手递送，也有右手交换。注意不要将名片举得高于胸部，更不要以手指夹着名片给人。

3. 若对方是外宾，最好将外文或印有对方语言的一面朝上，并使文字或字母正位递给对方。对内宾，则宜递送中文的一面。一定注意不要将名片背面朝上或是文字颠倒着给对方，这其实也是对自己的不在意。

4. 将名片递给对方时，口头上可有所表示。比如说：“今后保持联系”、“我们认识一下吧”、“请多指教”或“请多关照”，等等。

5. 适当注意顺序。当同时与多人交换名片时，应当由尊而卑或由近而远依次而行。通常情况下，双方交换名片时，由位低者先递。

（二）怎样接受名片

当你递交自己的名片给对方时，你希望对方表示出怎样的态度？是热情、欣然还是无所谓？或者你自己根本无所谓或不在意对方的态度？其实每一个人心里都希望能被对方重视，得到对方的认可，递交名片本身就是希望通过名片告诉对方我是谁、做什么的、上面的信息可以让我们今后保持联络。因此，从心底里都希望得到对方应有的尊重和礼貌地对待。所以，接受名片时应该注意以下几个方面：

1. 尽量起身站立，要面向对方，认真完成这一过程。

2. 用双手迎接，或右手接过。不要表现得漫不经心或傲慢无礼。

3．同与人握手时一样，交换名片时，应目视对方，不可把头扭向一边或同时在招呼别人，显得匆忙而无所谓，太过随意。

4．接过名片后应口头道谢，认真捧读一遍，有时甚至小声念出对方的姓名和职称。若接过他人名片后看也不看就随意往口袋一塞，或拿在手头把玩，或弃之桌上，都算失礼。

5．当面较为妥善地收好。会议、宴席中可暂时置于桌上，以便随时查看记住，但结束离席时一定要记得带走，否则也是对他人的不尊重。

6．接受他人名片时，也可重复对方所使用的谦词敬语，如“请多关照”、“请多指教”，不可一言不发。若需要当场将自己的名片递过去，最好在收好对方名片后再给，尽量不要左右开弓、一来一往同时进行。

（三）名片的印制要求

公务名片，有的单位有自己的具体要求，或统一规格和固定格式，以体现其企业文化和个性特点。眼下比较通用的名片规格是9×5.5cm，即长9cm，宽5.5cm。如无特殊需要，不应将名片制作过大。名片的纸张，以白色最为常见，显得庄重朴素，也有用米色、淡蓝色、淡黄色、淡灰色的；一张名片以一色为宜，最好不要印成杂色，令人眼花缭乱；也不要用黑色、红色、粉色、紫色、绿色，它们均会给人以失之庄重之感。纸质有环保纸、铜版纸等。一般情况下不把本人照片印在上面。除非不得已，不应在名片上涂涂改改或加加减减。名片上的表述应简要、明了、准确。有的名片一片三折，头衔印了一大堆，或是单位广告也在其上，甚至还有格言警句和图画风光照片，这样的名片太过花哨，有标新立异、极力显摆之嫌。

现在，人们日益讲究名片的印制。当然，印制精美、考究的名片会惹人喜爱，但印制朴素大方的名片，只要运用得当，仍会获得人们的重视和尊重。

（四）名片的文字

在国内使用的名片，应按照国家语言文字法规要求，用汉字简体字，不使用繁体字。更不能在一张名片上采用两种以上的文字，最好也不要将两种文字同时印在一面。不要手书自制，除非你是书法家想展示一下自己，也不要以复印、油印、影印的方法制作名片，它们均不够正规。

（五）交换名片的时机

基本有以下几种情形：1．希望认识对方；2．表示自己重视对方；3．介绍给对方；4．对方索要自己的名片；5．提议交换名片；6．首次前往拜访对方；7．通知对方自己的信息变更；8．希望得到对方的名片。

（六）不给名片

使用名片应当慎重，不要逢人就送，也不是有求必给。有时候可以不将自己的名片给对方：1．对方是陌生人；2．不想认识对方；3．不愿与对方进一步交往或不希望对方今后打扰自己；4．经常与对方见面；5．对方对自己并无兴趣；6．双方之间地位、身份、年龄悬殊。

互换名片过程中，若未备名片，或有其他考虑不便给，在接受名片时，应向对方致歉。如碰到对方无法提供，则表示理解。

当然，当他人表示要递名片给自己或交换名片时，应立即停止手上所做的事情，起身微笑接过，同时目视对方。

（七）名片的其他功能

名片现在已远远不只是相互通报姓名的工具，它还可以用来表示祝贺、感谢、介绍、辞行、慰问、馈赠乃至吊唁等多种礼节。不同的用处可以通过在名片左下角写上小写的法文字母缩写来表达。这种做法在欧洲特别是使团间用得比较普遍。

如目前几种常用的国际通用法文缩写有：

1．敬贺 p.f.（ pour felicitation，如国庆、生日、婚礼等赠礼时附的名片 ）

2．恭贺新年 p. f. n. a.（ pour feliciter le nouvel an ）(大小写均可)

3. 谨谢 p.r.(pour remerciement)

4. 介绍 p.p.(pour presentation)

5. 辞行 p.p.c.(pour prendre conge)

6. 谨赠，不用缩写字母，而是在姓名上方写上Avec ses compliments (或者用英文 With the compliments of …)

7. 谨唁 p.c.(pour condoleance)

六、怎么称呼对方

由于各国社会制度不一，各民族的文化背景不同、语言不同、风俗习惯各异，因而姓名和称呼的习惯也相去甚远，各有特点。在与人交往过程中，准确记住对方的姓名，正确称呼对方，会让人感觉亲切友好。相反，如果姓名张冠李戴，称呼漏洞百出，肯定会引起对方不悦，甚至反感，弄不好还会闹出笑话，产生误会。

（一）称呼

1. 中国人的习惯称呼

按中国的传统习惯，彼此称呼也正逐步趋于简化，一般熟人之间比较随便，彼此直呼其名，像学校老师叫学生，单位领导叫下属；或无论男女，在姓的前面加“老”或“小”即可，比如“老张”、“小李”。

在公务场合，如办公室，平级之间、上级对下级可以彼此称名道姓，再亲密一点的可以只叫其名。下级对上级，称职务者居多，或领导的姓加所担任的职务，如李局长、方处长、王总经理、马队长。但现在比较流行姓加职务简称，也成为大家约定俗成的普遍叫法，如李局、方处、王总、马队，甚至连“副”都省去，如李副总经理、王副局长就直接称为李总、王局。这种称法在内部熟人之间没有问题，但如果对外就容易造成模糊和误解，让人吃不准到底是正的还是副的。所以，为避免不必要的误解，书面行文时，一定要实事求是准确表达。

2．外国人的习惯称呼

在国际交往中，要按国际惯例行事。西方人一般都习惯于对男子称先生（Mr.），对已婚女子称夫人（Madam）、女士（Mrs.），对未婚女子统称小姐（Miss）。对不了解其婚姻情况的女子也可称小姐，如对方觉得不妥会以适当方式告诉你应该如何称呼她；对戴结婚戒指的年纪稍大的可称夫人。这些称呼前面也可以同时冠以姓名、职称、衔称等。如“Mr．Bradford D．Jordan”、“Mr．Senator（参议员先生)”、“Mr．Mayor（市长先生）”、“Mr．Professor（教授先生）”、“Miss Secretary(秘书小姐)”、“Miss Marry”、“Madam Jeffrey Jaffe”、“Mrs．Wendy A．Ross”等。

对地位高的官方人士，一般为部长以上的高级官员，按国家情况称“阁下”、职衔或先生。如“部长阁下”、“总统阁下”、“主席先生阁下”、“总理阁下”、“总理先生阁下”、“大使先生阁下”等。美国、加拿大、墨西哥等国喜欢简约行事，不喜欢那些繁文缛节，所以一般都没有称“阁下”的习惯，在这些国家可直接称先生或职务加先生，如Mr．Minister、Mr．Director或Mr．Doctor等。但对有高级官衔的妇女，也可称“阁下”，对有一般性的或有一定地位的女士可称夫人。

在丹麦、西班牙、日本、泰国、文莱等君主制国家，按习惯称国王、王后为“陛下（Your Majesty）”，称王子、公主、亲王等为“殿下（Your Highness/Your Royal Highness）”。对有公、侯、伯、子、男等爵位的人士既可称爵位，也可称阁下，平时也称先生。

遇到医生、教授、法官、律师以及有博士等学位的人士，均可单独称“医生”、“教授”、“法官”、“律师”、“博士”等，同时可以加上姓氏，也可加先生。如“卡特教授”、“法官先生”、“律师先生”、“博士先生”、“马丁博士先生”等。

军人的称谓稍显特殊，如果能一眼从其佩戴徽章认出他/她的军衔，一般可以直接称军衔，或军衔加先生，知道姓名的可冠以姓与名。如“上校先生”、“哈里森少校”、“维利斯中尉先生”等。有的国家对将军、元帅等高级军官亦以阁下相称。

对各色服务人员一般均可称服务员，如知道姓名的也可单独称其名字。但现在很多国家越来越多地称服务员为“先生”或“小姐”，也经常听到“Madam”或“Young Lady”之说。

对于教会中的神职人员，一般可称其在教会的职称，或姓名加上职称，或职称加上先生亦可，如“福克斯神父”、“传教士先生”、“牧师先生”等。主教以上的神职人员有时也有称“阁下”的。

苏联东欧剧变之前，那些前社会主义国家的人民曾与我国人民之间以同志相称，有职衔的可加职衔，如“主席同志”、“总理同志”、“局长同志”、“秘书同志”、“上校同志”、“司机同志”等，或以姓名加同志。现在对外不再以同志相称，即使理论上都是同一党派，也都改以正常的称谓彼此称呼。

在日本，对妇女一般称女士、小姐，对身份高的女士也称先生，如“松山京美子先生”。这一点跟我国一样，如我们称冰心为“冰心先生”。

称呼外国人的时候，特别要注意其姓与名的位置关系。与中国人的姓名习惯相反，一般欧美人名字的写法都是名在前家族姓氏在后。例如，Natalie Anderson，Natalie是名，而Anderson是他的姓。所以就不能称呼他Mr. Natalie，而应该叫Mr. Anderson，要不干脆叫全名Mr. Natalie Anderson。对称呼对方教授/博士也同此理。对于Professor/Dr. Natalie Anderson，应该叫人家Professor/Dr. Anderson而不是Professor/Dr.

Natalie。要不干脆加全名Professor/Dr. Natalie Anderson，或者什么名和姓都不要，直接就Professor或Doctor。

与人交往，所用称谓要贴切、自然、亲切，要能恰如其分地反映彼此之间的关系。这一点，我在驻加拿大使馆工作期间深有体会。许多加拿大人都喜欢互相之间直呼其名，以示友好和彼此关系的亲近。上下级之间，除了比较正式的场合外，一般情况下相互称呼时都不加职务，只叫先生，甚至只叫名。长辈与晚辈之间谈话时，相互称呼也并不一定用辈分来称呼，祖孙、叔侄之间谈话，经常彼此叫名字，这在中国人看来是大不敬，但在西方并无任何失礼之嫌，相反更显得彼此关系的平等和亲近，长辈也并不因此觉得失去尊严。在加拿大，亲友之间只叫名字，有时还经常用昵称，表示的也是一种爱意。

那么，像Prof./Dr. Jack W. Calhoun、Prof./Dr. L.C. Kimberly Sanakes、Prof./JuDr. John B. Cullen这些带诸多学衔的又该怎么称呼？除上面讲到的几种称法外，如果比较熟悉或私人关系不错，这些教授们经常会自己告诉学生可以直接叫他的大名，如Jack、Kimberly、John，他们一般都会很高兴接受，而不会感觉不妥。当然，正式场合一般都要称其全称。

（二）姓名

外国人的姓氏习惯

外国人与我国汉族人在姓名的组成、排列顺序上大不相同，有的还带有冠词、缀词等。对中国人特别是没学过外语的人来说掌握起来有点难度，而且也不易区分。这里只对较常见的外国人姓名分别作一些简单的介绍，以供参考。

①英美人的姓名

Jodi McPherson

Pamela Hersperger

Jack W. Calhoun

Rebecca Knauer

Andrew Watts

Kata Horton

Tim Horton

John B. Cullen

Andrew Watts

Charles Morris

从上面这些英美人的姓名中可以看出，欧美姓名的排列是名在前姓在后。如Charles Morris译为查尔斯·毛里斯，Charles是名，而Morris则是他的姓。又如Andrew Adam Watts译为安德雷·亚当·魏茨，Andrew是教名，Adam是本人名，Watts为姓。也有的人把母姓或与家庭关系密切者的姓作为第二个名字。在西方，也经常有人沿用父名或父辈名，在名后缀以小（Junior）或罗马数字以示区别IV，如Johann Strauss Junior，译为小约翰·斯特劳斯；George Fort IV，译为乔治·福特（四世）。

以英文为官方语言的国家，姓名组成及称呼方式基本与英美人一样。

夫姓

在欧美有妻随夫姓的传统习惯。女士在结婚前都随父亲或母亲的姓，有自己的名，结婚了就要改随自己丈夫的姓。如Lucie Aversa女士与Anthony Gemmellaro先生结婚，婚后女方姓名就会改为Lucie Gemmellaro。所以如果某一天突然收到一封信，落款不同了，也不要大惊小怪，以为那又是一个什么新人，其实那很可能就是小乔出嫁了而已。从改过的姓氏里有时可以大概猜出她嫁给了斯拉夫人、意大利人还是日本人。但是，有时也会有例外发生，不要一看到人家改姓就上去祝贺。或许她不是结婚，而是离婚了，又改回了娘家姓氏也是可能的。

②法国人的姓名

法国人姓名也不例外，都是名在前姓在后，一般由二或三字组成。前一二字为本人大名，最后一个才是家姓。也有人姓名长达四五个的，不必惊讶，多数情况下那是教名和由长辈起的名字。

法文名字中也经常能见到Le、La等冠词，de等介词，译成中文时，应与姓连译，如La Fantaine 译作 拉方丹，Le Goff 译作 勒高夫，de Gaulle 译作 戴高乐等。

法语中的妇女姓名，口头称呼基本同英文习惯。如待字闺中时叫 Sarah Bernhardt 的莎拉·贝茵哈特小姐与 Jean-Paul Bclmondo（让·保罗·贝尔蒙多）结为夫妇后，她便会随夫姓而改称贝尔蒙多夫人，姓名为莎拉·贝尔蒙多(Sarah Belmondo)。

③西班牙人和葡萄牙人的姓名

西班牙人的姓名经常把父母姓都放上，所以一般都有三四个字，前一二个字是本人大名，倒数第二个字是父姓，最后一个字是母姓。所以，西文姓名的排列顺序通常为名字、父姓、母姓。名字也可以有两个或两个以上。如，Arantxa Sanchez-Vicario， Sanchez是父姓，“-”有时也用做“y”，是连接词“和”，Vicario则是他的母姓。

西班牙人信奉天主教，很喜欢用《圣经》里的人物名来取名，有时甚至用几个圣徒的名字做大名。以“玛丽娅”为名的妇女就非常多，甚至也有一些男子以此为名。不过，男子取名“玛丽娅”时，不会出现在名首。

知道了西语取名的规则，再长的名字也基本一目了然。例如Don Juan Manuel Fernandez de Alicante 这个名字，其实就可以分为几个部分：Don 一般表示是贵族名门，Juan Manuel 是本人的名字，可以是单名也可以是复名，Fernandez 是姓氏，往往是地位越尊姓氏越长，一般包括父姓和母姓，Alicante 是出生地名，或者是他的封地之所在。因此，从姓名上就可以解读出这是一位 Alicante 地区 Fernandez 家族的 Juan Manuel 先生。尽管名字很长，但平时只要叫其 Juan 就可以了。

一般情况下人们称呼只用父姓，或名字加上父姓。只在较正式的场合才用母姓，叫全名。女性结婚后，还需要在她的全名后面再添上丈夫的父姓，中间则用前置词“de”来连接。

与西班牙人名基本相同，葡萄牙人姓名也多由三四个字组成，前一二个字是个人名字，但在最后加父母姓氏的位置正好相反。葡语姓名的排序是母姓在前，父姓最后。

西文与葡文姓名有个好处，就是从语言文字的结构上一眼就能看出这是男性还是女性。因为男性的姓名多以“o”结尾，而女性的姓名多以“a”结尾。翻译时要将冠词、介词与姓连译。

④俄罗斯人的姓名

俄罗斯人的祖先是东斯拉夫人中的一支，所以其姓名特点一般都由三字组成。如伊戈尔·杨诺维奇·伊万诺夫（Igor Yanovic Ivanov），伊戈尔为本人名字，杨诺维奇为父名，意为杨诺维奇之子，伊万诺夫为姓。妇女姓名多以卡、娃、娅结尾，也有婚前随父姓、婚后随夫姓的习惯，但本人名字和父名保持不变。如莫尼卡·列别捷瓦·萨拉波娃（Monika Lebedeva Sarapova），莫尼卡为本人名，列别捷瓦为父名，萨拉波娃为父姓。假如她与伊戈尔·杨诺维奇·伊万诺夫结婚，婚后姓就会改为伊万诺瓦(Ivanova)，其全名为莫尼卡·列别捷瓦·萨拉波娃·伊万诺瓦(Monika Lebedeva Sarapova Ivanova)。俄罗斯人姓名排列通常是名字、父名、姓，但如果把姓放在最前面也是可以的，特别是在正式文件中更为普遍。另外，自己的名字和父名都可缩写成首字母。

在实际生活中，俄罗斯人一般口头都称姓，或只道名。当想要表示客气和尊敬时就称其名字加父名。如要特别表示对长者的尊敬时，那就只称其父名，如人们常称列宁为伊里奇，列宁的全名为弗拉基米尔·伊里奇·列宁（Vladimir Iric Lenin）。家人和关系较密切的人之间经常用昵称。

⑤匈牙利人的姓名

匈牙利语是世界上独一无二的特殊语言，匈牙利千百年来深处欧洲中心，也曾多次遭遇外族长期的统治，但其独特的文化却以超强的生命力完整保留了下来。有许多学者认为匈牙利民族是从中国迁徙过去，所以许多地方与中国相近。

匈牙利人的姓名排列方法与我国人名相似，也是姓在前名在后，也都由姓和名两部分组成。如纳吉·山多尔（Nagy Sandor），纳吉为其姓，山多尔为其名。匈牙利人在随夫姓问题上比较民主，可随也可不随。有的妇女结婚后改用丈夫的姓名，只是在丈夫姓名后再加词尾“ne”，译为“妮”，便是夫人的意思。姓名连用时则加在名字之后，只用姓时则加在姓之后。

⑥捷克人的姓名

捷克、斯洛伐克、波兰、保加利亚等中东欧国家都属于斯拉夫民族，语言习惯上与俄罗斯都非常接近，因此姓名称呼上也大同小异。从捷克人的姓名上便能看出是女士还是先生，女士姓名都以阴性结尾，如娃、卡、萨、拉、佳、娅、娜等，像Zusana Mayerova、Petra Hovlova、Natasa Vesela、Monika Dobrovska，而男性则多以阳性结尾，像奇、夫、尔、克、斯基，如Kovac Havel、Petr Klaus、Vaclav Vesely、Havelicek Doborvsky等。

捷克人的姓名相对简单，很少有三个字的，基本都是名加姓。也有随夫姓的习惯，但只是以夫姓替代原来的姓即可。捷克人也用昵称，有时一个名字会有好几个昵称叫法。

⑦阿拉伯人的姓名

阿拉伯民族不仅语言独特，姓名也与众不同，一般都由三或四个字组成。第一个字是本人名字，第二个字是父名，第三个字是祖父名，第四个字是家姓，以前沙特阿拉伯老国王为例，其全名是：Faisal ibn Abdul Aziz ibn Abdul Rahman al Saud（费萨尔·伊本·阿卜杜勒·阿齐兹·伊本·阿卜杜勒·拉赫曼·沙特）。虽然他的名字这么长，但真正属于他自己的只有费萨尔，阿卜杜勒·阿齐兹是他父亲的大名，而阿卜杜勒·拉赫曼是他祖父的大名，沙特是家姓。在阿拉伯世界的传统习惯里，正式场合要用全名，但有时可省略祖父名，有时也可以连父名都省去，平时只称其本人名字。但在实际生活中，很多的阿拉伯人，特别是有一定社会地位的上层人士也都只用简称姓。如：穆罕默德·阿贝德·阿鲁夫·阿拉法特（Mohammed Abed Arlouf Arafat），简称阿拉法特。而加麦尔·阿卜杜勒·纳赛尔（Gamal Abdul Nasser），则简称纳赛尔。

有时也经常可以在阿拉伯人的名字前头看到一些称号，如：埃米尔（Emir或Amir），实质就是表明这位是王子、亲王、酋长；像伊玛姆(Imam)则是清真寺领拜人的意思；而赛义德(Sayed)是先生、老爷之意；如果是长老、酋长、村长、族长就用谢赫(Sheikh)。现在这些传统的称号有的已逐渐成为人名的一部分。

我们在阿拉伯语中还经常会发现 al 或 el 一类的冠词，ibn（伊本）、ben（本）或 ould（乌尔德）表示是“某人之子”，Abu（阿布）或 Um（乌姆）是指“某人之父”、“某人之母”。在称呼过程中这些词都是不可省略的。如 Ahmed Ben Bella就要正式译为艾哈迈德·本·贝拉，简称可以是本·贝拉。

同中文名字一样，阿文姓名中的用词也经常带有一定的含义。如：穆罕默德（Mohammed）是借用伊斯兰教创始人的名字；马哈穆德（Mahamoud）是受赞扬的意思；哈桑（Hassan）是好的意思；阿明（Amin）意为忠诚的；萨利赫（Saleh）意为正直的，如此等。

⑧日本人的姓名

日本文化与中国文化有诸多相近之处，日本人的姓名顺序与我国相同，即姓前名后，但姓名字数常常会比我国汉族的姓名更多。最常见的是四个字的姓名，如：麻生太郎、福田康夫、安倍晋三、野田圣子，也有五个字的，如鸠山由纪夫、小池百合子等。一般情况下前二字为姓，后面的为名。但由于姓与名的字数并不固定，所以二者又往往不容易区分。比较保险的做法就是向来访者了解清楚，以在正式场合中把姓与名准确分开书写。

日本人的习惯平时一般口头都只称呼姓，正式场合则要称全名。由于日文与中文的渊源关系，日本人姓名常用汉字书写，但读音则完全不同，含义更是不能完全从字面理解，切不可望文生义。

⑨泰国人的姓名

泰国人的姓名有点像欧美人的习惯，也是名在前姓在后，如塔娜·苏甘、阿披实·威差奇瓦、沙马·顺达卫、他信·西那瓦。未婚妇女用父姓，已婚妇女用丈夫姓。

口头尊称无论男子或妇女，一般只叫名字不叫姓，并在名字前加一冠称“坤”（意为您）。

泰国人姓名按照习惯都有冠称，因社会地位的不同而有所不同。

平民的冠称有：成年男子为“乃”（NAI，先生）；已婚妇女为“娘”（NANG，女士）；未婚女子为“娘少”（NANGSAO，小姐）；男孩为“德猜”（DEKCHAI，男童），女孩为“德英”（DEKYING，女童）等。

⑩缅甸人的姓名

缅甸人的姓名比较独特，仅有名而无姓，有点像我们藏族人的姓名。常见的缅甸人名前的“吴”，其实并不是他的姓而是一种尊称，意为“先生”。其他还有一些常用的尊称，如对女子的尊称叫“杜”，意为“女士”，“貌”是“弟弟”，“玛”指“姐妹”，“哥”同中文一样意为“兄长”，“波”则是“军官”，“塞耶”是“老师”，英语 Doctor（博士）被缅语音译为“道达”，“德钦”意为“主人”等。假如一男子名“根”，长辈应称他为“貌根”，同辈则称他为“哥根”。如果这位男子有一定的社会地位，则其他人要称他为“吴根”，如果他是军官则会被称为“波根”。如果一女子名“根”，而且有一定的社会地位，则要称她为“杜根”，如是普通女青年便称为“玛根”。

七、洽谈与谈判礼仪

洽谈是社会交往中，有关各方为保持接触、建立联系、开展合作或商妥交易、拟定协议、签署合同、要求索赔，或是为了解决争端、消除分歧而坐在一起进行面对面的协商与讨论，其目的是为了达成某种程度上的妥协与一致。

洽谈的准备工作包括：预备好具体洽谈的会场，安排好洽谈人的座次，注重个人仪表，以此显示组织方对于洽谈的重视和对洽谈对象的尊重。

关于洽谈会场的布置，同一般会谈一样，可参照本书第三章第五节。

洽谈其实是谈判的一部分，因此洽谈的技巧同谈判基本一致，主要注意以下几个方面：

（一）以礼相待，尊重对手。在整个洽谈过程中，作为谈判的双方，代表着各自的利益，都有维护和争取自己权益的责任和义务，要相互理解，要始终保持绅士风度或淑女风范。

（二）依法办事，不掺私情。随着社会法制的健全和全民法治意识的增强，商务谈判、签订合同、解决分歧，都应在法律允许的框架内进行，不可在洽谈过程中让情感战胜理智，更不能把严肃的业务往来建立在不可靠的个人情感基础之上。要有原则的坚定性。

（三）坚持原则，灵活应变，执行政策要有足够的灵活性。有关各方要通过平等协商，在合理、合法、合情的前提下，进行必要的讨价还价，找到双方都能接受的共同点。让步必须是双方的，妥协也必须是相互的，是相向而行的，在可接受的范围内都作出必要的妥协，适当让步，求得一致，实现双赢。

（四）求同存异，互谅互让。每次公平合理的洽谈中，都没有绝对的赢者，也不会有绝对的败者。任何人都不可能签订不公平条约，好事也不能都让某一方独占。有了这样的认识，就能对一些分歧相对淡然，多一分理解和谅解，从而缩小分歧、扩大共识、形成一致。

（五）人事分开，就事论事。在商务洽谈中，要充分理解洽谈对手的处境，既不要提出不切实际的要求，也不能一厢情愿地指望对方良心发现。即使针锋相对，双方意见分歧相去甚远，甚至为了各自利益而争得不可开交，面红耳赤，也一定要记住一切都是为了工作，为了完成各自的使命，不要有针对个人的攻击行为。当然，争执不下、拍案而起甚至怒目相向导致谈判中止、离席而去等，有时也是谈判技巧和谈判策略的一部分。

八、如何接听电话

随着科技的发展和社会的进步，电话越来越成为我们日常生活中不可或缺的重要组成部分，我们每天的工作和生活都越来越依赖现代化的通信技术，电话给我们带来了无与伦比的快捷和便利。

但是，对于这么一个生活中不可缺少的交流工具和沟通手段，我们是否每个人都应用得当？为什么电话在给我们带来巨大便利的同时，也经常让我们遭遇一些令人不快的事情？我们在用电话机与对方沟通时，表达得是否到位？

道德修养是每一个电话使用者必须具备的条件之一，如何拨打和听电话，大有学问。

我们拨打电话要注意：作为主动拨打电话的一方首先要表现得礼貌而得体，不管对方是熟人还是陌生人，接通后第一件事应该告诉对方自己是谁，而不是让人听了半天摸不着头脑。然后是寒暄或客套，再接下来就应该切入正题。当今社会讲求务实，追求效率，每人都有很多事情需要处理，除非老朋友坚持，或表示没有关系，否则不要在电话里说起来没完，甚至硬拖住对方听你唠叨。电话内容应该简短扼要。

作为接听方，无论打来电话的是熟人或陌生人，都应该表现出起码的礼貌和个人修养，说句："您（你）好！"然后等待对方继续说话。如果是在办公室接听电话，则应该主动报上单位名称和自家姓名："您好！这里是×××公司……我是×××。"如果再客气周全一点，那就再加一句："请问可以帮您什么忙？"

有的人打电话，从不主动报上自己的姓名，就滔滔不绝地说起来；也有打电话的人上来直接就问"是××吗？"或"找一下××"，显得非常生硬且不礼貌。接电话的亦不要上来就生气，唐突地反问对方"你谁啊？"或"你找谁啊？"，随后再生硬地来一句："他不在。"便"啪"地把电话挂上了，没有任何商量的余地。这样的电话交往是最为失败的，不仅影响双方个人的形象，也直接有损于所在单位的声誉。所以欧美和日韩公司对员工接听电话都非常重视，把它作为企业文化建设的重要部分，为此不惜投入大量财力物力加以培训，要求员工在拨打和接听电话时都按标准化的程式进行，并且还不时进行抽查，收到了较好的效果，不仅提高了标准化的管理水平，同时也维护并改善了企业的良好形象。

应该何时接起电话？一般情况下，电话铃响三下，就应该接起应答，最迟不应多于五六下，不方便接或不想接这个电话，那就干脆不予理会，如是手机则可以直接按掉拒接，告诉对方现在不方便接。但方便时应该赶紧回复对方。

我们拨打电话时要多换位思考，多设想一下对方此时此刻可能在忙什么，是否方便接听电话。一般情况下，电话响过三下就要考虑对方可能不在或不方便，响过五下还没人接就应该挂机。现在移动电话非常方便，即使对方无法接听，你也可以采取变通的办法来解决，比如给对方发条短信，告诉对方你有什么事情需要沟通。

打电话一定要注意场合，不要在大庭广众之下毫无顾忌地大声讲电话。

打电话还要特别考虑时间问题。一般不要在大家午饭时间打电话，影响对方正常吃饭。还有就是要考虑对方会不会在午休，或他周围是不是有人午休，接电话会不会影响别人，等等。

再有，按照西方人的习惯，一般公务电话不要往家中拨打，节假日不能影响对方正常休息。所以，欧美人一般不把家庭电话号码印在名片上。

此外，拨打电话也要考虑时间因素。往别人家中打电话，最晚不能超过晚上10点，否则会影响他人休息而让人感到不悦，这是一个基本的常识。早晨也不宜太早，至少应该在7点之后。周末或节假日应该在早8点至晚10点之间打。紧急情况例外。

当移动电话已经成为我们生活中不可或缺的组成部分的时候，我们应该及时养成良好的手机文化。比如，在进入会场时，最好关闭手机，至少应该调到静音或改为振动。在演出场所、医院、飞机上，都应关机。

此外，如果给国外打电话，一定要弄清时差，否则贸然打去，很可能打扰了对方的休息。

九、如何做好前台接待

现在许多企业都非常重视到访来宾的引导安排，一般都在公司入口处设有前台（Reception）。每当有客人来访，首先见到和接触到的便是前台的工作人员，从前台人员待人接物的举手投足间，感受到这个单位的风貌。因此，可以说前台是一个单位的门面和名片。前台工作人员对接待礼仪的把握与表现，对于塑造和展示本单位积极向上的良好形象有着非常重要的作用。

公司前台的接待礼仪包括仪容仪表、电话接待和来访者接待等三大方面。

（一）前台仪容仪表

前台人员要保持良好的风貌，精神抖擞，做到态度可亲，面带笑容，善于沟通，这样有利于营造和谐、顺畅、融洽的工作关系。前台人员着装要整齐、干净，搞好个人卫生，包括头发的梳理、面部的化妆、口气的清新等；男员工不留长发，不染彩发，不留长指甲；女员工不化超常的浓妆，不涂抹鲜艳的指甲油，香水宜选用清新淡雅型。

（二）电话接待礼仪

前台接听和应答电话要口齿清楚，表达准确，且始终保持热情而轻松愉悦的精神状态，声音要不急不慢，在任何情况下不能在电话中表现出不耐烦或出言不逊，要勤说 “请问”、“对不起”、“请稍等”等礼貌用语。

接听电话应在铃声第二三声时接起，首先要自报家门：“您好，这里是×××（公司名称或简称），请问您要找哪儿？”忌以“喂”开头。如果因故迟接，要向对方致歉：“对不起，让您久等了。”对要转接分机或其他号码的，可以礼貌地说“请稍等”，并马上转接过去。

如果来电是找领导的、也能说得出领导姓名，最好还是先礼貌地询问一下对方姓甚名谁、是哪个单位的，大概是什么事由，请对方留下联系电话，一会儿联系上领导后回过去。如果是如广告、变相广告之类的电话，可以直接礼貌地婉谢挡驾，或者转到相关部门处理。

（三）来访者接待礼仪

前台人员平时可以是坐着的，但有客人来访时，应起身相迎，向来访者点头致意：“您好，请问您找哪一位？有预约吗？”若是如期前来赴约的，则请客人稍等并立即帮其联系。如果要找的人正忙，可请其坐等，并用规范的仪态引领入座，倒水。如果等了很长时间要找的人还没出现，则需要再次提醒，并适当关照一下客人并向其说明。

如果接待的主人表示请客人自己过去，前台应以规范的手势指引如何去，或者亲自带客人过去。即便来访者要找的人的办公室门是开着的，也要先敲门，获得许可后再请来访者进入。如果前台只有一个人值班，前台人员做好指引工作就可以了。

实际工作中经常会发生不方便见这种情况。这时，前台在联络用语和方式上要给对方留有余地，既要巧妙，又要妥帖。

十、如何用好形体语言

我们在日常生活中用得频率最高的交流方式是语言，除此之外，还会经常使用一些手势和形体语言。肢体语言运用的好，达到的效果可谓异曲同工。

（一）眼神（eyes contact）

有时无须多言，一个眼神便能让对方心领神会，所以中外自古就有“眼睛是心灵的窗户”之说。而且，用眼睛说话有的时候会有独到之处，比如，在会议、集体活动中，台上的人正在说话，两人甚至几人不便出声但又急于沟通什么，往往一个眼神一个点头就解决问题。

用好自己的目光非常重要，同时也是一个人有礼貌和修养的重要体现。在公务活动或与人交谈过程中，要注意保持自己的注意力集中在谈话对象上，应该自始至终用眼睛看着对方的眼睛，如果长时间目光直对有所不适，可以看对方脸上方的三角部分，即双眼为底线，上顶角到前额这一块，这样会让人感觉到你专注、认真、有诚意。而在社交活动中，用眼睛看对方脸下方的三角部位，即两眼为上线，嘴为下顶角这一部分，又会营造出一种诚挚的社交气氛。这种凝视主要用于茶话会、舞会及各种类型的友谊聚会。

（二）微笑

微笑是开启通向世界大门的钥匙。在工作和社会生活中，我们无时无刻不在与人交往，都在传递着自己的态度和吸收着别人的信号，微笑是传递信号的有效桥梁和最佳媒介。所以，在适当的时候展示你的微笑，可以体现出一个人的亲和力。

握手也是形体语言的重要表现内容，在本书的许多章节已有详述，可见其在生活中的分量，这里不再专门论述。

（三）鞠躬

鞠躬是中西方文化中在社会交往时常用的致意方式之一，主要是见面时的礼节，表示一种诚意和敬意。

行鞠躬礼前，先要立正站好，保持身体姿势端正，双手自然下垂，或双手在胸前搭好，一般是右手放在左手之上，面带微笑。鞠躬时，以腰为轴，以中等速度使肩部向前倾斜弯腰15°—30°，目光向下，鞠完即起，恢复站姿。在鞠躬的同时，可以加上问候语“您好”、“早上好”、“欢迎您”等。受礼者随即还礼，但长辈对晚辈、上级对下级，稍稍欠一下身子或点头示意还礼即可。鞠躬也可与握手等见面礼节配合使用，即先鞠躬致敬，再两手相握。

鞠躬时要注意以下几个问题：1．无论在室外或室内，都要脱下帽子，帽子可以右手拿在手里贴在胸前。要记住戴帽鞠躬是不礼貌的，还不如不鞠。2．目光要朝前，随着身子的前倾下弯而向下。3．嘴里不能吃着东西或叼着香烟，这是很不严肃的。4．直腰起身后，眼睛应注视对方。

如何把鞠躬礼做得恰到好处，既不太深也不太浅，需要认真把握，否则会引起歧见甚至惹来批评。2009年11月，美国总统奥巴马亚洲之行第一站访问日本，他在与日本天皇见面时先行了鞠躬礼，结果因向后者深鞠躬近90度而招致美国媒体和保守派的严厉批评。他们指责奥巴马身为国家元首行为不妥，整个人看起来“低声下气”，有向日本天皇“卑躬屈膝”之嫌。《洛杉矶时报》一篇博文题目写道：“他还能低到什么程度?”

华盛顿礼仪学校校长帕梅拉·艾尔灵说，虽然奥巴马鞠躬明显只是为表示尊敬，但“一国国家元首向另一国国家元首鞠躬不是正确行为。这不太合适，他不应向别国元首鞠躬”。迫于压力，美国国务院17日不得不出面回应此事，强调奥巴马这一动作仅仅是为表示尊敬。

为什么一个鞠躬就会引发这么大的反响？这显然跟鞠躬人的社会地位和影响有直接的关系，一方面因为这是一个世人关注的公众人物，另一方面也有西方媒体导向的习惯问题，甚至可能还有美国国内政治因素等，但此事至少说明了一点：我们要在正确的时间。合适的场合施以恰当的致礼。

十一、送礼要注意什么

礼尚往来是对外交往和商务活动中的一种传统做法，是增进友谊、促进合作、联络感情的一种方式。中国人送礼，传统上都比较注重价值、美观和实用；西方人送礼，更多的是强调礼节性和象征性，因此，主要在于意义，而不重价值和实用，以小的纪念品居多。我在国外工作十几年，在各种场合收到过许多书籍、画册，也有小巧的咖啡具或圆珠笔之类的东西。所以，在我看来，依西方人的传统文化和思维，他们是真正做到了“礼轻情义重”。

（一）礼品的选择

在对外交往中，经常会碰到一些需要向他人表示欢迎、感谢、祝贺或慰问的情况，有时会同时赠送一些礼物，作为语言文字等其他传递情意手法的一种补充。在国际交往中，相互馈赠也是一种表示友好和敬意的重要方式，有利于促进双方友好关系的发展。

赠送礼品不是为了满足对方的欲望，也不是为了显示自己的富有。因此在选择礼品时，主要强调其纪念性，讲究“礼轻情义重”。

礼品选择也要考虑赠送对象，一般有单位和个人两种情况，要本着既满足工作需要又不铺张浪费的原则，酌情选赠。

当赠送公司或机构礼品时，应充分考虑对方与本单位的合作关系及其社会影响力，选取的礼品首先应体现双方的合作，选好恰当的赠礼时机与场合，使之具有特定的文化含义与特色，并能充分展示本单位的企业形象。与此同时还应综合考虑礼品的形状、大小、材质，以利于对方展示，从而收到展示和宣传本单位企业形象之效。在重要场合（如签约仪式、重要会见等）互赠礼品时，宜提前与对方沟通，保证双方礼品的协调相称。

当赠送个人时，主要注意以下几个方面：

1．要根据对方的身份、社会地位及与本单位的业务相关度，适当兼顾国别、民族、信仰等，选择合适的场合。一般情况下，礼品体积不宜过大，要方便携带，具有一定的观赏性和艺术性。向国际友人赠礼，宜优先考虑选取具有中国文化及民族特色的礼品。美丽动人的中国刺绣和丝绸织锦，造型奇巧、做工精致的具有民族特色的手工艺品，描写各国风情的绘画作品等，都常常被人们选作珍贵的礼物互相赠送。

2．礼物的“轻重”应适度，应视双方的关系、身份和送礼场合，适当掌握。太单薄，显得寒碜当然不好；太厚重，也会引起不必要的猜想，有时反而会使受礼人难于收受。

3．要考虑到礼品的意义，注意其内容和寓意，避免引起不必要的误会。

4．要严把礼品的质量关，瓷器、玻璃器皿等注意有无缺损。食品必须十分新鲜，过保质期的绝不可送。质量有问题的东西宁可不送。

应邀出席私人家宴时，气氛比较轻松随便，强调的是私人之间的友情，可向女主人送些土特产、小艺术品、纪念品、干鲜果品或花束，甚至自己制作的小食品也是不错的选择，当然也可给小孩带点糖果或玩具等。应邀参加婚礼，可事先征求一下新人的意见，有针对性地送一些他们需要的东西，也可以送一些小艺术品、鲜花或其他日用品。如是探望病人，中国人习惯送点营养品、果品，外国人更多的是送去鲜花，如今这种做法在国内也被越来越多地采纳。元旦、圣诞节等节日，以送日历、烟酒、茶品或糖果为多。如出席宴会和庆典，则可酌情赠送花束或花篮。

（二）礼品的赠送

赠送礼品可以有各种方式，最正式的可以举行赠送仪式。重大活动赠礼，宜提前将双方礼品并排放在一起，用红布罩上，由双方领导择时揭布互赠，亦可视情安排领导握手合影留念。一般的可以面交，也可手写贺词，请主送人亲笔签字。祝贺节日、周年大庆等，可专程派员奉送。

在当面接受礼品时，除感谢外，西方人通常还会在征得送礼人同意后，把礼品的包装打开，对礼品大加赞赏一番，表示高兴和喜欢。这种做法与我国的传统习惯有所不同。

（三）特色礼品

我曾多次参与国宾来访的接待工作，外交部礼宾司几乎每次都会把客人来访期间的活动照片精选印制成册，在送别时作为礼品送给对方。每次都会让对方感到特别惊喜并对我方表示感激。这种礼品既表达了对客人的友好与尊重，又极富纪念意义，是很受欢迎的做法。后来，我把这一做法引进到新的工作单位，把来访时最重要的精彩场面，利用几十分钟的时间，印成照片，装好框，在宴请结束前请主人当面赠送，这种极富效率和特色的礼品，每次都会引来客人的惊讶和由衷的赞叹。

（四）包装

礼品的装潢及包装要讲究。所送礼品，即使已有包装盒，也应该再用花色或彩色礼品纸包扎，并用彩带系上梅花结或蝴蝶结。

（五）还礼

关于还礼的问题，可视情况不同而定。有的需要即时还礼，有的可在以后适当时机回赠相应礼物，也有的表示感谢后不必还礼。

如收到以名片附送的礼品，则应尽快回名片或回信表示感谢。

十二、送花要注意什么

（一）鲜花

鲜花因其千姿百态、五彩缤纷和富有魅力而自古以来就受到世人喜爱。尽管世界各国民情不同、风俗各异，但爱花爱美这一点则是一致的。大家都把鲜花当做一切美好感情的依托、良好祝愿的代表和美好未来的希望与象征。文人墨客喜欢以花鸟鱼虫为题吟诗作画，普通百姓爱花养花自娱自乐。把送花、赠花、献花作为社交的一种方式，来寄托和表达情感，比较高雅脱俗，越来越为人们所喜闻乐见。

（二）花意

正是由于人们对花的热爱，千百年来，人们常常借鲜花的不同品质和特性抒发自己的心情和志向，使花逐渐成为一种具有特殊代表意义的象征。

譬如，人们普遍喜欢拿玫瑰花来表示热烈的爱情和纯洁的友谊；郁金香表示名贵和挺拔秀丽；荷花、水仙花、百合花表示圣洁、高雅、出污泥而不染；兰花被誉为德高望重，有君子之风；牡丹、芍药是富贵吉祥、繁荣幸福的象征；石榴花、山茶花则代表着火红年华、前程似锦；腊梅是战严寒、傲冰雪、顽强不屈、独步早春的象征；君子兰、罗汉松、万年青、文竹等常青盆景则表示健康长寿；菊花表示超凡脱俗（西方欧美国家都以黄菊花祭奠先人、寄托哀思），等等。

就花的颜色而言，人们普遍认为红色表示热情，白色表示纯洁，金黄色表

示富贵，绿色表示青春与朝气，蓝色表示欢乐、安静与平和，紫色表示高雅。

（三）送花

在迎来送往的时候，给远方的来客或即将远行的朋友送上一束鲜花，表示热情的欢迎或依依惜别之情；在他国节庆佳日，送去一篮鲜花，祝贺繁荣昌盛、人民幸福；在公司、商场、商铺举行开业典礼时，送去一个花篮，祝贺对方开市大吉、生意兴隆、兴旺发达；在会见会谈或报告会时，桌上的鲜花烘托了高雅、隆重、气派的氛围；在艺术家表演结束时，送上花篮或花束，祝贺演出成功；在庆贺生日之时，送花以祝生日快乐、健康长寿；另外在亲友举行婚礼时，送上鲜花祝贺婚姻美满幸福；去医院探望病人，带上一捧鲜花或送上一个花篮表示慰问并祝早日康复；甚至在扫墓谒陵时，一个花圈，几支鲜花，也都寄托了生者对逝者的一片哀思。这些都是我们在日常生活工作中所经常遇见的。

基于上述，根据不同的场合和需要，人们可以选用适当的花卉来传递和表达不同的情感。例如，在欧洲许多国家，赠送恋人、情人、伴侣的，多为红色的鲜花；其他国家也基本一致，对热恋或有爱慕之情的男女可互送红玫瑰、蔷薇花；祝贺新人婚礼可选送串儿红、玫瑰花、康乃馨、牡丹花、月季花等，西方也有送成束的白花；亲朋好友之间相互赠送的，一般多为色泽鲜艳的花束，如小苍兰、香石竹、月季等；祝贺生日可送石榴花、百日花、山茶花，西式的做法白花也可作为礼花祝贺生日或命名日；祝寿可送常青盆景；开业大吉可送红牡丹、山茶花、紫薇花。其他的郁金香、玫瑰、石竹、马蹄莲等，人们普遍喜爱，可以在多种场合配合选用。

送给年轻人或孩子的，多色彩的小花西方用得更多一些，而送给中年人的则优先挑选大朵的。

日本人在探视病人时，往往选择红、紫、粉或绿色的鲜花。而给母亲买花时，多用凌霄花、僧鞋菊、樱草、金钱花、冬青5种花组成的花束，借此表达特定的含义：感激慈母的厚爱、抚育并给予子女生命、青春、欢乐和幸福。

参加葬礼或给墓地献花，花色以白、黄为主，配长青的绿色松柏枝、松果塔等，在花的品种上也可为逝者献白菊花、黄菊花、唐菖蒲等。

（四）送单数

这里要注意一个细节，许多欧洲人赠花时，只送单数。特别是葬礼用花，绝对不能送双数，具体送多少枝依双方关系的紧密程度而定。

（五）插花

插花是一门艺术，基本都是选用鲜花和绿色枝条经过精心剪插编扎，做成花束、花篮或花盆等。各地都有插花艺术组织，也经常组织培训、比赛、展览，还有许多的插花艺术报刊。高级的插花艺术大师能把非常稀松平常的花草枯枝，简单几下就变成一盆极其简约、清秀、典雅的插花。

十三、喝咖啡要注意什么

就像中国人喜欢喝茶一样，非洲人发现了咖啡，欧洲人引进了咖啡并作为每天必不可少的主打饮品。

中国人喝茶喝出了茶文化，日本人从中国学到了茶道,欧洲人也在数百年的咖啡饮用历史过程中形成了日久弥坚的咖啡文化，使咖啡成为他们每天生活不可或缺的必需品。与外国人喜欢喝茶一样，中国也有越来越多的年轻人喜欢时不时地到星巴克或其他咖啡店约会谈事，他们在那里晒晒太阳，喝杯咖啡，享受一下繁忙都市里难得的悠闲。所以，喝咖啡正成为一种社交方式和社会活动，了解有关咖啡的常识和礼仪必不可少。

在欧美超市，有各种各样的咖啡销售。既有炒好的咖啡豆，也有磨成粉末的咖啡粉；既有现成的速溶型，也有要用壶煮过才能喝的传统型。林林总总，不一而足。

世界有名的咖啡主要产自拉美和非洲，普遍认为以哥伦比亚和埃塞俄比亚的为最。喝咖啡的人都知道，买咖啡豆、磨成粉、再煮出来的咖啡虽然工序多、稍麻烦，但显然档次要高得多、味道要纯香得多,而速溶咖啡非常快捷方便，但味道相去甚远，档次也较低,只是节省时间罢了。

同茶道讲究茶叶、茶具、用水一样，咖啡文化也讲究器皿杯具。煮咖啡要有专门的咖啡壶，喝咖啡要用高级精巧的小瓷杯及配套的瓷碟、小咖啡匙，盛牛奶要用专门的小瓷杯，放方糖要有专门带盖的小糖罐，成龙配套，缺一不可。

喝咖啡是一个细活，重在一个品，讲究一个慢，追求一个雅。加入咖啡内的方糖（考究一点的人家用浅黄色的粗粒蔗糖)都要放在专门的器皿里（很精致的小糖罐），一般多用专门的糖夹或小匙取用,不可直接用自己的手去取拿。咖啡匙是专门用来搅拌咖啡的,而不是让人舀咖啡喝的，饮用时一定要

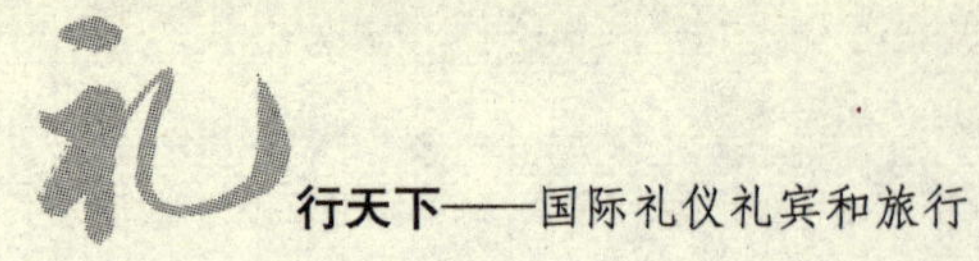

把咖啡匙取出来，放在碟子上。方糖放进杯子后，要耐心地等待其慢慢融化，或用咖啡匙搅动几下，千万不要着急而试图用咖啡匙去捣碎方糖。如果感觉煮好的咖啡太烫，可用咖啡匙在咖啡杯内轻轻地搅拌促其冷却，或者干脆放着稍等一会儿，待其自然冷却，然后再饮用。注意千万不要像喝茶一样用嘴试图去把咖啡吹凉。

盛放咖啡的杯、碟都是成套配制的，一方面讲究品位，另一方面要求配套，不可分离。一般都放在饮用者的正面或右面，杯环要指向右方。饮用咖啡时，可以用左手将咖啡碟端起到齐胸处，右手再从碟中拿着咖啡杯的杯耳，端起咖啡杯，慢慢地送向嘴边轻轻地啜饮；喝完一口立即把咖啡杯放回咖啡碟中，要喝下一口时再拿起，千万不要使杯、碟二者“分家”。不宜满把握杯、大口吞咽，也不宜伏下身去喝；喝咖啡不能像喝烫茶一样吸出声，一定要小口慢品。饮用咖啡并且同时要吃点心时，不要一手端着咖啡，另一手拿着点心，吃一口，喝一口，交替进行。正确的方法是：饮咖啡时应当放下点心，吃点心时也要放下咖啡。添加咖啡时，也不要把咖啡杯从咖啡碟中拿出。

与喝茶还有一个明显的区别，就在于量。讲究的西方人请人喝咖啡，主要是想借这么一个平台交谈，所以一般只有很小但很精致的一个小杯，不到一大口就能喝完。但就是这么一小口咖啡，在咖啡馆里两人可以聊上半天。所以，喝咖啡不是让人解渴，主要是为了交流。

十四、如何对待小费问题

在欧美特别是西方老牌的资本主义国家，很早就有顾客向服务人员付小费的习俗。一般情况下，都是服务生为顾客提供了一定的服务和帮助之后，顾客为表示谢意而给予的一定奖赏。所以小费也包含了一定的礼节性质，在某种程度上体现了顾客对服务人员的尊重与谢意。

世界上多数国家都有给小费的习惯，有的称服务费（Service charge）。据传“小费”之风最早起源于18世纪的英国伦敦，当时，有些酒店餐桌上摆着碗碟，上面写有“To insure prompt service”（保证提供最快速优质的服务）等字样，只要顾客放一些零钱到里边，即可得到及时周到的服务。后来就有人把这句话中每一个词的首字母连接在一起，便有了“Tips（小费）”一词。

还有另一种说法，说是由于经济萧条，饭店生意每况愈下，老板根本支付不起厨师跑堂的最低工资，几乎到了关门倒闭的份儿上。但老顾客们不忍心看着饭店倒闭消失，便自发在吃饭时主动放弃找零，或者再适当多给他们一点零钱，最后帮饭店渡过了难关。这个习俗后来保存了下来。即使到了今天，许多欧美饭店的厨师和跑堂，都没有固定工资，或者从老板那里只能拿到最低的基本工资，主要的收入就是靠食客们的小费。他们的规矩是：不管你拿多拿少，小费一律交公，不得私吞，然后当天当班的厨师和跑堂按一定比例分成，结果每人每天的收入也都不错。

发展到后来，小费逐渐渗透到了社会的每一个角落，只要某人给你提供了服务，无论多少，都应该向对方支付小费，这是一种天经地义的事情，已经成为西方社会的一种文化。

在欧美国家，从食宿到交通，每一个环节都有人在为你提供服务。到了饭店或酒店，只要是有服务员为你服务，都应该给小费。一般按餐费比例的10%—15%支付。你住在旅馆饭店，晚上有人帮你开床，早晨出去有人帮你打扫卫生，你就应该每天早晨在枕头上放5美金或几欧元。你上街坐出租车，付费的时候不能像国内一样按计价器显示多少就付多少，也应该在实际金额的基础上再加上10%左右的小费。你去理发店美容美发，人家也为你提供了服务，因此也要给点小费。凡此种种，不一而足。

还有一个地方也要付小费，那便是高尔夫球场。每次背包递杆的球童是一定要收小费的。

一般来讲，大多数亚洲国家没有这个习惯，因此不给小费还说得过去。但随着国际交往的深入，像小费这样的西方文化正在逐步渗透进来。许多亚洲地区也接受小费，有的甚至还专门在洗手台上放上一个小篮子，里边还放上一些零钱，提醒客人付小费。

在新加坡，付小费是被禁止的。他们的理念一是高薪养廉，该给你的老板已经给你了；二是如若付小费，就是一种批评，说明这里的服务质量不够好需要额外鼓励才行。

到泰国，收小费的情况不像西方那么普遍，但如果有人为你提供了服务，还是应该付点小费，多少不论，但一定得有。

到欧洲，无论是大国、小国还是穷国、富国，基本都得付小费。比如，在瑞士的饭店餐馆，虽然不公开索要小费，但基本上也不可不给；而那里的出租车司机则有明文规定可以收取车费 10%的小费。到了法国，付小费更是公开化，服务性的行业可收取不低于价款10%的小费，就连财政税收也将小费计入。在意大利收小费有点“犹抱琵琶半遮面”，表面上不明确，实际操作时理所当然，收取时一点不手软。所以一般情况下是在结账时一并付上小费。

在北非及中东地区，收取小费是“理所当然”的事。许多从事服务性活动的老人与孩子，小费是其全部收入和主要经济来源。如果遇到顾客忘记付给小费或不付，他们一定会追上来索取的。

在美国和加拿大，小费更是日常生活中极为自然的内容，人人接受、理解并实践。墨西哥人也一样，将付小费视为一种感谢，而收小费则要感激客人。

总之，付小费要注意场合，讲究方法，做到顺其自然，各领其意。付小费的方式多种多样，可以把小费放在盘子下面，也可以在和服务员握手告别时放在他们手里，或把找回的零钱留下当做小费，对机场、车站、旅馆的搬运工，则公开明明白白地给付小费。

十五、吸烟应该注意什么

随着社会的进步，越来越多的人认识到吸烟的危害而反对吸烟，也有越来越多的国家明令禁止在饭店和餐厅吸烟。以加拿大为例，2005年后就立法明文禁止在公共场合吸烟，特别是有顶棚的，除非是专门划出来的吸烟区。我国也明确规定禁止在饭店吸烟。所以不在餐桌上吸烟已经成为公德，这是一种文明和进步的表现。如果烟瘾极大实在忍不住了，可到外面通风处或吸烟室吸，这样显得更加文明和有绅士、淑女风度。即使是位尊者如果一定要在餐桌上吸烟，最好也征求一下女士们的意见。

无论如何，不应在正式祝酒之前就开始吸烟，即使要吸也应在祝酒之后。咖啡、白兰地和果酒等都需在另一个房间饮用。有时候女士们会先离开餐厅去另一房间小坐，在这种情况下，男士和吸烟者可以留在餐厅吸烟。这是一个比较老式的做法，但近来有所回潮。

现在越来越多的地方是明确不允许吸烟的，例如，在剧场、商店、教堂、博物馆、会议厅、飞机上等。在火车、轮船上则往往分吸烟与不吸烟的座位、车厢等。所以在工作、参观、谈判和进餐中，或进入会客室或是私人住宅、办公室时，最好不吸烟。如主人不吸烟，又未请吸烟，在场人多或同桌身份高的人士都不吸烟时，则最好不要首开先例。

第十二章

日常礼仪细节

一、社交活动中女性应注意什么

随着社会的发展和进步，女性参与社会活动的程度和发挥的作用日益突出，在充分保障男女平等、民主自由的今天，越来越多的知识女性走上重要的工作岗位。她们以巾帼不让须眉之势，凭借自己的才干、智慧和自身独有的优势，展现了新时代优秀女性的风采。

步入社会，参与社会，就不可避免地要面对一些社交活动。如何让女性既深度参与社交，又表现出得体、贤淑、智慧的风采，是每一个社会女性需要了解和身体力行的。

社会女性的举手投足、一举一动，处处体现着她的个人魅力和修养，时时左右并影响着他人对她或事态的判断。保持适度的礼节与礼貌，准确传递信息，防止男女间某些误解或误会的发生，是每个社会女性必须了解、把握的社交原则。既热情大方，又不轻狂奔放；既矜持稳重，又不冷若冰霜；既庄重含蓄，又收放自如，这是整个社会对新时代女性的普遍期望。

要做到举止大方、稳重得体，就需要注意一些平时生活中的细节，从小事做起，心中有数，而不能大大咧咧。女性不一定是温柔的，但一定是细腻的，不能什么都无所谓。

所以，在日常待人接物和与人交往时，女性应该掌握好礼仪交际过程中的每一个细节并做得恰到好处。比如，对于一般相识的男性，在初次见面时，既要落落大方、主动热情，又不必过于热情、不分彼此。可以主动伸出右手行握手礼，快速、中等力度一握而进入下一人或下一道程序，不必用力久握不放，也不宜表现得过于开心而欢呼雀跃、手舞足蹈；更不宜不顾中国传统习惯，不顾场合，做得太过西式或现代，如行拥抱礼或贴面礼。

在与对方聊天时，一般情况下不问及个人隐私，但女士可适当提及家庭基本情况，如问候对方妻子家人等，现在许多家庭不要孩子而做丁克一族，谈到孩子时宜适当小心，以免彼此尴尬，不过可视情主动谈及自己的个人情况，特别是男友、丈夫或孩子等。

一般情况下，都是男士先给女士送礼，而女士则不宜主动以个人身份向男性赠送礼物，除非有特殊考虑。若非送礼不可时，应特别说明礼物是送给谁的，如送给对方夫人、孩子或某人的，也可代表自己的单位送与他本人。

在西方，女士在交往中经常会主动告诉你最好称她“Miss”或“Mrs.”，实际就是明确告诉你她的婚姻状况，这样做也便于对方知道如何把握交往的分寸。

应邀到朋友家做客时，最好不要谈论公务，最好是聊一些轻松愉快的话题，大家都感兴趣而且有共同语言，力避东一句西一句、东一榔头西一棒子，一个话题还没谈透，马上扯开谈另一个话题，过一会儿又想起什么再回到前面的话题，让人无所适从，也显得特别没有条理。与人交谈时，应兼顾全面，和对方的全家人聊天，不能只认准一个人聊，而置他人于不顾。

在拉丁美洲许多国家，男子有时可能公开向女性调情，若遇到这种情况，可以不答理、不接茬，或者转移话题或交流目标，这样既维护了适度的礼貌与礼节，又可拒人于“千里之外”，避免一些不必要的麻烦。

现代社会特别是西方国家，女子吸烟的不在少数，甚至被认为是时髦。但在社会生活中，女子吸烟也应自重并适当照顾他人的感受，尽量不抽或到室外规定地域抽。在众人之中，也不可毫无顾忌地大声喧闹。

在有的场合，需要喝酒，有的女士酒量相当好，甚至超过一般男士，所以有时经常被男士或领导推出来应酬宾客，这时一定要注意控制好自己的酒量，切勿过于自信而放松警惕，出现失态。

在社会生活和社交活动中，女性还要注意着装的问题。恰如其分并且合体的服饰会让人大放异彩，加上本人得体的言谈举止，一定会让人倍加赞

赏。相反，如果是颜色、款式、大小都不合适，即使再高档昂贵的服饰，也只能显得不伦不类，甚至闹出笑话。

女士们的办公室着装要注意得体而有分寸，既干净利索，又落落大方；既风姿绰约，又不过于“透、露”。低胸或过于宽敞的内衣和超短裙显然是不合适的。

对穿着短裙的女性，有几个场合需要格外注意。一是面对观众坐下或落座合影之际，二是上车抬腿进车瞬间，这种时候一定要保护好自己，防止走光失雅。此外坐下拍照时，一定要双膝并拢侧斜，这样既安全又美观。

二、个人服饰与穿戴应注意什么

在对外社交场合，服装大致分为礼服和便装。男士在正式的、隆重的、严肃的场合要着深色礼服(燕尾服或西装)，一般场合则可着便装。

我国虽然有悠久的文化历史，却没有统一的民族服装，因此在服装上并无礼服、便服之分。随着改革开放和国际化的进一步深入，西服越来越多地被用作正式活动的着装。

不管穿什么服装，在对外交往或日常工作生活中，穿着任何服装都应当做到清洁、整齐、挺括。上衣应熨平整，下装熨出裤线；衣领、袖口要干净，皮鞋应上油擦亮；穿中山装要扣好领扣、领钩、裤扣；穿长袖衬衣要将前后摆塞入裤腰内，袖口不要卷起，长裤裤筒也不能卷起；两扣西服上衣若系扣子，可系上边一个，若是一扣或多扣西服（上衣），均应扣上。在任何情况下男士均不可穿短裤参加涉外活动。女士夏天可光脚穿凉鞋，穿长筒袜子时，袜口不可露在衣、裙之外，汗毛不可透出丝袜，应剃干净。在社交场合，头发应当梳理整齐，不要满头皮屑。指甲应修剪整洁。男士应把脸刮干净。女士如穿短袖衣服，不要露出腋毛。

在家中或旅馆房间内接待突然来访的客人时，如实在来不及更衣，可请客人稍等，立即换上服装、穿上鞋袜，不得赤脚或只穿内衣、睡衣、短裤、拖鞋等接待客人。

有一些比较讲究的公共场所，如餐厅、饭馆、剧院、音乐厅等要求比较严格，谢绝衣冠不整者入内。

还有些活动对服装有明确的要求。我在国外工作期间，经常收到宴会请柬，请柬左下角一般会注明对服装的要求，一般都会写上“正式的（formal）”、“非正式的(informal)”或“小礼服(black tie)”等字样，有时也写着“随意(casual)”或“体面便装(casual formal）”，当然也有什么都不写的，这种情况可以自主，但一般也都会正式对待。

美国人平时对着装比较随意，不那么严格，他们喜欢随便、舒适而又美观的服饰。但他们将公务和平时分得很清楚，在官方场合或办公大楼里，都穿得有板有眼的，完全不是平时随随便便的样子。

英国人则比较传统和讲究。在伦敦的银行区，中午大家出来吃饭，大街上人来人往的大都是西装革履，整整齐齐。在很多场合，英国人还保留着许多传统服饰，如法院正式开庭或法官们开重要会议，法官们都要戴上金色假发，身穿长袍。教堂礼拜，牧师也要身着教会长袍。捷克查理大学颁发证书，校长也都要戴上帽子、穿上长袍。非洲和阿拉伯世界许多国家的元首在出席国庆庆典、会见重要外宾等正式场合，都穿着自己的民族服装。

随着社会的发展，国际上对礼仪的做法总体有从简趋势，许多国家对于服饰的要求也日渐简约。除了特别正式的场合要穿礼服外，一般社交场合穿礼服的机会不多，像燕尾服这样的大礼服穿的机会就更少了。现在人们对于服装的要求，主要注重合身、得体、舒适、大方、美观，只要适合自己的身份、年龄、性格和具体的场合就行。

近年在国际社交场合比较通行的着装情况大体可以从以下几个方面描述：

（一）关于男装

在比较正式的社交场合，男子以穿黑色或深色西服、白衬衣，系深色领带（有时也戴红、紫、粉、白或黑领结），穿黑色硬底皮鞋。有的国家系银灰色领带。衬衣领子要净而挺，袖口要扣好。有时还在左上袋口插块叠整齐的手帕或别一朵红花。

男西服如是双排扣，要将扣子全部扣上；单排扣的西服可以不扣，也可以只扣其中一粒，两粒扣子的扣上边一粒，三粒扣子的加扣中间一粒。坐下时，可把扣子解开，但站起来时一定要及时系上。有时也可以穿西装套服，即包括西装背心在内的三件套。穿西装时，最好不要内穿羊毛衫，不可以穿布鞋或凉鞋，更不要背背包，尤其不能横背，应提在手里。

穿西服参加活动，一般均要系领带。不系领带，敞着领口去参加社交活动，并不是潇洒的体现，而是属于衣冠不整，也缺乏礼貌。领带是一种装饰品。领带的颜色花样一般要与衣服颜色搭配，或与衣服颜色协调或与之形成鲜明对比，这可依个人喜好选择。领带要系好，要挺，不要歪歪扭扭。正式一点的场合要系黑领结或白领结。最好不用“一拉得”或“一卡得”领带。领带打好之后不应当长过腰带。在一般情况下，没有必要使用领带夹。一定要用，则应该夹在七粒扣衬衫从上往下数的第四粒与第五粒衣扣之间。

在正式场合都要穿黑皮鞋，一般应穿皮底鞋，不穿软底胶鞋等。高尔夫鞋、旅游鞋、长筒靴都不宜在正式场合穿用。皮鞋应该是系鞋带的，没有鞋带的懒汉鞋也不宜在正式场合穿。

进屋时，必须脱去大衣、风雨衣，男子应摘去手套。也不可在室内戴墨镜，如因眼疾必须戴时，应向主人说明一下。

（二）关于女装

爱美是女性的天性。所以世界上女式服装比起男式的也更加丰富多彩和新颖别致。自古以来，女性不仅可以借助华丽的服饰来展示自己健美的体态，还可以此来体现自己的修养和风格。

就女士着装而言，除特别正式的场合要求穿礼服外，在大多数社交场合，穿各色连衣裙、裙子者居多。女士的裙子无论款式、花样还是种类都极其繁多，可以依个人喜好选择。在社交场合，一般都要穿裙子，而且这种裙子至少要长过膝盖。穿长裤被认为是过于职业或太显随便。

我国的女外交官或外交官夫人们在国外常常穿旗袍出席正式活动。旗袍这种民族服装比较适合大多数中国女性的体形，并且朴素大方、美观雅致，得到许多外国人士的赞赏。女士在室内一般不戴帽子，但可以梳出各种不同的、美观大方的发型。如果不习惯穿高跟鞋，则可以穿半高跟鞋。

在一般社交场合，女士可以穿连衣裙或穿中式上衣配长裙，也可以穿女装西服。夏季可穿长、短袖衫配长裙或过膝裙。在我国国内，女士穿中式上衣或夏季穿长、短袖衫时，可以配穿长裤，但在国外，正式宴请等场合，一般要配穿裙子，而不配长裤。超短裙、牛仔裤不应在社交场合穿。随着时代的发展，世界各国的服饰，互相交流渗透，互相学习影响，正在发展变化，式样不断翻新，花色绚丽多彩。女士着装应尽量避免与别人雷同，在社交场合尤其注意不要撞衫。

（三）关于穿着打扮

一个人的衣着打扮是否得体，绝不是偶然形成的，而是精心比照、衡量、选择的结果。所以在对外交往中，从一个人的穿着打扮上可以看出他（她）的自身修养，同时也可以看出他（她）对参加的活动和活动组织者的尊重和重视程度。

1．穿着的讲究

①三种颜色

现在比较普遍认同的美学观点，是三色原则。也就是说在正式的活动场合，参与人员特别是男士在着装搭配时，应当有意识地把自己全身服装的颜色数量限制在三种以内。如果全身衣着的色彩多于三种，会太过花哨，难有应该具备的庄重稳健之感。

②三个一致

男士在涉外场合着正装时，应当尽量使自己的皮鞋、腰带以及表带（有的人用手包则手包色）与服装为同一色彩，并且以三者皆为深色或黑色的最佳。越是有身份的人，在对外活动中越是要注意这一点。

③三种场合

参加对外活动时，一定要注意个人形象，切不可使自己的穿着打扮千篇一律、一成不变或了无新意。从大的概念来分，每个人的工作生活环境可以分为三大场合，即公务场合、社交场合和休闲场合。不同场合着装要得体而应景，不能雷同，应根据场合的不同而有所区别：

A. 公务场合。所谓公务场合也即上班办公时间。公务场合的穿着打扮应以庄重、保守为总体风格，不能强调个性、过于时髦、显得随便。此刻一个人的着装宜为正装、套装、套裙或者制服。具体而言，男士为蓝色或深色西装、制服，女士则适合穿单色的套裙、连衣裙或者制服。不允许身穿夹克衫、牛仔装、运动装、健美裤、背心、短裤、旅游鞋和凉鞋，衣服不能过于肮脏、折皱、残破、暴露、透视、过大、过小或紧身。

公务着装问题对男士而言远比自己想象的更为复杂。在办公场合应穿蓝色或灰色西服套装，不宜穿棕色西装。花呢服装一般只在乡间穿用。不要用棕色皮鞋与蓝色或灰色西装配套穿用，这样非常不协调，更不能用白色皮鞋来配。穿长袖衬衫要配袖扣。穿条纹衬衫时应配带点的或素色的领带，而不要系条纹领带。西装上衣的上方口袋中只适合装装饰性的小手帕，不是真的用来装钢笔或其他任何东西的。白色袜子只能在休闲场合特别是在运动时穿用，中国人喜欢穿白色袜子配深色西服，在西方人眼中这种穿法是相当令人费解甚至荒唐的。

B．社交场合。社交场合一般是指公务活动之余的交往与应酬，可以是公务活动的延续，也可以是私人性质的，主要指宴会、舞会、晚会、聚会等交际场合。这时的服装可以而且应当突出时尚、个性，可穿时装、礼服或民族服装，最好不要穿制服或便装。目前，深色西服套装与单色旗袍，可分别作为职业男女的“准礼服”在比较正式乃至隆重的社交场合使用。

C．休闲场合。休闲场合泛指公务活动之外的个人自由活动的时间，居家、美食、游览、逛街、购物、健身，等等。休闲场合的穿着打扮主要以舒适、放松、随意、自然为总风格，忌正正规规。在休闲场合，运动装、牛仔服、夹克衫、T恤衫等都是最合适的选择。在这些场合若还是一身正装、套裙，板板正正，便会显得不合时宜，给人不伦不类之感。我在国外工作的时候，曾经接待过无数个国内去的公务代表团，无论是正式洽谈，还是景点浏览，或者是上街购物，团员们自始至终都是西装革履，虽然照出来的相片不错，但引来的不解的眼光也不少。

2．着装的六个禁忌

任何时候都要牢记“不同场合不同着装”。在公务场合，每个人应当避免着装六忌，即：过于杂乱、过于鲜艳、过于暴露、过于透视、过于短小、过于紧身。

在对外公务活动中，女士着装又忌“六露”，即：露胸、露肩、露脐、露背、露脚趾、露脚跟。

3．佩戴首饰

在社交活动中，适当佩戴一些首饰对女士而言可以提升她的端庄与秀美，但也要适可而止。一般情况下佩戴首饰应符合身份，以少而简为准。在公务场合中，一些耀眼的珠宝首饰及耳环、脚链等特别女性化的首饰通常不宜佩戴，它们只适合于社交场合。应当注意的是，在佩戴首饰时，通常也不宜多于三种，每种亦应以两件成对为限。一定要佩戴多种、多件首饰的，应当尽量使之在质地、色彩上保持一致。

男士如果佩戴首饰会体现其个人风格和品位。西方男士的饰品主要就是手表和结婚戒指，所以皮鞋、皮带和西式袖扣显得尤为突出。女士的佩饰则要复杂得多，有耳环、戒指、项链、手镯（链）、手表、胸针、丝巾，等等。在社交及对外活动场合恰到好处地利用它们，不仅能为着装带来变化，还可将女性的个性和风采更好地展现给众人。

对首饰的佩戴有具体的要求，总的来说要与整体和谐，不同的场合选择不同的佩饰。比如白天参加活动，女士可以戴不太抢眼的首饰，且不宜多；而出席晚7点以后的活动时，着晚装，就应该挑选一些富有光泽的珠宝、钻石和金银饰物之类的了。如果要体现高雅，铂金是上佳选择，如果追求华丽，那么金饰最好；珍珠项链是永不过时且无论女士在什么场合佩戴都适合的理想饰物。此外，还有别致的胸针或有特色的发夹，都可以为佩戴者平添几分光彩。

胸针的正确戴法应是别在左胸上方，如受到领子的影响，也可以别在翻领上。传统的中国女性比较注重的首饰是项链和戒指，而西方女性却对耳环格外钟情，因为在她们的意识中只有耳环最能显示并衬托女人的面孔，甚至还能把一件极为普通的衣服衬托得几分豪气起来。在社交场合尝试着戴一副简洁的耳环，一定会给人留下深刻的印象。近年来，丝巾被广泛当做饰品的一部分，成为一种时尚，尤其在出席晚间活动时，将其打出各种花结系在脖颈，会给人耳目一新的感觉。

4．女性的化妆

在参加对外活动时，女士一般都应当化妆。在西方人看来，出席社交活动时化妆，不仅意味着自尊自爱，而且也是重视交往对象和其他参与人员的一种表示。

但要注意的是，在公务场合，宜化淡妆；在社交场合，化妆可以稍浓一些；在休闲场合，则没有必要化妆。三者应该区别对待，不能一概而论。

对男士也不是无妆可化。整齐的发型、干净的胡须总是受人尊敬的，不修边幅的自由散漫总是令人敬而远之。

5．香水

香水是一种无形而高雅的装饰品，能快速有效地改变一个人的形象。适当地使用香水，不仅能令人神清气爽，充满自信和活力，更能增添魅力。西方人用香水极其普遍而平常，不论男女都喜欢，要去参加社交活动更是喷得香气扑鼻。

相比之下，欧洲人喜欢气味浓郁的香水，美国人钟情淡雅幽香的香水，中东人喜欢的香水之浓烈连欧美人都望尘莫及，而多数中国人则更偏爱清淡如花的香水味道。

香水的使用应完全依照个人的喜好。女士们应将香水洒在身体的什么部位并没有一定之规，你完全可以自己觉得哪个部位最重要、最需要引起他人的注意，就将香水洒在那里。一般来说，较多的女士喜欢把香水洒在两耳下凹处和脖子两侧动脉跳动处，还有两腕脉搏上，通过心跳带动皮肤的运动慢慢向空气中输送香气分子，这样可以使香气更均匀更持久。而男士可以在刮完胡子后，用一些男用香水、古龙水或须后水来改变自己的气味。

第十三章

不同场合需注意的问题

一、到办公室谈工作

我在驻外使馆工作三个任期前后十几年，会客无数，有请进来也有走出去的，但一般情况下都不请外宾到自己的办公室坐或谈事儿，基本都是到会客室接谈。而外国人则相反，我们到驻在国外交部或其他部门见人，往往是直接就被接到他们的办公室，直接就谈上了。即使现在国内的一些涉外部委,会见外宾时仍然都在会客室。这一方面同各自的办公条件有关，另一方面可能同东西方文化不同和观念上的差异有关系。

同所有的约见一样，到对方办公室访谈，同样需要预先约定时间，告知具体人数，按时抵达。外方一般都会亲自或派人在入口处迎接。如果无人迎候，正好又可以直达对方办公室，进门前应先按铃或敲门。按铃时间不要过长，敲门声音也不要太响，能听见即可，经主人同意后推门进入。若无人应声，则需稍等片刻，或请人帮忙寻找。无人或未经主人允许，不能擅自进入主人办公室。

一般情况下不可做不速之客，贸然直闯。事态确实紧急或事先并无约定，但又必须前往时，也应尽量不要在深夜打搅对方；如实在迫不得已，非在休息时间约见对方的，约见时就须表示歉意并作解释，争取对方的理解。

经主人允许或迎请，方可进入室内。尽管有时议题简短，所需时间不长，但既然去了，也应进入室内，不可站在门口交谈。如主人未邀入室，则可在门外直接进行谈话。但这种情况基本不会发生。

如是专门约见而去对方办公室的，则无论话题长短，都应该进入室内，寒暄并落座交谈。如果所需时间很短，则可不要咖啡或茶水饮料，长话短说，直接进入主题，事毕也不要逗留。如所需时间较长，则在主人邀请之后入座。如见面系临时安排，谈话时间尽量不要太长。

到对方办公室坐下后，主要就是交谈，注意力应集中在谈话的对象上，眼光不要左顾右盼，四处探询，让人觉得你还有其他目的。特别是对办公桌上的文件、笔记本等不要过于好奇，基本上应该是请你坐哪儿就坐哪儿，该谈什么谈什么，谈完告辞。

二、应邀到家里做客

西方人一般不在家里请客，也不随便请人到家做客。如果与你私人关系极佳，交情甚笃，也可能会请你到家里访问甚至用餐。

应邀到私人家里做客，可以适当备些礼品，如给女主人带束花，或带一两瓶酒，或送点其他小礼品。礼物不在于价值有多高，而是重在心意。西方人没有送贵重东西的习惯，送一盒巧克力也是常见的。

应邀到外宾家里做客，应按主人提议或商定的时间抵达，早到或迟到都是不礼貌的。如迟到不可避免，应致电告诉一下原因，使其有思想准备。一般的拜访，欧美人都习惯安排在上午10时或下午3时左右。主人习惯会备点小吃和饮料招待，客人不要客气拒绝，应随意和轻松一点，适当品尝主人备好的茶点，特别对主人自己制作的要加以赞赏，对动过的饮料应喝掉，实在不习惯的当然也不必勉强。

到对方家里访坐，不经主人邀请，一般不随便开口要求参观主人的庭院和住房；更不可在没有获得主人同意的情况下，径自四处走动参观。只有在主人同意并陪同的情况下才可参观住宅，但一定是只看不动，即使是非常熟悉的朋友也不要去触动他们家中的个人物品和陈设。

应主动问候主人家中的每一个成员。特别小的孩子不用正式打招呼，招呼一下即可，可通过握手、亲抱表示喜欢，但不要随便去摸人家的头。对方家里养的宠物猫狗都被视为家庭的一员，而且一般情况下都不会袭击客人，所以再不喜欢也不要表示出害怕或者讨厌，更不能用脚去踢它轰它。中国古话“打狗看主人”在这里是同样的道理。

拜访结束要离开时，应有礼貌地向主人及其他成员告别，感谢主人的款待。

三、行的礼仪

行的礼仪可分为步行、乘车、乘坐电梯、乘机与乘船四个方面。

（一）步行

1．步行时的仪态。俗话说“站有站相，坐有坐相，走有走相”。一个人在行走时要做到仪态优雅，气度不凡，步履要稳健、自如、轻盈、敏捷。

要保持基本的姿态：脊背与腰部要伸展放松，注意力集中在后脚，并且使脚跟首先触地。走动时应当是上体前驱，以腰动带动腿脚。行进时应当将腿伸直，要做到这一点，就一定要伸直膝盖。行走时上身要挺拔，并且要始终目视正前方。无论是步幅、步速还是双臂摆动的幅度，都要保持一定的、沉稳的节奏。稳重前进，不能忽左忽右，应保持直行。从理论上讲，行走的最佳态势，应是双脚后跟落地之后都在一条直线，类似猫步。

2．步行的方位。任何人走路，都会碰上一个前、后、左、右的方位问题。如上下楼梯、台阶、上街都应该靠右行走，与当地交通规则一致起来。如在英国和绝大多数英联邦国家和地区，行进时要居左而行；在其他国家行进时要居右而行。上下汽车、进出电梯时，都要先下后上、先出后进，讲究秩序，不能乱行。

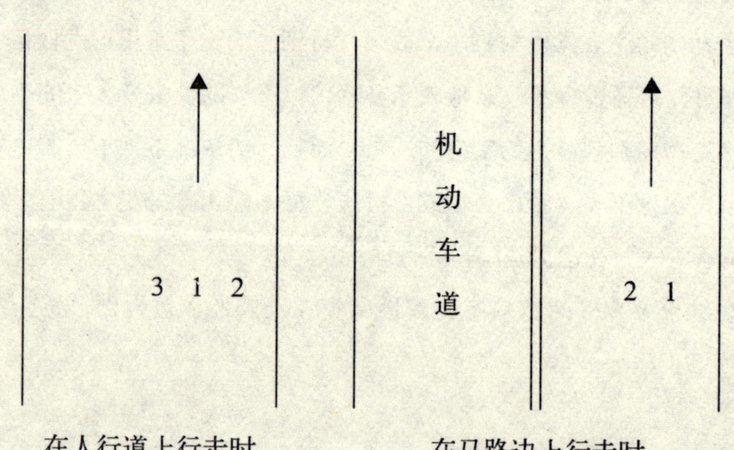

在人行道上行走时　　在马路边上行走时

3．与他人同时行进时，应该居前还是居后，居左还是居右，同礼仪直接相关。一般情况下，特别是在人多的地方，要单行行进，这时要让尊者在前，因为通常我们讲究“以前为尊，以后为卑”。因此，一般应当请客人、女士、尊长行走在前，主人、男士、晚辈与职位较低者应随后而行。但如果客人、女士、尊长对行进方向不了解需要领路时，则主人、男士、晚辈和职位较低者应立即主动上前引路。如果道路状况允许两人或两个以上并排行走时，这时讲究“内尊外卑”。但如果经过的道路并无明显内侧、外侧之分时，则依“以右为尊”的国际惯例。当三个人一起并排行走时，一般以居中者为尊。以前进方向为准，并行三人的具体位次由尊及卑依次是：中右左。

4．注意事项

①与人并排行走时要保持一定间距，不能相距过近，影响别人正常行走，一定要避免发生身体碰撞。②与前人保持足够的距离，不可行走时尾随，甚至因好奇而跟踪、窥视，也不要围观指点。③行走时不要过快或者过慢，关键是不能影响到周围人。④不要围着私人居所转悠、观望，更不可擅自进入私宅或其私人草坪、花园或林子。这在北美等一些国家属于违法之举。⑤不可边走边吃边喝，或一路高歌。⑥与人同行时，除恋人、子女外，最好不要勾肩搭背、搂搂抱抱，特别是已成年的同性，在西方人眼中只有同性恋者才会这么做。

（二）乘车

乘车的礼仪主要包括乘车时的座次安排和如何礼待他人两个方面的内容。

1．乘坐吉普车时，前排驾驶员身旁的副驾驶座是上座。车上其他的座次，由尊而卑依次是：后排右座，后排左座。

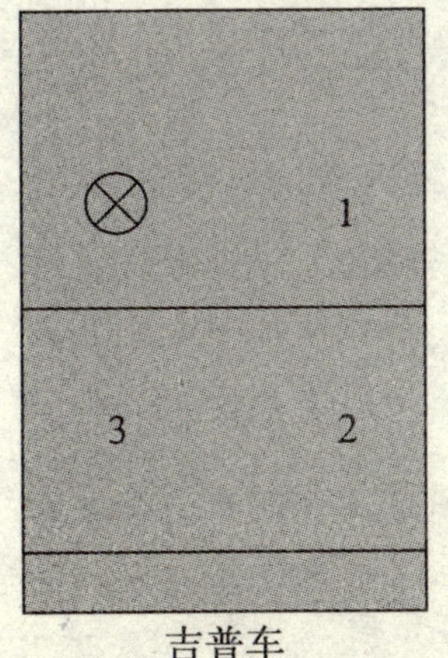

吉普车

1
主人
3　4　2

主人开车

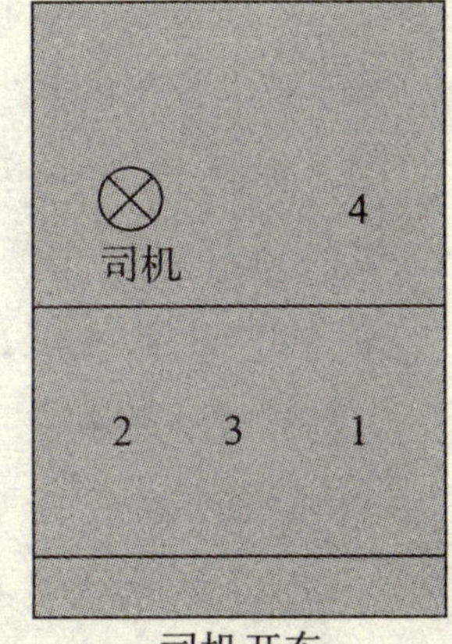

司机开车

2．小轿车的副驾驶座是最不安全位，如果不是夫妻、家人、朋友、平级的同事，尽量不坐此座，而应该坐后排。国内有些领导比较喜欢坐副驾驶位，因为视野好、便于交流。此时应优先往后座让，如果坚持，则应尊重其本人的选择。

正式场合下，乘坐双排五座轿车时，其座次排列基本分以下两种情形：由主人开车时，通常以副驾驶座为上座，其他位置座次由尊及卑依次是后排右座、后排左座、后排中座；由司机开车时，一般以后排右座为上座，然后是后排左座、后排中座、前排副驾驶座。

3．乘坐四排座或四排座以上的中型或大型轿车时，通常应以距离前门的远近来确定座次，离前门越近，座次越高；而在各排座位之上，则又讲究“右高左低”，简单可以归纳为：由前而后，自右而左。

（三）乘坐电梯

在乘坐电梯时，如果电梯有人操纵，则让客人先上，下时也请客人先下。如需礼宾工作人员来控制电梯，则工作人员应先上，防止自动关门夹人。需要引导时，也可先下。如果电梯人多，不要刻意分开众人让身份高的人先下，可以顺其自然，有时慢即是快，流畅就是高效。在电梯里应避免背对外宾挡在前面，也不要人挨人面对而站。

（四）怎样走楼梯

上下楼梯均应单行行走，如果楼梯较宽，并排行走最多不要超过两人。要靠右侧行走，左侧是留给有急事的人超越、通过的。如是陪同或引导尊长、女士、客人上下楼梯，出于安全的需要，上楼时应走在前边，下楼时则要走在他们的后边，万一发生趔趄，可以及时相扶。上下楼梯时，要注意姿势和速度，与前后人之间保持一定距离。

（五）乘机乘船

有关这方面的注意事项，在本书第十四章中细述。

四、宗教礼节

世界各国人民都有自己的宗教信仰，宗教信仰自由是各民族自主的选择，也是一种传统习惯和民族文化，应予以尊重。同时也要对其有所了解，这样在相互的交往过程中才不致出现文化的误解甚至冲突。世界各民族要和平共处，彼此融洽交流，实现共同进步。

对不同的宗教活动情况有不同的重点关注问题。

（一）基督教、天主教、东正教

1．欧美国家信仰基督教或天主教的往往占总人口的绝大多数。前苏联和东欧一些国家信仰的东正教，是基督教的一个派别，与天主教、基督新教并立为基督教三大派别。基督新教在中国常被称为基督教。尽管历史上由于各种原因对教义有分歧而分道扬镳各成一体，在教堂建筑、布道传教、宗教仪式等具体做法上也不尽一致，但它们都是相信耶稣基督为救主的一神论宗教。

在欧美历史上，特别是封建社会时期，长期的宗教主统天下，政教合一的政治体制使宗教势力的影响深深地根植于社会各个层次和每一个角落，至今在欧洲大陆还随处可见规模宏大、气势壮观、精雕细凿、精美绝伦的教堂建筑，如梵蒂冈的圣彼得大教堂、德国科隆大教堂、法国斯特拉斯堡大教堂、奥地利维也纳的斯特凡大教堂、莫斯科红场的洋葱头大教堂，等等。

所以，由于基督教、天主教和东正教历史上的恩怨瓜葛，作为外人宜取超脱之势，不要介入其具体的争执与分歧，比如对教义、教礼等进行评判、发表意见。

2．感恩祷告

每到一处，我们都要注意入乡随俗，又要客随主便，尊重主人的文化和生活习惯。比如，应邀到欧美家庭做客，用餐时要做感恩祷告。尽管你可能是一个无神论者，或者你是一个坚定的共产主义战士，但这时建议暂时遵从一下主人的习惯。

感恩祷告一般是在家庭晚餐前，因为这时全家人都会聚到一起。之所以要做饭前感恩祷告，理由有许多，主要是为所用饭食而感谢上帝，感谢上帝让所有人聚到了一起，感谢上帝给了每个人平安、健康，等等。这种祷告可用任何语言进行，可用任何方式表达，没有固定的格式。较常见的都是坐在自己的位置上，由主人领祷，个别场合也有起立的。如果其他人起立，则亦应一同起立，总之要与他人保持一致。如果你不信仰宗教，或不知道如何附和祷告，只要目光向下，双手合十，或双目微合，手掌抚胸，口中默念即可。感恩祷告时间不会太长，主人把要说的说完就可以了。

3．周末礼拜

有时信教的朋友也会从让你了解宗教文化这个角度请你参观教堂、介绍教友或参加礼拜活动。如果有时间有兴趣，不妨体会一下。

既然是礼拜，当然就是星期天。中国人所说的“礼拜天”即源于此。

去参观或参加礼拜，也要适当做点准备，如着装打扮，主要做到整洁庄重即可。所谓整洁就是无论外衣还是内衣都要整齐洁净，不能穿带有污垢的脏衣服进教堂；庄重就是不能太随意，男士系好衣服扣，不能敞胸露怀。如果穿西装就要穿衬衣、西裤、皮鞋，打领带，不宜穿球鞋、布鞋、上衣口袋插钢笔等。女士的服装款式多种多样，可随意，但以端庄典雅为宜，忌花哨。超短裙和太短的短裤是绝对不宜的。梵蒂冈圣彼得大教堂规定，穿短裤的根本不允许入内，必须要改成长裤或围上长围裙才行。首饰要适度，妆要清淡。无论男女，都不可穿拖鞋进教堂。

戴帽子的进教堂时要脱帽，围头巾的要摘下头巾。教堂里要求保持肃穆、安静。到教堂去既然是参观、了解，应跟着礼拜的程序走，保持教堂内的安静与秩序。在长椅上找个位置坐下后，就不要左顾右盼，更不可脱鞋“放风”，应端正安静地坐着目视前方，不要交头接耳、闲话家常，如果有重要的事非说不可，要尽量压低声音或附耳小声说话，对方能听见即可。如遇熟人只需用目光、点头或微笑等方式致意。

在欧美对小患小病还是非常在意的，如果患了感冒，就应自觉在家或宾馆休息，不要出去参加社交活动，以免传染他人，也不要去教堂或其他人多的公共场所。如果忍不住要打喷嚏或咳嗽，一定要用手帕捂住口鼻，防止唾沫散到空气中，使声音尽量减小，不影响别人。至于吐痰要用纸接住，之后再扔到垃圾箱里。

礼拜结束或需要提前退场时，不要在过道或门口停留，如几个人聚在一起聊天，要注意秩序，不要影响他人。

（二）与佛教人士接触

到印度、尼泊尔及东南亚一些佛教国家访问，经常会接触到佛教界人士，有时也可能进入寺庙参观访问。进入这些宗教场所主要应遵守我们日常生活中的常规，并适当对其文化习惯有所了解，不要因为无知而冒犯。

有的国家佛门僧尼行互跪礼和长跪礼，两者的跪礼又有所不同。男僧行互跪礼，女尼行长跪礼。

互跪礼两腿轮换跪于地。《释门归敬仪》的表述是："互跪者，左右两膝交互跪地，经中以行事经久，苦弊集身，左右两膝，交互而跪。此礼行于僧人。"

长跪礼则是两膝同时久跪于地。《释门归敬仪》的解释是："两膝其一着地，两胫翘空，两足指拄地，挺身"。此礼行于女尼。

僧尼的跪礼之所以不同，主要是因为"僧是丈夫，刚于事立，故制互跪；尼是文弱，翘苦易劳，故令长跪"。

在大部分情况下，与僧尼相见不进行身体接触，只需相互致意即可，如以掌贴捂胸口，身体微倾，以示敬意。而不必一定握手，更不必相拥、贴面。

（三）进清真寺

伊斯兰教是一个教义教规相对比较严格的宗教，其最典型的宗教场所是清真寺，敬奉真主安拉，所有信教的人都是穆斯林兄弟。

清真寺是穆斯林举行宗教仪式、传播宗教文化的地方，也是他们做礼拜的场所，被视为通向天堂的桥梁。进入清真寺应注意下列事项：

与去其他宗教场所一样，进入清真寺要注意衣着端正、洁净，不可露“羞体”，不能袒胸露臂，不得穿短于膝盖的短裤，女子不可穿短裙，或穿透明半透明的和紧身的衣服。不能抽烟，不能高声喧哗。

穆斯林进入清真寺礼拜大殿要脱鞋。一般情况下非穆斯林不要进入礼拜大殿。进入清真寺时对众人互道“色兰”以致意。入大殿后要先礼两番拜。伊斯兰教义上说：“入殿后不要急于坐下，应先礼两番拜。”在大殿内是不可兜售或购物的，也不可以携带利刃进寺；不能在大殿内找遗失物；不可吆喝也不能高声；不能谈论与敬主无关的话题，更严禁争吵。伊斯兰教义说：“人们在清真寺内口若悬河大肆吵闹，离末日就不远了！”不可跨越他人肩膀，不可从叩头者的脖子上跨过；不要在礼拜者面前走动；礼拜时不抢占位子，排队时不拥挤他人。绝对不可携带非清真食品，不要在礼拜殿里吃喝睡觉，斋月中静坐除外。寺内禁止带入任何污秽物，禁止神志不清者入内。无大净者和女子月经期或分娩后身体不洁者不可进入礼拜殿，也不能把吃奶的婴儿抱入清真寺，因为婴儿排泄无控，有碍圣地清洁卫生。

五、在餐馆用餐

（一）在餐馆饭店用餐

在西方，在餐馆就餐所遇到的第一个问题是，每人选点自己的饭菜，因而从一开始就要清楚自己喜欢哪样饭菜、想吃什么。如果菜单是用外文印制，在点菜之前应向人请教，或问问服务生甚至请他推荐都是可以的。

这里还要注意一个问题，就是你是请客还是吃请。如果你做东，则不必过多考虑其他；如果是人家请你，那还是要注意点的量要适中，不必不好意思点，但点了最好吃光，不要剩下。

点酒在西餐中也是非常深的一门学问，本书第四章第五节已详尽介绍。如果实在没有更好的选择，那就来一个中庸之道，作为一般的原则，可以为点鱼的客人选用一瓶干白葡萄酒，而为选用肉食的客人点瓶红酒。也不要从酒单上专选价格最低的或价格最高的，可以选倒数第三的酒，很多人点价格第二便宜的酒，那往往不是好酒。

在西方餐馆喝酒，最好慢饮细品，如果像喝啤酒或白酒那样，一口一杯便有失体统。西方人不贪杯。要知道饮酒的乐趣部分来自酒的芬芳，部分来自酒的香醇，部分来自喝的环境和享受，只有一小部分来自其中的酒精。酒是改善气氛的。如果不喜欢酒，不必多饮。

如在用餐间需要接电话，接听前应向在场宾客表示歉意。当然，关闭手机是上上策，除非你有重要的急事等待处理。

（二）在俱乐部用餐

在美国、英国、澳大利亚以及其他受这些国家影响的地区，如香港和新加坡，有很多以俱乐部形式出现的餐饮、聚会场所。

夜总会(night club)这种真正的俱乐部基本可以分为两类，一种是社交俱乐部，还有一种是健身俱乐部。社交俱乐部设有餐厅、一个或两个酒吧，也有图书室，有时还为会员提供卧室。健身俱乐部顾名思义便知是专门进行某一体育活动的地方，也都有餐厅和酒吧。

像在香港，香港俱乐部及中国俱乐部都是社交俱乐部，赛马俱乐部、足球俱乐部及高尔夫球俱乐部等则属于健身俱乐部。在纽约商业区的健身俱乐部虽然是以健身为目的，但它经常被纽约航运界人士当做社交俱乐部来用。

俱乐部本身是私人聚会的地方，只有其成员及其宾客才可以进入。大多数俱乐部规定，不得携带公务文件入内，也禁止使用移动电话。对着装俱乐部也有严格规定，许多地方不准穿牛仔服进入。

到俱乐部用餐的礼仪，与在其他餐馆相差无几，但在俱乐部用餐，客人不提付账的事，因为只有主人才能付账。

六、西餐如何点菜

（一）中西餐的区别

西餐和中餐的最大区别在于西餐强调的是个人的独自的，而中餐则是一种集体的共同分享。因此，到中餐馆点菜，可以根据人数从道数、菜品、荤素搭配等诸多方面综合考虑，各点一样。但到西餐馆则不然，不能也一样点一个，而必须以每个人为单位来点。如果不知道西餐的内容和上菜次序的话，往往吃不到理想的饭菜，甚至会闹出不少笑话。

（二）西餐的顺序

根据西餐的菜单可知西餐上菜的顺序，不妨拿来做点菜的参考。

1．头盘

也称为开胃品，一般有冷盘和热头盘之分，常见的品种有鱼子酱、鹅肝酱、熏三文鱼、鸡尾杯、奶油鸡酥盒、黄油烤蜗牛等。

2．汤

大致可分为清汤、奶油汤、蔬菜汤和冷汤四类。品种有牛尾清汤、奶油蘑菇汤、海鲜汤、美式蛤蜊汤、意式蔬菜汤、俄式罗宋汤、法式葱头汤、鸡丝面条汤、牛肚汤等。

3．副菜

通常把水产类菜肴和蛋类、面包类、酥盒等菜肴称为副菜。西餐吃鱼类菜肴讲究使用专用的调味汁，品种有鞑靼汁、荷兰汁、酒店汁、白奶油汁、大主教汁、美国汁和水手鱼汁等。

4．主食

肉、禽类菜肴是主食。其中最有代表性的是牛肉或牛排，肉类菜肴配用的调味汁主要有西班牙汁、浓烧汁精、蘑菇汁、浓煎橙汁等。禽类菜肴的原料取自鸡、鸭、鹅，但最多的是鸡肉，可煮、炸、烤、烧，主要的调味汁有咖喱汁、奶油汁等。

5．配食

每道主食都要配上副食才成为一道主食，如煮米饭、土豆泥、炸土豆条、土豆球、烤土豆、煮土豆、煎土豆饼、水煮馒头片、煮面条、空心粉等。

6．蔬菜类菜肴

有时安排在肉类菜肴之后，也可以与肉类同时上桌，蔬菜类菜肴在西餐中称为沙拉。与主菜同时搭配的沙拉，称为生蔬菜沙拉，一般用生菜、番茄、黄瓜、芦笋等制作。还有一类是用鱼、肉、蛋类制作，一般不加味汁。

7．甜品

西餐的甜品是主菜后食用的，可以算作第六道菜。从真正意义上讲，它包括所有主菜后的食物，如布丁、薄煎饼裹冰激凌、冰激凌、奶酪、水果等。

8．咖啡、茶

欧洲人无论是上咖啡或者是端茶上来时，都会配上牛奶和糖或糖精。是喝原汁的苦咖啡，还是加糖和牛奶，客人完全可以根据自己的口味而定，自由选取。

汤、前菜、主菜（鱼或肉择其一）加甜点是比较恰当的组合，吃下来基本也够饱了。所以点菜并不是一定要从前菜开始，每一项里边都要一道，主要还是看自己喜欢什么想吃什么。没有必要全部都点，点太多吃不完也是失礼或浪费。一般西方餐厅都完全尊重客人自己的选择，甚至欢迎只点一道前菜的客人。

七、打高尔夫球要注意的礼节

随着人们生活水平的提高，对健康和高品质生活的重视程度越来越高，体育运动在社会交往活动中发挥的作用日益加大，成为大家喜闻乐见的一种重要的社交形式和手段。

我们在开展对外活动时，经常碰到这样一种现象，你请他吃饭，再高档再有名的地方，对方总会以种种理由推辞，但要是约他打球，特别是他熟悉而喜欢的，如高尔夫，则很可能当场就敲定时间地点。早在2000年前后，就经常听说在缅甸、泰国等一些东南亚国家，很多外交事项都是在绿茵场上进行、完成的。甚至经常还能听到“在办公室聊GOLF，在GOLF球场谈工作”一说，可见这项体育运动的魅力，也说明了它在人们心目中的地位和在工作生活中的作用。

无论约请对方从事何种体育活动，首先一定要注意对口，即使双方都共同爱好并能玩得起来的，即使自己不擅长，也应该另请一名技艺相当的助手，必要时助助兴，增加一点乐趣。虽说醉翁之意不在酒，但参与者完全不在一个档次上也是非常令人乏味的。

同时也要注意，请人休闲玩球，重在一起放松和交流，不在输赢，真正掌握好“友谊第一，比赛第二”的原则。既要控制好竞技的趣味性，又要掌

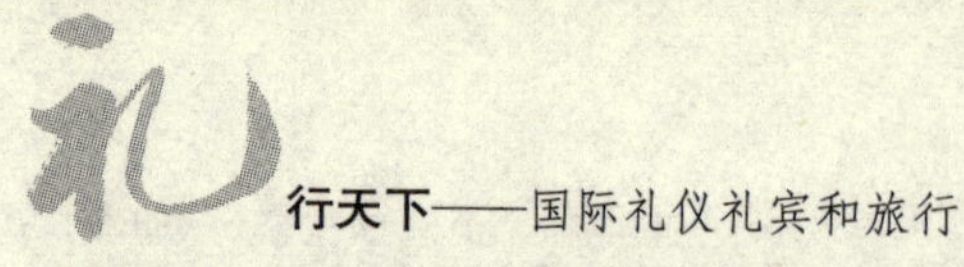

握好输赢的乐趣；既不要太认真、太计较输赢，也不能完全无所谓；既不能让对手输得一塌糊涂，也不能故意让球一局不赢。比较好的处理办法是：开始的时候要尽力去打，尽量放松自然地去争取打好每一场每一局，表现出自己的最佳风范来。但要学会审时度势，如果自己技术明显胜人一筹，那就要控制发挥，适当鼓励对方表现得更加出色一些，在总体上做到自己稍稍落后或领先一点为最佳。

既然把打球或体育运动作为一种交际交往的手段，那竞技不过是一种方式和平台，不要完全投入竞技，更要适当注意交流，控制好节奏，达到既要放松心情、陶冶情操，又要增进友谊、加深了解的目的。

不管进行何种体育运动，一些基本的社交礼仪还是要讲究的。比如，打高尔夫球是西方国家乃至当今世界普遍认为最高雅、最绅士的有氧有阳光的绿色草坪休闲运动，因此它对礼仪等一些小节上的要求也相对更细腻一些。以下就以此为例，提出一些需要注意的地方。

1．准时到场

遵守时间是打高尔夫球最起码的要求之一。一般都应该提前半个小时，最少也得15分钟。假如订的发球时间是9点钟，那么最起码8：40应该到达球场，做好各种准备，包括办理相关的球场手续、更换衣物鞋帽、做一些准备练习，8：55分之前应该已经站在第一洞的发球区了。会打球的人都知道，高尔夫球规则中，对于迟到的处罚是取消比赛资格。

2．切忌急躁冒进

规则是教训的总结和错误的有效防范措施，遵守规则按规矩办事，从来都是受欢迎的。稍稍犯点规打打擦边球可以理解，有点急脾气也没关系——前提是没有威胁到他人的安全。如果前面一组的人打球速度较慢，最好通过球场工作人员去进行交涉，请其加快速度，或者让后面的组先行通过。千万不能意气用事，宁可停下等一会儿，也不要赌气，在别人还没有走出你的击球范围时就挥杆打球。万一打到人，后果不堪设想。本来是为轻松愉快而来的，引出一些意外的事端坏了雅兴，不值得。

3．避免速度过慢

高尔夫是室外绿茵场上的高雅活动，所以一定既要充分享受阳光、空气、绿色，又要适当兼顾球艺。控制好速度，以大家舒适的节奏挥杆谈笑前行，永远是最受欢迎的。既不要赶场、匆匆忙忙地为挥杆而挥杆，但也不能

太慢条斯理、走路优哉游哉、击球比画半天或聊天太多，如果影响到后组的人则更是不妥。一般来讲，不论球技好坏，“快走慢打”是大家普遍认同的准则。

4．不要破坏草地

真正会打高尔夫的人都会特别爱护绿草，每挥一杆都努力注意尽量不要伤及小草。特别是在练习挥杆时，一定要真的做到“空挥”，不伤及草皮，在发球区的时候更是如此。有些球员练习时每次打球都要挥上三四次，次次都要刮下一块草皮，对球场造成很大的伤害。还有的人打球失误，便大发雷霆，甚至拿球杆打球洞，把杆都打折了。这些都是非常有失风度的。

5．着装要得体

打高尔夫不一定要求行头多么昂贵，但一定要符合打球的要求，整洁、得体是最起码的要求。男士一般穿有领有袖的Polo shirt较多，或休闲长裤，偶尔在非正式比赛场合也可以穿短裤，但一定不要穿牛仔裤和紧口运动裤或运动短裤，也一定不要穿着西装衬衣下场打球。对女士的着装要求相对宽松一些，甚至可以时装化一些，上衣无袖也行，但一定要有领子，不过不能穿太短的短裤或超短裙，尤其不要穿吊带衫或连衣裙，毕竟球场不是走秀场，过于暴露有伤大雅，也容易被晒伤。

6．要了解球规和礼仪

高尔夫是高雅的运动，但不主张附庸风雅。就像开车上路必须先得学好交规一样，打高尔夫球也应熟悉基本规则和礼仪规范。诸如干扰他人打球、踩踏他人的推击路线、不遵守远者先打的规则等，就会招人厌烦也比较丢份儿。不懂的话宁可多请教，多留心观察，看看别人是怎么处理的。

7．不要过于喧哗

有些人在球场喜欢大呼小叫，动静非常大，打好了欢呼雀跃，打坏了骂骂咧咧，这些都是不上档次的表现。在球场上打电话，一定要确认没有影响别人打球，最好把电话铃声调到振动。如果在同伴击球时，你有一个电话必须接听，之后应该表示歉意。

8．不要打N个球

与同伴休闲打球，偶有失误，再多打一球作为练习一般也没什么大碍，但是千万不要太过认真，打坏一个再打一个，没完没了。一方面毕竟这不是打练习场，另一方面不要让人以为你是想花一场球的钱打N场球。

9．不能违规作弊

无论日常生活，还是在平时的工作中，任何时候都要讲究诚信，体育比赛如此，打高尔夫更是如此。自律，慎独，是每个高尔夫球员所必须具备的基本品质。不仅要输得起，更要赢得起，一个守规矩的球员比一个打球高手更受人尊敬。在球场上的任何作弊行为都是对他人的不公平和不尊重。任何不诚实的行为都会被人发现并不齿的。

10．不能迁怒球童

有些球员可能平时在单位指手画脚惯了，到球场也放不下架子，对球友尚好，对其他人恐怕就不以为然了，比如对待球童。这些人以为付几块小费球童就理应成为自己的奴仆，便颐指气使，吆五喝六，打坏了球更是拿球童撒气，甚至动粗。这种行为从侧面折射出一个人的品质和修养。其实球童是球员的助手和伙伴，通常在打球过程中还是唯一一个可以按规则提供帮助的人，应当努力与之建立良好的关系才对。

第十四章 出国旅行常识

一、护照

护照是一个主权国家发给本国公民出入本国和相关国家用于国际旅行的身份证件。根据各国实际做法，目前国际上相当于护照的证件有许多种，比如，护照、国际旅行证、海员证、机组人员证、难民证、无国籍证等，形式不一，但国际上都予承认、可以通行并以此证实持照人身份。

要进行国际旅行必须持有护照或其他具有相同功能的证件，以便有关当局检验。为体现国家主权、实施有效边境管理，任何一个国家都不会允许没有护照也即没有身份的人进入本国国境。只有得到一国政府的入境许可，在护照上给予签注方得入境。因此，各国对护照的检验规定比较严格，防止护照过期、失效、损毁甚至持伪照或假照进入本国国境。此外，随着国际交流的日益密切及科技的发展，各种国际犯罪包括偷渡现象泛滥，伪造的证照以假乱真，为此各国护照的防伪技术也日臻完善，指纹、眼角虹膜等高新生物技术逐渐被用于护照管理。

（一）护照种类

国际上护照的种类根据其性质和发放对象的不同基本可以分为几大类：外交护照（Diplomatic passport）、特殊护照（Special passport）或官员护照（Official passport）公民普通护照（Passport）。我国的护照与此基本相同，分为外交护照、公务护照和普通护照。公务护照又分为公务护照和因公普通护照。外交护照主要发给副部级以上官员和外交人员。公务护照和因公普通护照主要根据不同任务性质和职级发给因公出国从事访问、商务洽谈、工作、学习的公务人员。普通护照也称公民或私人护照，主要发给因私人事务出境的公民，如到外国定居、探亲、学习、就业、旅行、从事商务活动等的人员。

在国内，因公出国人员的护照，外交护照由外交部签发，公务护照由外交部和经外交部授权的省市外事办公室等机关办理。因私出国人员的护照，由公安部出入境事务管理局及其他授权的有关机关办理。在境外，各类证照均由我国驻外使领馆统一办理。

（二）护照办理

中国公民申请办理普通护照，需要提供本人居民身份证、户口簿等文件，并如实填写护照申请表格，提供必要的信息。由于制作护照的技术需要，现在照片都由发证机关直接现场拍摄，因此都要求申请人本人到场。

拿到护照后，一定要仔细核对护照信息，如持照人的姓名、性别、出生日期、出生地，护照的签发日期、有效期、签发地点和签发机关等，包括英文。检查无误的，要在护照签字栏上亲笔签名，用平时常用的签名，要与签署其他文件一致。

护照是国家颁发的用以证明持照人身份的官方证件，具有权威性和严肃性，因此任何人不得涂改，擅自随意的涂改都将造成对真实性的破坏而导致作废。必须妥善保管，严防污损、遗失，否则都将给自己的出行带来不便。

以前，护照签证页用完或有效期将满时，可以加页、延期，有些信息发生变动也可以加注。但近年随着社会的发展、科技水平的提高，国际通行的做法是不再在原照上进行加页或延期、加注等，而采取直接换发新护照的办法。

由于护照是国际旅行的身份证件，因此，要顺利办妥出国所需手续和完成旅行，时时都会用到护照。如行前要持有效护照到往访国驻华使领馆申请签证，有时购买国际航班机票时也会要求提供姓名和护照号码等信息，在国外旅行途中，无论是住宿，还是租用车辆、办理居留手续、学习注册、申办银行卡，或应付警察检查，等等，都会用到护照。

（三）护照有效期

按照我国现行法规，普通护照的有效期为：持照人如系未满十六周岁的为五年，十六周岁以上的为十年。

（四）护照的遗损、换发和补办

有时在旅行途中，会由于各种原因带来一些意外，造成护照的损毁、被盗、遗失等。在国外如遇护照遗失，则首先应报警，并请警方出具证明。同时尽快报告当地中国使领馆，最好能提供护照上带有照片、姓名、出生年月日和出生地点、护照号码、发照机关和时间地点的资料页复印件，填写补办申请表、登报声明作废，经国内发证机关核实后，由驻外使领馆换发新照。

如在国内因遗损或到期而需换发，则到户口所在地公安机关出入境管理处按规定重新申办。

附件：《中华人民共和国护照法》

中华人民共和国护照法

(2006年4月29日第十届全国人民代表大会常务委员会第二十一次会议通过)

第一条　为了规范中华人民共和国护照的申请、签发和管理，保障中华人民共和国公民出入中华人民共和国国境的权益，促进对外交往，制定本法。

第二条　中华人民共和国护照是中华人民共和国公民出入国境和在国外证明国籍和身份的证件。

任何组织或者个人不得伪造、变造、转让、故意损毁或者非法扣押护照。

第三条　护照分为普通护照、外交护照和公务护照。

护照由外交部通过外交途径向外国政府推介。

第四条　普通护照由公安部出入境管理机构或者公安部委托的县级以上地方人民政府公安机关出入境管理机构以及中华人民共和国驻外使馆、领馆和外交部委托的其他驻外机构签发。

外交护照由外交部签发。

公务护照由外交部、中华人民共和国驻外使馆、领馆或者外交部委托的其他驻外机构以及外交部委托的省、自治区、直辖市和设区的市人民政府外事部门签发。

第五条　公民因前往外国定居、探亲、学习、就业、旅行、从事商务活动等非公务原因出国的，由本人向户籍所在地的县级以上地方人民政府公安机关出入境管理机构申请普通护照。

第六条　公民申请普通护照，应当提交本人的居民身份证、户口簿、近期免冠照片以及申请事由的相关材料。国家工作人员因本法第五条规定的原因出境申请普通护照的，还应当按照国家有关规定提交相关证明文件。

公安机关出入境管理机构应当自收到申请材料之日起十五日内签发普通护照；对不符合规定不予签发的，应当书面说明理由，并告知申请人享有依法申请行政复议或者提起行政诉讼的权利。

在偏远地区或者交通不便的地区或者因特殊情况，不能按期签发护照的，经护照签发机关负责人批准，签发时间可以延长至三十日。

公民因合理紧急事由请求加急办理的，公安机关出入境管理机构应当及时办理。

第七条 普通护照的登记项目包括：护照持有人的姓名、性别、出生日期、出生地，护照的签发日期、有效期、签发地点和签发机关。

普通护照的有效期为：护照持有人未满十六周岁的五年，十六周岁以上的十年。

普通护照的具体签发办法，由公安部规定。

第八条 外交官员、领事官员及其随行配偶、未成年子女和外交信使持用外交护照。

在中华人民共和国驻外使馆、领馆或者联合国、联合国专门机构以及其他政府间国际组织中工作的中国政府派出的职员及其随行配偶、未成年子女持用公务护照。

前两款规定之外的公民出国执行公务的，由其工作单位依照本法第四条第二款、第三款的规定向外交部门提出申请，由外交部门根据需要签发外交护照或者公务护照。

第九条 外交护照、公务护照的登记项目包括：护照持有人的姓名、性别、出生日期、出生地，护照的签发日期、有效期和签发机关。

外交护照、公务护照的签发范围、签发办法、有效期以及公务护照的具体类别，由外交部规定。

第十条 护照持有人所持护照的登记事项发生变更时，应当持相关证明材料，向护照签发机关申请护照变更加注。

第十一条 有下列情形之一的，护照持有人可以按照规定申请换发或者补发护照：

（一）护照有效期即将届满的；

（二）护照签证页即将使用完毕的；

（三）护照损毁不能使用的；

（四）护照遗失或者被盗的；

（五）有正当理由需要换发或者补发护照的其他情形。

护照持有人申请换发或者补发普通护照，在国内，由本人向户籍所在地的县级以上地方人民政府公安机关出入境管理机构提出；在国外，由本人向中华人民共和国驻外使馆、领馆或者外交部委托的其他驻外机构提出。定居国外的中国公民回国后申请换发或者补发普通护照的，由本人向暂住地的县级以上地方人民政府公安机关出入境管理机构提出。

外交护照、公务护照的换发或者补发，按照外交部的有关规定办理。

第十二条 护照具备视读与机读两种功能。

护照的防伪性能参照国际技术标准制定。

护照签发机关及其工作人员对因制作、签发护照而知悉的公民个人信息，应当予以保密。

第十三条 申请人有下列情形之一的，护照签发机关不予签发护照：

（一）不具有中华人民共和国国籍的；

（二）无法证明身份的；

（三）在申请过程中弄虚作假的；

（四）被判处刑罚正在服刑的；

（五）人民法院通知有未了结的民事案件不能出境的；

（六）属于刑事案件被告人或者犯罪嫌疑人的；

（七）国务院有关主管部门认为出境后将对国家安全造成危害或者对国家利益造成重大损失的。

第十四条　申请人有下列情形之一的，护照签发机关自其刑罚执行完毕或者被遣返回国之日起六个月至三年以内不予签发护照：

（一）因妨害国（边）境管理受到刑事处罚的；

（二）因非法出境、非法居留、非法就业被遣返回国的。

第十五条　人民法院、人民检察院、公安机关、国家安全机关、行政监察机关因办理案件需要，可以依法扣押案件当事人的护照。

案件当事人拒不交出护照的，前款规定的国家机关可以提请护照签发机关宣布案件当事人的护照作废。

第十六条　护照持有人丧失中华人民共和国国籍，或者护照遗失、被盗等情形，由护照签发机关宣布该护照作废。

伪造、变造、骗取或者被签发机关宣布作废的护照无效。

第十七条　弄虚作假骗取护照的，由护照签发机关收缴护照或者宣布护照作废；由公安机关处二千元以上五千元以下罚款；构成犯罪的，依法追究刑事责任。

第十八条　为他人提供伪造、变造的护照，或者出售护照的，依法追究刑事责任；尚不够刑事处罚的，由公安机关没收违法所得，处十日以上十五日以下拘留，并处二千元以上五千元以下罚款；非法护照及其印制设备由公安机关收缴。

第十九条　持用伪造或者变造的护照或者冒用他人护照出入国（边）境的，由公安机关依照出境入境管理的法律规定予以处罚；非法护照由公安机关收缴。

第二十条　护照签发机关工作人员在办理护照过程中有下列行为之一的，依法给予行政处分；构成犯罪的，依法追究刑事责任：

（一）应当受理而不予受理的；

（二）无正当理由不在法定期限内签发的；

（三）超出国家规定标准收取费用的；

（四）向申请人索取或者收受贿赂的；

（五）泄露因制作、签发护照而知悉的公民个人信息，侵害公民合法权益的；

（六）滥用职权、玩忽职守、徇私舞弊的其他行为。

第二十一条　普通护照由公安部规定式样并监制；外交护照、公务护照由外交部规定式样并监制。

第二十二条　护照签发机关可以收取护照的工本费、加注费。收取的工本费和加注费上缴国库。

护照工本费和加注费的标准由国务院价格行政部门会同国务院财政部门规定、公布。

第二十三条　短期出国的公民在国外发生护照遗失、被盗或者损毁不能使用等情形，应当向中华人民共和国驻外使馆、领馆或者外交部委托的其他驻外机构申请中华人民共和国旅行证。

第二十四条　公民从事边境贸易、边境旅游服务或者参加边境旅游等情形，可以向公安部委托的县级以上地方人民政府公安机关出入境管理机构申请中华人民共和国出入境通行证。

第二十五条　公民以海员身份出入国境和在国外船舶上从事工作的，应当向交通部委托的海事管理机构申请中华人民共和国海员证。

第二十六条　本法自2007年1月1日起施行。本法施行前签发的护照在有效期内继续有效。

二、签证

签证是一个主权国家官方机构对外国公民出入本国国境、在本国停留、居住的许可证明。

签证一般都做在护照或其他旅行证件上。在前往未建交国时，基于某些特殊的考虑和需要，采用另纸签证的做法，即在另一张签证纸上颁发签证，但必须与护照同时使用。

申办出国签证，护照有效期必须在6个月以上，少于6个月的使领馆可以拒绝将签证做在该护照上。

颁发签证是一个国家的主权。申请人可以提出签证申请，但并不意味着该国一定会同意颁发，即使颁发了也随时可以取消或废除，甚至到了边境入境口岸仍可拒绝获签人入境。申请签证时，申请人必须说明入境理由、入境时间、停留时间及行程细节，要有足够的费用，并让签证官相信申请者在访问结束之后会按期离境。如经济担保由居住在该国的亲属提供，申请人必须提供担保人的姓名、地址及联系电话等。申请人还可能被要求提供其父母姓名、访问对象及关系等情况。

所有签证申请表格，必须由申请人本人亲笔签字。如果下次还要申请该国签证，每次申请提供的信息必须一致、真实。如果前后抵触矛盾，会被认为是虚假信息，属于欺骗行为，而拒发签证。

（一）签证种类

签证的种类从性质上划分基本可以分为外交、公务和普通签证三大类；从具体的分类上又有入出境签证（entry）、过境签证(transit)；入境签证里又细分为：短期访问签证、商务签证、长期居留签证（residence permit)、工作签证、学习签证等；从入出境数次上又有一次（single entry）有效、二次有效(two entries)和多次有效签证(multi-entry)之分。签证的表现形式有传统的盖印签证、后来的贴纸签证和新型的无纸签证。作为签证的特殊形式，还有在一定集团范围内有效的，如申根签证和APEC商务旅行卡，等等。

（二）贴纸签证

随着科学技术的发展，出于防伪安全的需要，现在越来越多的国家开始采用贴纸签证，而不再用原来在护照签证页上盖章签字的形式。贴纸签证采用了一二十种防伪技术，除传统的水印、盲文、凹凸雕版印刷外，还逐步增用了申请人头像、防揭撕、金属线、色彩变幻、彩线、全息影像等诸多手段。

（三）无纸签证

现在，有的国家更推出了无纸签证，即申请人正常申请，但获批后往访国使领馆并不直接把签证做在护照上，而只是通知申请人已经将其护照信息等通过本国内部网络传送到各入出境口岸和航空公司，在批准的有效期内申请人可以直接前往而无须出示。如2009年7月1日开始，澳大利亚率先推出这一措施。这种做法的好处应该说是很多的，最大的好处就是从根本上防止了假签证，因为除了国家权威机构掌握有关信息，其他任何人无法触及伪造；同时，也节省了大量的财力物力。贴纸签证虽好，但科技手段用得越多，成本也必然越大。因此，干脆什么都不贴了，不仅环保低碳，节约了成本开支，连造假的参照物都没了，应该说是杜绝伪造最有效的途径之一。当然，任何事物有积极的一面肯定也有不足的地方，没了看得见摸得着的有形签证，每个获签人必须以自己的方式记清签证的有效期限，否则一旦忘却或记录不清，也会带来诸多不便；另外，当事国的出入境管理网络绝对不能有任何的闪失，否则会导致许多已获批准入境的到访者被堵在国门之外。

（四）签证的申办

要去一个国家，行前必须办妥该国的入境或过境签证。现在很多国家不特别严格区别入境签证和过境签证，只在停留期上适当限制，即以较短停留期的入境签证满足申请人的过境需要。

签证须向有关国家驻华使领馆申请。有些小国在我国没有使、领馆，有的就委托第三国使馆代办签证业务，如南亚小国不丹，就委托泰国、印度、孟加拉国驻华使馆代办其签证。也有直接办落地签证的，如印度洋岛国塞舌尔，这是一个以旅游和渔业为主的小国，在国外并没有设几个使馆，为满足吸引外国游客的需要，采取了相对宽松的签证政策，外国人可以先飞到该国，下飞机后直接办理入境签证，一般情况下不会拒签。此外，极个别国家也有采取聘用名誉领事的方式来执行本国的一些领事业务。

各国驻华使馆负责其在全中国的领事业务。由于工作和交往的需要，有的国家还在中国的一些主要城市设有总领馆或领馆等，如上海、广州、沈阳、重庆、成都、武汉、昆明等，负责领区内的签证申请等事宜。按领区划分原则，各领区内的签证申请都向驻该地的外国总领馆申办，特殊情况也可在北京驻华使馆办理。

各国的签证表格设计都不相同，但要求提供的信息基本一致，对申办签证照片的要求一般与护照照片要求一致，但也有少数国家会有不同要求。例如：

美国要求提供白色背景50×50mm彩色照片两张；

法国、英国要求提供白色背景35×45mm彩色照片两张；

德国要求提供32×36mm，并且照片上人物的面部必须居中，且左右面颊须清晰可见，人物头部轮廓完整的彩色照片两张；

沙特阿拉伯要求白色背景彩色照片两张，照片尺寸同护照照片；

墨西哥要求提供标准一寸彩色照片三张；

日本要求提供白色背景45×45mm彩色照片一张。

有些国家对签证申请还要求提供有关证明，如出访费用、健康证明、保险单、往返机票、在职证明、工资收入等。

因此在提出签证申请前最好事先了解清楚各方面的情况，有的使馆有网站，浏览查阅一下可省去许多不必要的麻烦。有些签证表格可以在其网站上下载，甚至直接在网上填写、提交。

（五）出国访问的邀请函

邀请函是申办出国签证的重要文件。邀请函可以是邀请人亲笔签名的信函原件，也可以是传真件或电子邮件发来的PDF文件，各国驻华使领馆要求不同。但邀请函必须包括以下主要内容：

1．邀请方。具有邀请资格的境外机构或人员。邀请函上要有邀请人单位的准确地址、电话、传真、电子邮件，以便核实。有的国家使领馆要求提供邀请函原件，传真须从本土发出。

2．人员单位。邀请函上一般须注明团组人数，以及所有团组成员姓名、性别、护照号码、出生日期（所有信息必须与被邀请人护照一致）、工作单位和职务。

3．访问目的及日程。要列明与邀请方有业务联系，明确访问目的，并有详细访问日程。

4．停留时间。说明拟在出访国家的具体停留时段和天数，如需多次入境请注明每次入、离境的具体时间。

5．费用来源。要注明出访费用由何方承担。如外方承担全部或部分费用应予注明，同时要在邀请函中说明被邀请人境外的保险事项等。

6．邀请函要有境外邀请单位的章或负责人签字、公司标识，要使用正规公文用纸。

邀请函是驻华使领馆签发签证的重要依据。被邀请方收到邀请函后，要认真核对邀请函的要素是否准确齐全。如发现问题，不要擅自改动，否则会引起驻华使领馆的误会，导致退回申请或拒签，同时会使邀请单位和签证申请单位的信誉受损。如需要修改，须请邀请方重新换发邀请函。

如参加国际会议，则必须有该会议组织出具的邀请信。

由于各国对于邀请函有不同要求，遇到特殊情况按具体要求办。

（六）签证有效期

签证有效期是指签发国准许签证持有者入境该国和从该国离境的时间期限。签证有效期一般不会超过护照的有效期。

一般申请签证，首先要根据自己的实际需要，决定在一定的时间段里需要申请一次入境还是两次甚至多次入境签证。如果明确一月、三月、半年或一年内要去某个国家两次或多次的，在填写申请表格时应直接申请两次或多次签证，并按要求注明是多长时间内，以便对方审发。否则，明知要去两次或多次的，只申请一次，则出境后还得再次申办。如果同一趟差旅中要去两次却只申请一次，则出境后无法再次申办。现在许多国家规定申请人只可在长期居住地申办，如系国内团组则只能在国内办妥再往，而无法在境外申请。

所以，拿到签证后首先必须要确认其有效入境次数是否满足需要，其次是要检查签证的有效期。

这里要注意的是，签证的有效期有两层意义：一是签证本身在多长时间内有效；二是持该签证可入境多少次、每次入境后可停留多长时间。两者不能混淆。

1．入境有效期签证：在规定期限内入境有效的签证，也可说是标明签证持有者入境该国最后截止日期的一种签证。如2009年6月20日签发的3个月有效期限的入境签证，签证持有者在2009年9月19日之前入境该国有效。澳大利亚、新西兰、日本、韩国、巴西、智利、阿根廷、秘鲁、南非、加拿大等国都签发此类签证。

2．停留有效期签证：指签发国在签证内容栏目中标明，某一段时间内允许签证持有者在该国停留天数的一种签证。如2009年6月20日至7月19日、停留时间为12天的签证，其规定最晚入境日期应为7月7日，否则停留天数将少于12天。丹麦、比利时、西班牙、希腊、卢森堡等国签发此类签证。

3．指定有效期签证：签证持有人抵离该国的具体日期和停留天数的一种签证。出国人员在指定日期内进入与离开该国有效。如2009年6月20日停留期限为11天的签证，是指定在当地时间6月20日以后入境，6月30日之前出境有效。入境的日期不能提前，也不能延后。德国、瑞士、芬兰等国签发此类签证。

4．多次入境有效签证：指在有效期内，不限制入境次数，只限制每次入境后停留天数的签证。如英国签发的多是半年多次入境有效签证，美国签发的多是一年多次入境有效签证，每次入境限制停留30天以内。

5．领取签证注意事项：注意检查核对签证内容。目前常用的签证主要有贴纸签证和印章签证两种形式。申请人拿到签证后应认真核对签证页内容，包括持证人姓名拼音、性别、签证种类、护照号、停留时间、入境次数、停留及入境有效期、使领馆印章和签证官签字等。

（七）签证延期

有些国家的签证可以延期或另发。由于情况的变化和实际需要，有时需要停留比预期更长的时间，此时必须在签证失效前到有关管理部门办理延期，否则逾期便属于非法滞留而触犯驻在国法律，要受到处罚，严重的要对其罚款、拘禁、限期离境或驱逐出境。

现在国际上比较普遍的做法是，签证延期等由内务部、公安部或移民部等主管单位负责，我国则由公安部出入境管理局负责。

按目前我国现行法规，我国驻外使领馆颁发给外国人的入境签证，原则上可以延期一次，延期签证的有效期不超过原签证有效期。

我国公民出境，一般找往访国内务部或移民局警方办理。

（八）互免签证协议

如果两国之间签有互免签证协议，则可按协议规定对相应种类的护照在规定期限内入境、停留予以免办签证的待遇。如1990年前我国与苏联东欧社会主义国家之间普遍签有互免签证协议，对外交、公务、因公普通护照入境停留不超过30天的可以免签直接进入，目前有关国家对原先的双边互免签证协议做了重大修改，有的甚至失效了。我国只与其中少数国家保持着互免签证这样的互惠关系。

（九）出境证明

从上世纪80年代末开始，我国改进了对本国公民出境的有关规定，不再执行出境签证手续，开始改为《因公出国（境）人员证明制度》，主要是对持外交、公务和因公普通护照的因公出国人员。即：如果所持护照上已经办妥前往国的入境或返程签证，则可以直接离（中国）境出国；如果因互免签证或可在国外办落地签证者，亦即护照上没有前往国签证的，则必须由派出单位有外事审批权的外事部门出具《因公出国（境）人员证明》。凭出境证明，我出境口岸边防检验有效护照后予以放行。

应该注意的是，具有出国（赴港澳）任务审批权的外事部门才有权开具出境证明。出境证明要注明团组成员名单、护照号码、所到国家等。办理出境手续时，应向边境检查人员出示《因公出国（境）人员证明》。例如越南、巴基斯坦、土耳其等国，均属此类情况。

附件：因公出国（境）人员证明

××××××（授权单位名称）

因公出国（境）人员证明存根

××出境　　　号

兹批准______同志等______人前往________执行公务。出国（赴港澳）任务批件：______中钢外出____________号出国（赴港澳）人员审查批件：_____中钢人审____________号

签发人：　　　　　　　20××年　月　日

（骑缝章）

证　明

××出境　　　号

各边防检查站：

兹证明_______等___人，前往________（国家/地区），请查验护照，准予出境。

（签证：互免、在境外办、免办）

本证明自签发之日起3个月内壹次出境有效。

20××年　月　日

（公章）

附：团组人员名单

姓名	护照号码	姓名	护照号码

注：出境时由边防检查站查验。

三、签证的特殊形式

（一）申根签证

1．申根协定及申根签证概念

1985年6月24日，法国、德国、荷兰、比利时和卢森堡五国在卢森堡边境小镇申根（Schengen）签订申根协定。该协定规定，其成员国对短期逗留者颁发统一格式的签证，即申根签证，申请人一旦获得某个国家的签证，便可在签证有效期和停留期内在所有申根成员国内自由旅行，但从第二国开始，需在3天内到当地有关部门申报。

申根协定还包含以下原则：

①申根协定国家应在人员流动方面，尤其是在签证方面采取统一的政策规定。

②申根协定国家决定颁发在申根区域内普遍有效的统一签证。

③允许一次或两次入境的短期旅行签证，其前提条件是逗留的天数总和在第一次入境后半年内不能超过3个月。

④申根签证：指申根（Schengen）协定成员国对非成员国短期逗留人员签发的一种统一格式的签证。出国人员一旦获得某个国家申根签证，便可按签证有效期和停留天数的要求，在所有申根协定成员国内自由通行。

申根协定成员国国别签证：指由某个申根协定成员国签发，只能出入该国，不能从其他申根协定国过境或进入该国的签证，比如，德国发出的“国别签证”，只能在德国一国停留，在其他申根协定国入境、过境均无效。

⑤根据申根协定的规定，持有任何一个申根协定成员国有效居留许可证的旅行者，3个月内无须签证可在申根区域内自由旅行。在申根区域外的旅行者，只要持有某申根国家有效的居留许可证和护照，无须办理签证即可前往该申根国家。超过90天的逗留，申请者应根据有关法律及其逗留目的申请

国别签证。

⑥统一的申根签证应由协定国家的外交和领事部门颁发。

⑦从原则上说，颁发某申根签证的国家应该是该签证持有者的主要目的地国家，或者是该签证持有者进入的第一个申根国家。

⑧旅行证件的有效期必须长于签证的有效期，该旅行证件必须保证申根国家以外的外国人能够顺利回到自己的国家或进入申根区域外的国家。

⑨每个国家都有权决定某人是否有权进入该国，或被拒绝入境，他国颁发的申根签证在另一申根国家使用时将得到限制，但该国必须将有关情况通报其他协议国家。

⑩1995年3月26日，申根协定首先在德国、法国、西班牙、葡萄牙、荷兰、比利时、卢森堡七国生效，七国开始实行申根签证；1997年年底，意大利、希腊、奥地利三国相继实施申根签证；自2001年3月25日起，芬兰、挪威、冰岛、瑞典、丹麦五国开始颁发申根签证。申根签证成员国至今已发展为15国，即德国、法国、西班牙、葡萄牙、荷兰、比利时、卢森堡、意大利、希腊、奥地利、芬兰、挪威、冰岛、瑞典、丹麦。到2007年年底，申根协定参与国的范围扩大到24国，瑞士及2004年加入欧盟的匈牙利、捷克、斯洛伐克、斯洛文尼亚、波兰、爱沙尼亚、拉脱维亚、立陶宛和马耳他9国也先后成为申根大家庭中的一员。

2．申根签证的种类

申根签证分为入境和过境两类。

①入境签证有一次入境和多次入境两种。签证持有者分别可一次连续停留90天或每半年多次累计不超过3个月。如需长期停留，可向某一成员国申请只在该国使用的国别签证。

②过境签证指过境前往协定国以外国家的签证，一般有一次、两次两种，特殊情况下可颁发多次过境签证。每次过境时间一般为3天，最长为5天。

3．申根签证申请的几种情况：

①只前往某一成员国，应申办该国的签证，即“国别签证”。“国别签证”只能入、出签发国有效，不能从别的申根国家过境而进入签发国，否则应申办“申根签证”。签证上的停留天数只在签证有效期内停留有效。

②过境一成员国或几个成员国前往另一成员国，应申办另一成员国（入境国）的签证。

③前往几个成员国，应申办主要访问成员国或停留时间最长的成员国的签证，无法确定主访国时，申请往访的第一个国家的签证。

④前往法国、荷兰、葡萄牙等国的海外领地或托管地者，仍应向所属国家申办签证；

⑤途经或访问多个申根国家需填写行程，即所访国家及路线详情和停留时间表，提供往访国家的邀请信；申请哪个国家的签证，就使用哪个国家的签证申请表，必要时受理国可要求提供附加材料。申根国家有时也发本国签证，这种签证只能前往该国，不能前往其他申根国家；签证上的停留天数只在签证有效期内停留有效。

⑥超过90天的长期签证仍由所在国自行审发，已持有一成员国长期居留证者，凭有效国际旅行证件无须办理签证，可自由进入任何成员国，其停留期不得超过3个月。

⑦只办一次入境有效的申根签证，只能在有效期内在申根国家区域内旅行，不能中途转机去非申根国家后又返回申根国家。

⑧申根协定对常驻外交、公务人员未作明确规定，由各国自行办理。

4．关于申根协定中正、灰和负名单

申根协定把申根成员国之外的国家分为正名单、灰名单和负名单三类：

①正名单是指所有申根成员国和其他免办签证的发达国家，共30个国家。

②灰名单是指一部分成员国要求、而另一部分成员国不要求签证的国

家，共20个国家，对灰名单国家是否要求申办签证由各成员国自定。

③负名单国家是指必须申办签证的国家，共130个，其中包括中国。

5．欧盟、欧元区和申根国列表

国名		欧盟	欧元区	申根国
Austria	奥地利	✓	✓	✓
Belgium	比利时	✓	✓	✓
Cyprus	塞浦路斯	✓	✓	—
Czech	捷克	✓	—	✓
Denmark	丹麦	✓	—	✓
Estonia	爱沙尼亚	✓	✓	✓
Finland	芬兰	✓	✓	✓
France	法国	✓	✓	✓
Germany	德国	✓	✓	✓
Greece	希腊	✓	✓	✓
Hungary	匈牙利	✓	—	✓
Iceland	冰岛	—	—	✓
Ireland	爱尔兰	✓	✓	—
Italy	意大利	✓	✓	✓
Latvia	拉脱维亚	✓	✓	✓
Lithuania	立陶宛	✓	—	✓
Luxembourg	卢森堡	✓	✓	✓
Malta	马耳他	✓	✓	✓
Netherlands	荷兰	✓	✓	✓
Norway	挪威	—	—	✓
Poland	波兰	✓	—	✓
Portugal	葡萄牙	✓	✓	✓
Slovakia	斯洛伐克	✓	—	✓
Slovenia	斯洛文尼亚	✓	✓	✓
Spain	西班牙	✓	✓	✓
Sweden	瑞典	✓	—	✓
UK	英国	✓	—	—
Switzerland	瑞士	—	—	✓
Romania	罗马尼亚	✓	—	—
Bulgaria	保加利亚	✓	—	—
注：以上内容截止到2008年1月1日。				

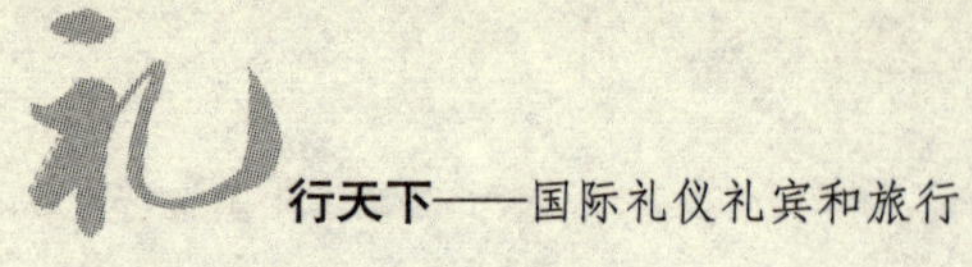

申根协定国取消了内部边界，极大方便了人员、货物、资金和服务在欧盟内部的自由流动。无论是不是欧盟成员国家的公民，无论来自哪个国家的外国人，只要在这些国家中的其中一个国家获得了合法居留和入境签证，就同时获得了申根国家自由通行的权利。因此受到欧盟大多数居民及许多外国游客的欢迎。

（二）APEC商务旅行卡

1．APEC商务旅行卡（APEC Business Travel Card）是由亚太工商理事会提议并实施，旨在APEC成员国范围内为往来于各成员国(或经济体)之间的商务人员核发的一种类似信用卡的旅行卡。持卡人可凭该卡及有效护照免办签证，直接进入经批准的国家从事合法的商务活动。该卡有效期3年，可多次出入，每次可停留3个月，并可在各主要机场享受快速通关的待遇。目前加入该旅行卡计划的有澳大利亚、新西兰、智利、韩国、马来西亚、菲律宾、中国香港、中国台北、日本、秘鲁、泰国、文莱、中国、印度尼西亚14个经济体。对大陆公民赴香港、台湾地区的，仍按现行办法处理，不适用APEC商务旅行卡。

2．申办APEC商务旅行卡

我国APEC商务旅行卡的使用刚处于起步阶段，许多方面尚在摸索和完善。目前，已在央企和一些经常需要往来APEC成员国进行商务合作的私企中推广使用。审发单位是外交部领事司。

3．需要提交的材料

①护照及护照复印件

申请人需提供《办理APEC商务旅行卡专用批件》或上级主管部门审批同意函，申请五年有效的相应种类护照。办卡时将查验护照正本并留存复印件，原护照退还申请人。

②《申办APEC商务旅行卡专用批件》或上级主管部门审批同意函及复

印件

③《申请APEC商务旅行卡专用事项表》

④《APEC商务旅行卡申请表》

为确保资料扫描时签名数据的完整性，要求申请人在规定的签名框内签署，签名字体本身距离最近的边框至少为2mm。

⑤与APEC相关经济体有密切贸易往来的证明文件

申请人以公函方式说明本单位与APEC有关经济体的贸易往来情况，无须提供原始证明材料。公函中须有本公司及国外分支机构简介、在APEC地区业务情况介绍及为申请人办卡的理由。

⑥如其他经济体需要申请人补充其他材料，按要求准备后补报。

四、黄皮书

黄皮书即健康证明和预防接种书，是有关国家为防止国际间某些传染病的传播感染，对本国公民出行或外国人入境作出的一些健康和接种等医疗卫生方面的要求。主要有种牛痘、打防霍乱和黄热、登革热、疟疾等的预防针。这些接种的有效期限是：牛痘自初种后八日，复种后当日起三年内有效。预防霍乱自接种后六日起，六个月内有效。预防黄热病自接种后十日起，十年内有效。

根据不同时期、不同地区和疫情的分布情况，各国对预防接种的要求也有所不同。如天花，目前在世界范围内已基本得到控制，因此很多国家已开始不要求必须接种牛痘了。有时某一地区发现霍乱，凡出入该地区的人必须注射防霍乱疫苗。特别是前往非洲地区，其南部、中部、北部和西南部地区要求接种的疫苗都各不相同，因此出国人员办理健康证明和接种手续前，需要作必要的了解。

五、交通工具及订票

（一）交通工具

飞机是出国旅行最常用的工具之一。有些地方也可乘坐国际列车和邮轮，个别情况下也有驾驶自己交通工具（汽车或轮船等）前往的。乘坐何种交通工具可以根据自己的实际情况作出合适的选择。

（二）订票

现代社会网络极为发达，网上查询相关信息也非常方便，国际航空订票处更是比比皆是。出国前，可根据实际情况选择方便、经济、合理的路线，预订好机票（车、船票）。购买机票，可以自行订购，也可到各航空公司、营业处购买，或者可通过旅行社代办，但一定要核准订票人的姓名拼音、出发地和目的地、飞机班次、日期、途经城市等重要信息。一般情况下可先预订，等拿到签证之后最后确定了行期再出票，以免造成不必要的损失。

（三）确认

如旅行人持联程（或往返）机票，即使购票时全程机座均已办妥确认，但因某些航空公司对联运衔接的时限规定不尽相同，如果搭乘续程（或回程）飞机的间隔时间超过其规定的时限，须在续程（或回程）地点提早办妥机座“再证实”（reconfirm）手续，否则就等于自动放弃已确认的机座，承运部门可以合法地将机座让予其他旅客。在实际生活中这一点往往被人们忽视。因此要特别注意了解有关机场及航空公司的规定，以免给旅行带来预想不到的周折和麻烦。

（四）电子机票

随着电子机票的广泛使用，纸质机票已逐渐退出历史舞台，现在国内许多航空公司只需把订票信息以短信方式发到乘机人手机，凭身份证便可在机场办理登机手续，不仅减少了许多周折，绿色环保，也大大节省了成本，提高了效率。但对于国际旅行，行前准备一份打印的机票信息仍不失为一种稳妥之举。

（五）行李

乘坐飞机，大部分航空公司规定每位旅客可免费托运行李20公斤，头等舱机票或特殊旅客可托运30公斤甚至更多，也有的航空公司规定每人可托运30公斤。行李超重部分要付超重费。当然，有时某些航空公司在客源不满的情况下，从提高竞争能力考虑，在对超重行李收费方面做法灵活，采取少收甚至不收的办法，但在机座满员情况下要求会比较严格。为保险起见，在准备行李时，以不超重为好。

除托运行李外，航空公司一般还会允许旅客随身携带一件手提行李，但对箱子的尺寸和限重都有不同的要求，而且也可能经常调整。比如，澳大利亚和加拿大所有机场的托运箱子单件重量不能超过32公斤，如超过32公斤，机场会拒绝托运。手提行李的大小一般不超过23cm × 34cm × 48cm，如带有笔记本电脑，须办理报关手续，可以不计算重量。

“9 · 11事件”之后，各国对航空旅客的安全检查采取了更严格的措施，许多物品在容量和数量上都有限制，甚至不允许随身携带，对此类信息旅客应及时了解掌握。

长途旅行最好选用轻便牢固的旅行箱，便于搬运，抗运输环节中的挤压和摔打。对个人的行李应有明显的标记，写上中外文姓名、中转和到达的目的地等，便于提取时辨认。

绝大部分行李都是随身携带或随机托运，但如有过多过大（oversize）的行李、物品、仪器等，也可提前分离托运，运费较一般航运便宜。

为防止行李遗失或误取，许多航空公司都在办理托运时出具行李票，到站提取，出站时，有人会在出口核对检查，确认无误后予以放行。因此，行李票务必妥善保管。

出国旅行往往还要添置衣物，可事先了解一下所去国家的气候条件、风俗习惯等情况，以便置装时作为参考。

六、出入境手续

各个国家或地区对入出境旅客均实行严格的检查手续。办理这些手续的部门一般都设在边境口岸和旅客入出境地点，如机场、车站、码头等。

（一）入境手续

有的国家在飞机降落前，就会给每位乘客一张入境卡（Incoming Passenger Card），有时可能会有中英文两种，但一定要用英文认真如实填写。在访问国境内的住址一般只填写入境城市的饭店即可，如果有固定住所或住在亲友家中，要如实填写。此外，入境卡上的签名要与护照上的签名保持一致。

走下飞机后，办理入境手续，一般要经历以下几个步骤：

1．边防入境检查（Immigration）

这项检查在我国由公安部出入境管理局边防口岸具体负责，在欧洲国家由内务部边境口岸负责，而美国、加拿大和澳大利亚等国家则由其移民局负责。

检查的主要内容是由内务部或移民局警察检查护照、签证和入境登记卡，可能会向旅客询问一些简单的问题，如“来澳大利亚的目的”、“计划停留多久”、“要去哪些地方”、“有哪些公务活动”等。如果不懂或略懂英语但无法准确表达自己的意思，入境检查有时也会有免费的翻译服务，所以最好不要吞吞吐吐捉迷藏似的回答问题，以免造成误会。

如果有邀请函，最好随身携带，必要时出示。证件和签证及访问目的必须与申请签证时一致，否则，尽管持有效签证，但移民局官员如有怀疑仍有权拒绝入境。

我国边检口岸除交验有效护照和签证外，前几年还要求入出境者填写入出境登记卡片，卡片的内容有姓名、性别、出生年月、国籍、民族、婚否、护照种类和号码、签证种类和号码、有效期限、航班号、入境口岸、日期、逗留期限等，我国目前已经取消这一手续，改由电脑直接扫描护照信息记录替代。护照、签证验毕无误并记录后加盖入出境验讫章放行。

2．卫生检疫（Quarantine）

交验黄皮书。很多国家对来自某些国家或地区的旅客，免验黄皮书。但对发生疫情或某些病源多发区的旅客则检查特别严格，对未进行必要接种的旅客，则会采取隔离甚至强制注射疫苗等措施。

3．领取行李（Baggage Claim）

在领取托运的行李时，要核实自己的行李，以免拿错。如果发现行李有损坏或未按时到达，要直接联络机场行李处。

4．海关检查（Custom）

海关检查主要是针对入出境人员携带的物品是否合规进行查验。一般仅询问有否需申报的物品，但有的国家要求入出境者填写携带物品申报单。各国对旅行者可携带过关的物品及价值、数量都有明确的规定，超过规定就须申报、纳税，否则隐瞒不报会因涉嫌走私而被课以处罚。

一般情况下海关人员常问："Anything to declare?(有什么东西需要申报吗？)"如果没有物品申报，就回答："No，sir/madam．(没有。)"

海关人员有权检查入出境者所携带的行李物品，有的海关对个人日用品、衣服等物品的检查不十分严格，持外交护照者有外交豁免权可以免检。但对动植物和生物制品、食品的入境管理格外严格。各国对入出境物品管理规定不一，烟、酒、香水等物品常常按限额放行。文物、武器、当地货币、毒品、动植物等都属违禁品，非经允许，不得私带入、出国境。有些国家还要求填写外币申报单，离境时还要核查。

非洲的象牙及其制品、犀牛角等物品，国际上明令禁止携带。

以下是德国允许旅客携带入境的一些自用物品及限量：

来自欧盟国家的旅客，个人自用品可免税带进德国；非欧盟国家的旅客，其带入德国的免税品价值不得超逾58.8欧元。

其他入境免税品数量不超过以下规定：

烟草产品方面：200支香烟或100支小雪茄；50支雪茄或250克烟草。

酒精产品方面：1升含22度以上酒精的酒，或2升含22度以下酒精的酒，或2升有汽或加酒精的葡萄酒，或2升普通葡萄酒。500克咖啡或200克浓缩咖啡精。100克茶或40克浓缩茶精。50克香水或0.25升花露水（Eau de toilette）尤其要注意的是，每个人的烟酒要分开携带，不然将被视为是其中一个人携带的物品。

年满17岁者方可携带免税烟草及酒精饮品入境，咖啡亦须由年满15岁者携带。

大洋洲的澳大利亚和新西兰对动植物的入境管理极为严格，严禁携带各种肉类食品（无论什么包装）、草木本植物的种子、蛋类、动植物、受保护的野生动物以及烟花、武器弹药等入境。如若违反处罚是非常严厉的。此外，携带的所有食品、医疗用品和药品（无论处方药还是非处方药）必须申报，如果随身带有超过1万澳元（含）或相当于1万澳元的任何外币，都必须申报。如果带有必须申报的物品而没有申报，一经查获不仅予以没收，当事人还将面临监禁。

美国有以下特殊的规定：

免税品：非居民（non—resident）可免税带进价值不超过100美元的物品。要使上述物品免税，必须在美国停留至少超过72个小时，期间上述物品不能离身。

货币：携带入境的货币（包括美国或其他国家的硬币及货币、旅行支票、现金汇票和可流通证券等）金额超过1万美元，应填妥美国海关4790表（Custom Form 4790），主动向海关申报。未如实申报者可能导致被追究民事及刑事责任，包括没收所持货币及货币票据。

（二）出境安全检查

近年来，由于劫持飞机事件不断发生，特别是“9·11事件”之后，各国对登机旅客的安全检查措施越来越严格，不仅不许携带水果刀、指甲剪等金属器具，像可乐、矿泉水等液体饮料也必须当面开瓶试饮，甚至根本不许随身携带上机，就连女士日常用的液体化妆品都不得超过100毫升，人身检查时要求旅客脱鞋、解腰带等，手续日趋严格。

七、乘飞机

（一）随身行李

乘飞机应尽量轻装。许多航空公司规定，每位旅客可以随身携带不超过五公斤的手提行李一件，如果乘客特别多会没有空间存放手提行李，此时会管得较严甚至要求办理托运。

（二）登机手续

抵达机场后应先办理乘机手续。没有行李要托运的可直接在网上办理登机手续，或到机场自动柜员机上以本人身份证自助办理。有托运行李的仍要到柜台人工办理，随机托运的行李票要与登机卡等一起妥善保管，另凭本人身份证接受安检，验讫无误后，进卫星厅，经指定登机口上飞机，到目的地机场后凭行李票提取行李。

（三）中途转机

有时因并非直达目的地而需要中间转机，对直接托运到目的地的行李，

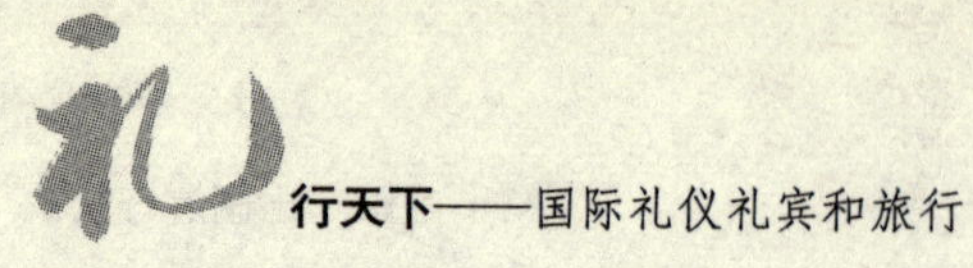

在中途换乘飞机时，应找机场有关人员询问一下行李是否已经转到换乘的班机上。否则很有可能会出现人机分离的情况而给自己带来诸多不便。

（四）文明乘机

上、下飞机时，航服人员会站在机舱门口迎送乘客，应表现出起码的文明礼貌，可点头致意或口头致谢。

对号入座。大一点的国际航班机舱内大部分都有头等舱、公务舱和经济舱，头等舱都在飞机前部，能坐能躺。无论是否对号入座，都不要抢座。而二等舱票的乘客，也不能到一等舱就座。确实需要的，可办理升舱手续，或付费或用里程积累。

在整个飞行途中要遵从乘务员的指导。随身携带物品可放在头顶上方的行李架上，较重物品经乘务人员同意也可放在座位下面，但不能把东西放在安全门前或过往通道内。

目前，我国及大多数国家规定在飞机上不得使用移动电话等电子通信设备，必须关机；此外，国际通行做法还都规定在飞行过程中不准吸烟，包括电子香烟。

有晕机的乘客可在起飞前半小时服用乘晕宁等药物，登机后安稳靠在坐椅上，椅背兜中备有清洁袋，呕吐物应吐在袋中。

飞机座位上方都有吹风阀、聚光灯和呼叫乘务员的按钮。感到不适时可拧动吹风阀增加一点空气容量，需要看书报则可打开顶上聚光灯，感觉不适、想喝水、需要购物时可按顶上按钮呼叫服务员请求帮助。

有的航空公司在长途飞行过程中，会提供一些免费的酒水、茶点、小吃，一般都有早、中、晚餐等。但有的航空公司机票价格中不含饮料食物，因此在机上不免费提供除水以外的其他东西，如有其他需要则需另外付费。

飞机上都会适当备有一些报纸杂志，供旅客阅览，一般情况下不要带走，除非乘务员同意。

好一点的大型飞机在长途飞行过程中经常会放映录像、音乐等节目，也有的可以玩游戏，如不提供耳机的可能需要租用，可向乘务员询问。

在飞机上不能违规擅打手机，但可以通过付费方式租用机上专配的空中电话。

在飞机上不要大声喧哗，以免影响他人，特别是在晚间睡眠时间。自己不能入睡时，可看书报，不要与他人闲谈。在飞机上的坐卧姿势也应注意，不要影响他人坐卧和出入。有婴儿的大人要照顾好孩子，不能让孩子的哭声、吵闹声妨碍他人。

飞机上的一切用品都是不可拿走的，像厕所内的卫生用品、坐椅背兜中的刊物、餐用杯盘刀叉，以及小毛毯、小垫枕，特别是救生用的背心和气垫，否则会被处以高额罚款。

飞机有时需要中途着陆加油，可能会让乘客下机休息一两个小时。下飞机时要将重要的小件物品随身携带。但不要随意离开过境候机室，以免误机。

到达目的地前，飞机通常广播当地地面的天气情况，供乘客下机时穿衣参考。

如遇天气不好，飞机也会被迫改降其他城市或地区的备用机场。航空公司都会采取相应措施，或设法改乘其他交通工具，或安顿旅客稍事休息，等待天气好转继续飞行。费用包括停留期间的食宿费等由航空公司负责。

如代表团庞大，人数较多，上下飞机时应清点一下人数。但不要列队而行，也不要太军事化。

上下飞机时要保持机上秩序，不要抢座和行李位，要排队办理入境手续，之后即可凭行李卡提取托运的行李。基本上所有的国际机场都有行李传送带并备有手推车。旅客可自己用手推车将行李推出机场。如没有这些设备，也可请行李员协助，但要适当付小费。

如行李一时找不到，可能未同机抵达，也可能遗失，可通过机场行李管理人员或有关航空公司查询，并填写申报单交航空公司。如行李遗失，航空公司会照章给予相应的赔偿。

飞机（包括火车、轮船、汽车）上的设备，不要随意触动，如紧急出口阀、灭火装置、安全设施以及火车上的紧急制动阀钮等。有的国家规定无故按动紧急制动装置要追究责任。

八、住旅馆

国外旅馆分等级，差别甚大。有设备很现代化的高级旅馆，也有设备较差的一般旅馆。无论哪类旅馆，大多分为单间一室一床，标准间一室二床，套间二室一床、二室二床。也有家庭间两室两床或三床二卫的，有的也可根据客人需要临时加床。个别旅馆还有数间相通的套间，或根据需要打开隔门搭配出必要的套间，当然也有装备豪华、设备齐全、价格昂贵的总统套间等。

出国访问，最好行前订妥房间，可通过电话、传真或网上预定。旅馆房费一般都从预订住宿之日算起。预定房间后，如行期变动不住要在商定期限前退改，否则会发生费用而造成经济损失。

抵达旅馆后办理入住登记，并交验护照，有的旅馆会要求用信用卡预付押金。离馆前结账付费。过夜到第二天上午12时以前按一天计算，延至下午按两天计算。房费中一般都含早餐。

国外旅馆一般不供应开水，但有的提供煮开水泡咖啡的壶。有的旅馆房间设有冰箱，摆有酒水等各种饮料和一些小吃，但应付费取用。有的旅馆酒水系自动计价，一拿出冰箱后电脑即自动记账。有的旅馆房间外走廊设有自动柜员机，出售各种饮料、小食品，只要投币后按动开关，食品、酒水便会自动出来。如要喝热饮料，可向服务员索取，但要付现金及小费。有的旅馆房间备有电热壶、速溶咖啡、茶、牛奶、食糖等，可自己动手煮热饮。

国外旅馆都要求旅客保持高度安静，特别是不要影响他人。比如要求进出房间随手关门，不可敞开大门在里边高声聊天、嬉笑，否则很快就会有人投诉。在室内休息可穿睡衣，但不要穿睡衣、拖鞋、背心或裤衩到走廊或旅馆公共场所闲逛。此外，在房间里听收音机或看电视，声音都要轻，否则也会影响别人。休息、睡觉时将房门锁好，也可挂上或按亮“请勿打扰”(Don’t disturb)的标志。如有人敲门，一定先问清来客身份，不要贸然开门。到别的房间找人要轻轻敲门，不可高声喊叫。

现在许多国家禁止在室内吸烟，有的旅馆分吸烟层或禁烟层，即使没有禁烟也一定要注意烟头，防止烧坏地毯、家具等设备。

旅馆都不允许在房间里洗晾大量衣物。要洗可填好洗衣单，把要洗的衣物装入专门的洗衣袋，交服务员送洗衣房。如自己洗少量小件衣物，可在卫生间晾干。

旅馆房间一般均有电话，但电话使用方法各不相同，使用前可先查阅电话使用说明或询问服务人员。有的国际长途需要通知总台开通，有的旅馆打市内电话也会收取费用。

旅馆一般都有餐厅，用餐时间不一，入住时都会告知旅客，或者也可自己问清。

浴池热水供水时间与方法也不一样，最好预先了解清楚，以免错过供水时间。房间内的电器设备也经常是多种多样，衣柜、衣架、门窗开关也常常别出心裁，使用时要多加注意。

在国内大部分旅馆会提供一些必要的日常用品，让旅客有家的感觉，如毛巾、浴巾、拖鞋、鞋拔子、香皂、牙具、洗浴洗发液、手纸、卫生纸和装东西的塑料袋等。但现在欧美提倡环保和节俭，旅馆房间内像拖鞋、香皂、牙具、洗浴用品等均不提供，需要自备。

个人物品要妥善保管，如将有些小东西可存放在房间小保险箱里，一定要记住密码。但在一些宾馆，即使是五星级的房间里的小保险箱也不一定安全。贵重物品最好存放到总台保险柜，特别是在外出时，存放在饭店总台的保险柜中比放在房间里保险。一般饭店的总台都有这种保险柜，免费给客人存放贵重物品。钥匙由饭店留一把，旅客自己拿一把，同时合用才能打开。外国的饭店很多都会规定，如果贵重物品在房间里丢失，旅店不负责赔偿。勿把零碎物品、钱币、笔记本等随手放在枕头下边，以免离店时忘记或服务员误以为是小费或不要的东西处理掉。

到语言不通的国家去旅行，要拿一张饭店的卡片放在身上，上面有饭店的地址、电话，说不清道不明时只要给司机一看，或问一下其他人，问题就迎刃而解。

旅馆和公共场所一般都有电梯和安全出口，入住时要留意，以防发生紧急情况时找不到出口。

有些旅馆设有室内或室外的休闲设施，如游艺室、游泳池、网球场等。五星级饭店游泳、洗澡、桑拿大都是免费的，但网球场及器具可能需要租赁。

九、重要联系信息和常备用品

出国在外，免不了需要问询或帮助，所以，带上一些重要的联系电话是非常必要的。除自己的亲友外，中国驻外大使馆的联系电话也是事先应该了解掌握的，以备不时之需。党和政府高度重视中国公民境外安全问题，外交部及其驻外使领馆更是不遗余力，都在网站上公布了各驻外使领馆领事保护的联系电话，稍加搜索便可知悉。

到国外出差，经常遇到电源插头型号与国内不兼容，电压也不完全相同。如澳大利亚电压与中国相同，但插头都是三相插头，因此需要准备一个电源转换插头，以便给手机、照相机、剃须刀等电器设备充电。

北美则电压、插头均不同，不过电压一般不影响使用，只是需要准备好转换插头。有的旅馆有备用的，可供借用。

十、自备药品

到国外旅游，有语言上、习惯上的诸多不便，身体也有适应的过程，因此最好准备一些常用药，如临时应急的胃肠药、感冒药、消炎药、牙痛药、万金油、创可贴、晕车药、牛黄解毒片和跌打药等，以备不时之需。但有的国家如澳大利亚对这些药品管制较严，要有心理准备。

十一、治安状况

有些国家的犯罪率较高，但犯罪行为主要集中在某些城市的特定街区。中国人出国身上总带许多现金，因此备受犯罪分子的关注，财物被盗被抢事件时有发生。一般来说城外较城内安全，白天比晚上安全。必须要注意以下几个方面：

（一）在国外旅行，不要携带大量现金，应尽可能使用信用卡、支票或旅行支票等；现金、支票等不要与护照等重要证件放在一起，否则一旦遗失造成的麻烦更大。

（二）保管好自己的财物，特别是在离开酒店或每一个停留场合时必须检查随身携带的物品，不要遗漏。

（三）外出时如果没有特别需要，尽量不与陌生人交流接触，如遇询问可告不知。最好不要一个人单独行动，尤其是在晚间更不要单独外出，或去一些偏僻的角落，晚间走路尽可能选择人多灯亮的地方。

（四）有的国家枪支泛滥，歹徒往往有枪。如果遇到抢劫时，不要强行反抗。好汉不吃眼前亏，人身安全是最重要的。可以举起双手，不要抵抗，按抢劫者指令办，也可让对方自己掏取。以前曾经发生过想自己从口袋掏钱给对方，却被对方误以为是要掏枪抵抗而抢先开枪击毙的事件。如遇劫损失较大，脱离险境后应立即拨打报警电话或就近向警察局报警，或立即报告我驻外使、领馆请求协助。

搭乘公交车辆，上车后如乘客稀少，要坐在尽量靠近司机的地方。

出门旅行主要管好自己的事情，照看好自己的物品，不交给陌生人看管，也不替陌生人带东西或托运行李。

一般情况下，应把身份证件（护照、驾照、学生证、社会保险卡等）随身携带。有时遇上警察查询，会要求出示有姓名、照片的证件。

十二、保险

现在出国公干或旅游的人士逐年增多，大量的中国游客给往访国带去了丰厚的旅游收入，许多国家纷纷争取成为中国旅游目的地国家。大量中国公民的出境给往访国带来了许多新的问题，衍生了一些副作用，近年来国际上发生的一些重大意外事故中都有中国公民的名字，也从另一个侧面说明中国公民参与国际化程度的提高。

下面我随便举两个例子。2009年1月30日美国当地时间下午4时，一辆大客车在距离美国亚利桑那州著名的胡佛水库大坝27公里附近的高速公路上失控翻车。当时车上共载有15名上海游客，车祸造成7人死亡，另外还有10人受伤。

2009年6月1日北京时间14时，一架载有228名乘客的法国航空公司空客A330原定从巴西里约热内卢飞赴巴黎，结果在起飞不久便坠毁于大西洋，几无生还，亡者中就有9名是中国人。

对于上述意外事故，不仅其后事的跨国处理非常复杂，耗时耗力，而且还会发生诸多不可预料的费用。境外保险的作用显得十分重要。

我在驻加拿大使馆任领事期间，负责处理过几起华人在加拿大遇到的意外事故，有短期访问者在旅馆意外受伤致残的，有被黑社会枪击杀害的，有遇到交通事故伤残亡故的，也有为情所困自杀身亡的……总之，在境外旅游，没有保险，一旦遭遇意外，医疗和遣送费用都非常高，如果仅靠本人或家庭一般无力承担。一次严重的疾病或灾难性的紧急医疗，就可能意味着一场财务灾难。例如，在美国和加拿大住院一天，半私人（semi—private）病房平均750美元至1500美元，还不包括手术费、X光费、实验室费、专业人员咨询费等。即使一次简单的咽喉痛急诊，仅挂号、拍片检查和药费也会超过300美元。所以，如果不办保险，完全靠自己，如果遇到大病住院，经济上的压力是不容忽视的。

鉴于日益增多的事故，各驻华使领馆在审发签证过程中纷纷增加条款，要求申请人必须购妥境外期间的国际旅行保险，否则不予签证。因此，出国团组和人员也开始重视境外保险事宜，许多保险公司也先后推出许多保险套餐产品，来满足市场需要。特别是短期意外险非常受人欢迎，既能满足签证申请的要求，又使投保人的关切基本实现。大多数旅行社都在费用设计中包含了短期意外险，保费金额在10元左右，由游客支付。不选择跟团出游的旅行者如果之前没有投保意外险的，也很愿意购买一份短期的意外险。

短期意外险之所以得宠，主要是因为它具有期限灵活、费用低廉、投保方便等优势。以某合资保险公司的畅游旅行意外险为例，其保险期限共分七档，从5天到180天不等，旅游者可以根据自己的出游时间选择。费用也不高，如果保险期限为5—10天，仅需花费15元。

但还是有一些出国人员由于不了解目的国在保险上的要求，或者只要听说签证要求有境外旅行保险就随便买一个，以至于最后不符合要求而导致拒签。

从2004年年底开始，申根协定国家驻华使馆陆续统一做法，要求中国因公人员在申办申根签证前必须购买国际旅行保险。部分申根国家要求申请者提供保险单复印件，部分则要求提供保险单原件或有关保险公司出具的证明。不仅如此，申根国家对中国因公人员是否须持保险单原件入境的掌握也不尽一致，有些国家要求严些，有些则相对宽松，甚至个别国家不同入境口岸的要求也不尽相同。由于实际掌握尺度不一，这些措施实施以来，有些因公团组在获得签证后前往申根国家时，因未携带已购买的保险单原件而被拒入境。以丹麦哥本哈根机场为例，最多时一个多月内就有四个因公团组入境受阻。有的团组甚至被有关国家移民当局原机遣返，造成了不必要的损失。因此，行前做好充分了解和准备工作十分重要。

到境外旅游也并非买一个保险就能包打天下，不同的旅游目的地适合的旅游险种也各不相同，选购境外旅游险要有的放矢。

根据有关保险公司的旅行险专家的介绍，选购境外旅行险时，其保额的高低还要参考在境外的天数、旅行地区的消费水平等因素，要充分了解，尽可能使自己获得全面保障。比如，去美国、新加坡、日本等医药费较高的国家，医疗险的保额最好不要低于20万元人民币；对于申根国家，则必须投保包含24小时全球旅行救援服务的医疗保险，医疗保险金额不低于30万元人民币（约3万欧元），保险期限也不少于一个月。

（一）常用的险种

1．通用的意外伤害保险

投保这些险种出国旅游很有效，但要特别注意保险公司的保险责任条款，什么是保险责任，什么是免赔责任，理赔的条件是否苛刻，等等。国内各家人寿保险公司均有通用的意外伤害保险，保险责任是一年一保，保险责任一般包括：被保险人因意外事故导致身故、烧伤或不同程度的永久残疾；被保险人因意外事故而导致医药费用开支，将按实际医药费用获得补偿，意外伤害按次赔偿；有些公司在意外伤害的基础上还附加因疾病或遭受约定的意外事故需入住医院或手术治疗的费用补偿保险，这种附加险仅对被保险人自己需要承担的部分进行赔偿，如果被保险人单位的保险或福利承担100%的费用，则被保险人完全没有必要附加此类险种。另外如果被保险人因疾病或意外伤害入住医院甚至入住重病监护室治疗，可选择投保按实际住院和入住重病监护室日数获得补贴的险种，一般每次最高赔偿以180天为限，这种险种是100%给付的，可以看做是一种由于意外和疾病导致的误工补贴，也可以看做是生病住院期间的营养补贴。

2．专用的出国旅游保险

这类保险和通用的意外伤害保险的最大不同之处是可以根据旅游计划按日购买，保险利益不但包括意外身故、烧伤或不同程度的永久残疾和意外医药费用开支，而且还包括通用的意外伤害保险中不包含的因意外或疾病需要运送或送返的报销额、意外或疾病遗体运返费用报销额(遗体送返服务所需费用包括尸体防腐、保存、火化、运输及骨灰盒等材料和服务费用)，或丧葬费报销额。现在短期出国，各国大使馆签证均要求的保险就是这种，欧洲国家一般要求医疗费用保额在3万欧元以上，美国友邦保险公司的境外旅游保险计划的“特别计划”就是专门针对这个要求的产品。如果为了签证使用，当然保额越高保障越好，签证也容易通过。有经验表明，申请法国签证时，泰康保险公司的境外救援险比较容易被接受，另外还有国寿的境外险也很常见。

3．旅行社责任险

在很多旅行社的报价单中，都标明包含旅行社责任险，很多客人将旅行社责任险和旅游意外保险混淆，实际这两者是截然不同的。旅行社责任险不等于旅游意外险。

①“责任险”是旅行社为自己投保，一旦因旅行社责任造成游客遭受人身和财产损失，保险公司代表旅行社承担赔偿责任，它既能对游客的人身伤

害和财产损失进行赔偿，保障游客权益，又能使旅行社的风险得以转移。

②“旅意险”按《保险法》应属于自愿的人身保险，对财产责任是不承保的。但“责任险”规定既包括人身赔偿，又包括对行李物品的损失和第三者责任造成的财产损失进行赔偿。责任险是旅行社按照相关法规强制购买的。

③“责任险”的保险责任范围比“旅意险”扩大了很多，不仅包括旅行社责任引起的游客人身伤亡、财产遭受的损失及由此发生的相关费用的赔偿，同时也包括保险事故发生导致的诉讼费用和必要的施救费用等。但“责任险”也不是旅行社的万能保护伞，在实际发生意外时，如果法院或仲裁机构认定旅行社的责任赔偿不在它的投保范围内或超过相关投保金额时，旅行社要补足赔偿金额或自行承担赔偿责任。同时旅行社只有对游客给予充分的提醒和劝告，才能部分或全部免除旅行社的责任。

④“旅客意外伤害险”。目前市场上针对游客的旅游保险品种极多，总体可分为四种类型。

A．旅客意外伤害险是大家比较熟悉的，它主要为游客在乘坐交通工具出行时提供风险防范服务。

人身伤害险及相关的费用概括起来有以下几种：a．一般的意外伤害，比如步行或登山的磕磕碰碰导致的皮肉伤害，涉及普通门诊医药费用；b．在国外首次发生的疾病，涉及普通门诊医药费用；c．严重的意外伤害，如交通意外导致的骨折、严重碰撞导致的昏迷、严重烧伤、大量出血、意外导致直接残疾等伤害，需立即入院治疗或回国医治，涉及运送到有医疗条件的医疗机构或送回国内医疗的护送费用，以及高昂的医疗费用；d.由于意外或突发疾病导致的死亡，涉及的费用有遗体防腐处理、遗体或骨灰送返至其永久居留地和丧葬费等。

B．住宿游客人身保险每份1元，保险期限15天，期满后可以续保，每位游客可以购买多份。这类保险提供的保障不仅包括住宿期间的人身安全，还涉及随身携带品等。

C．对于参加探险游和惊险游的游客，最好购买旅游人身意外伤害保险，这类保险每份保险费为1元，保险金额最高可达1万元，每位游客最多可买10份保险。

D．还有一种就是旅游救助保险，游客无论在国内外任何地方遭遇险情，都可拨打电话获得无偿的救助。目前市场上标榜全球紧急援助的境外旅行保险很多，责任涵盖安排就医、紧急医疗转送、住院治疗、门诊治疗、牙科门诊治疗、儿童住院期间家长陪同住院、随行子女无人照料时安排子女回国、病情好转后转运回国，及遗体（骨灰）转送回国或就地安葬等内容，但具体的援助内容以及计算费率的方法，各保险公司都有差异。

相对而言，旅行社责任险属于责任保险范畴，而游客自身购买的旅行保险属于个人意外伤害保险，两者的承保对象和责任范围完全不同。也就是说，如果旅行社责任保险确认旅行社对游客的损失不负有责任，没有另买旅行意外保险的游客将得不到任何赔偿。因此，旅游意外保险对游客最为重要。

（二）购买境外旅游险要注意的问题

1．在购买和使用境外旅游保险时，必须留意相关豁免条款，因为在一些情况下，即使投保人出现意外，保险公司也是不负责赔偿的。如：

①根据大部分保险公司的境外旅游险条款，如果被保险人自杀或故意自伤、斗殴、醉酒，服用、吸食或注射毒品，流产、分娩、因整容手术或其他内、外科手术导致医疗事故，保险公司不负责赔偿。

②被保险人酒后驾驶、无有效驾驶证照驾驶或驾驶驾照许可以外的机动交通工具导致事故也不能得到赔款。

③若在旅行过程中非法搭乘交通工具，或搭乘未经当地相关政府部门登记许可的客运交通工具，也将不能获得意外险理赔。保险公司对从事潜水、跳伞、攀岩运动、探险活动、武术比赛、摔跤比赛、特技表演、赛马、赛车

等高风险运动的被保人也不承担赔款责任。

2.出国旅游可能遇到的风险分为人身安全和财产安全，孰重孰轻，一目了然，可有些游客存在错误的认识，对身外之物的行李财产十分看重，而对自己的人身伤害则不够重视，有点本末倒置。

十三、用餐

到国外旅游，食宿行都完全是陌生的，需要事先了解和途中适应。

世界各地的饮食习惯差别很大，亚洲、非洲、欧洲、美洲各个地区各个民族的食物内容和喜好习惯大不相同，各有特点。但总体来说，对中国人而言，出国后面对最多的就是西餐。现在中国人遍布世界各地，中餐的踪影也到处可见，饮食问题一般不难解决。

西餐主要分简单的快餐和全套的正餐。许多快餐店在中国都有，像KFC、McDonald's、Subway、Pizzahurt、Humburg等，为大家所熟悉并

接受。也有一些小吃店，供应各种饮料以及三明治、热狗之类的小吃，有的还供应各种简单的冷、热菜，这种店经济方便，适合于简便午餐。熟食店也出售烤鸡、烤牛羊肉、炸鱼虾等食物，顾客也可以在店内用餐。快餐店起源于美国，它以出售汉堡包而闻名。当前，快餐店遍及世界许多国家和地区，甚为流行，因快捷方便而广受欢迎。

如果有时间，也可到正式的西餐店里坐下来好好享受一番。

总的来说，国外饭馆、饮食店的种类同国内一样也很多，选择余地较大。在国外特别是欧美的中餐馆，大部分是由国内出去的新移民或老华侨经营，总体还是不错的，只是为了适应当地人的口味，菜品一般都会适当调整，不完全是国内的味道，一顿吃下来价格一般会比西餐高些。在东南亚，中餐馆更多，而且物美价廉，菜肴花样多，对不怎么喜欢外国饭菜的人来讲还是不错的选择。

十四、如厕

出门在外，经常会为内急一时厕所难找所困扰。与国内大街上随处可见的公共厕所不同，西方国家的大街上几乎难以找到公共厕所，一般都建造在各个大楼的里边。商场、地下通道、地铁口等地方也会有公共厕所，餐厅、酒馆、旅馆或饭店的公共厕所一般情况下都对公众开放。

在国外找厕所只要问WC几乎都会有人告诉你在哪儿。WC是厕所最早的表达方法，全称是water closet（抽水马桶），这种表达方式相对比较粗俗，也是英美等国一二百年前普遍使用的，但国外现在更多的是用toilet。

toilet这个词来源于法语，就连法语“香水”一词（l'eaudutoilet）也和toilet有关，可见还算文雅。

当然还有一些其他相近的叫法，在欧美常用的如lavatory、restroom、

bathroom（高速公路两旁休息区内带沐浴的）、toilet、 powder—room（女洗手间的婉转叫法）等字，都可以用来指厕所。在一般公众场所，厕所向来都以性别区分，男士的多写men，或gentlemen's，女士的则写women或ladies'。男厕所常画男人形象，女厕所画女人形象，但也有的国家某些地方公共厕所不分男女，如华沙肖邦公园公共厕所的标志是△，表示男女都可使用。

十五、时差

世界各地，以英国格林尼治天文台为世界标准时计算时间，格林尼治以东经度每增加15°加一小时，以西则减一小时。在安排旅行和安排活动时，要考虑时差问题，乘飞机查飞机航班时刻表时，一般注有两种时间：当地时间和标准时间（即格林尼治时间），而飞机起飞和降落，机场使用的都是当地时间。

第十五章
出国自驾旅行

一、到国外租车自驾

随着国家经济的发展、人民生活水平的不断提高，国民出国旅游日益增多，在国外租车自驾游览越来越成为广受欢迎的出游方式，不仅能减少搭乘公交工具时购票转车的奔波劳顿，还可以免去跟随旅行团队走马观花的仓促肤浅，租车自驾游可以让整个行程完全掌控在自己的手中，随心所欲，更显自由自在。

目前在许多西方国家，租车机构相当普遍，为自驾旅行提供了极大的便利和可能。相对于大部分中国人来说还是一个新鲜事物，需要更加广泛深入地了解、调研，全面掌握各方面的有用信息，参考并汲取前人的经验教训，

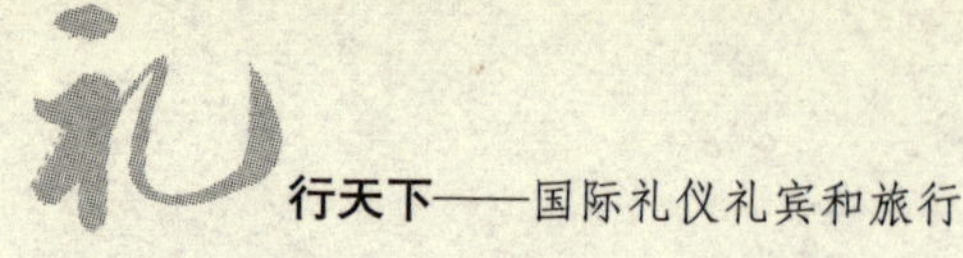

为自己出行做好充分准备。

根据我在欧洲和北美学习、工作、生活十多年的经验体会，结合其他朋友的一些切身经历，我建议自驾游的旅客到国外最好还是选择连锁网点多、服务信誉好、价格可能略高但保障更加周到全面的老牌租车公司，如赫兹国际租车公司(Hertz)、阿维士汽车租赁(Avis)、巴基特汽车租赁公司(Budget)、Enterprise、Europcar、Sixt等，这些租赁公司在全球许多地方都有连锁分部，也都提供网上预订服务，使用非常顺手。

要在国外租车，享受自己驾驶的自由和便利，需要做以下几个方面的事情：

（一）租车所需要的证照

如果决定在境外租车，除必需的护照、签证等证件以外，出国租车旅游还要准备好驾照和信用卡。国际信用卡是必须要提供的。

如持有《联合国道路交通公约》成员国驾照，可在各成员国之间有效使用。对成员国以外国家的驾照则需要换成国际驾照（详见本章第三部分“关于国际驾照”）。

对中国人来讲，驾照可能是一个稍稍麻烦一点的问题。由于中国不是《联合国道路交通公约》成员国，中国的驾照不被其他成员直接承认，也不能换发国际驾照，需要做一些必要的法律文件补充手续。

国际驾照（International Driving Permit，简称IDP），有的国家也称International Driver's License (IDL，国际驾驶证)，是联合国为了促进国际运输交流而设立的一种证明形式，属《联合国道路交通公约》的一部分，目前我国没有加入该公约，因此也就不能出具国际普遍承认的驾照。但根据《联合国道路交通公约》规定，任何国家颁发的有效驾照，只要同时附上往访国官方语言的翻译件，即被对方视为有效驾照。因此，如果没有欧美驾照，又想到国外租车自驾的话，一般的做法就是把中国驾照译成英文，再到公证机关办理驾照翻译公证手续，几个工作日即可完成，这样就可以到国外合法使用了。如目前中国驾驶证只要同时附上驾驶证的外文公证(英法文等)，就可以在美国、加拿大、欧洲、澳大利亚和新西兰等国家的租车网点有效使用。

如果所租车辆将由多人驾驶，则驾驶该车的所有人都须本人到场，出具本人相关证件并在租车合同上签字，只有合同列明的授权人才可动用该车，否则一旦未经登记许可的人员驾驶该车遭遇事故，责任认定特别是理赔将会非常麻烦。

有的租车公司如Hertz要求租车者年龄必须在25岁以上、并且有一年以上驾龄。

（二）租车手续

所需证件完备之后就可准备签订合同，这时要注明租车具体起止日期，及具体用车计划，如去什么地方、哪个城市，计划在什么地方还车，选定车型并购买保险，决定提车和还车的时间地点，然后按预定计划预付押金，也可以刷信用卡。

（三）价格

价格和时间是密切相关的，一般租车公司都按租车的天数来计价，不同天数有不同的套餐。一般来说，时间越长价格越便宜，如果按天租会比按周租贵出不少，平日和周末的价格也相差很大。所以，起租的时间和还车的时间要计算好。比如，如果租十天的车，一般可以按一周的价格再加三个单天的价格来算，也有直接按十天、十五天、二十天……这样来分档，可以具体问租车公司，比较后再决定。租车公司一般都以24小时为一天来计时，所以如果是中午取的车，就尽量在中午之前还车。偶尔稍晚一两个小时问题也不大，但最好事先了解清楚并谈好。

大一点的租车公司在同城、异地甚至国外都有许多连锁网点，可以根据实际需要自由选取取车和还车地点，有时也可以请租车公司把车开到指定地点交车。只是费用不一，在订车和租车时可提前说好。

笼统地说，在加拿大租一辆小车每天约需60加元；在匈牙利这样的中东欧国家基本在每天50欧元左右；在德国，宝马3系列周末价为80多欧元一日。

（四）选择车型

在欧美租车不是按品牌，而是按车型和大小规格分组的，要先决定是租普通轿车（car）、多功能运动型轿车（SUV）、吉普还是其他类型的车辆。

但在日本租车有所不同。日本的汽车租赁公司几乎遍布除小岛屿外的每个角落。租赁公司按汽车品牌分类的居多，如丰田、日产、马自达等，都是由这些汽车生产厂家直接投资经营，规模庞大，同一个品牌全国联网。因此异地还车非常方便。只是各个不同系列的品牌只提供本品牌车辆，泾渭分明，绝无从丰田系列的门店租到日产车的可能。门店一般都集中在铁道沿线各个车站或机场、住宅区等处，有时两三家不同品牌的门店会紧挨着挤在一起，因此有非常大的选择空间。基本上可以随到随租，如果不挑车型的话，都无须预约，直接到门店当场办妥手续就可上路。

（五）购买保险

在国外开车，安全是首要问题，不只包括人的安全，一旦车子发生损坏，也将涉及金额巨大的赔偿，关键是还有冗长复杂的法律诉讼程序。所以，为了省心，最好购买一份当地车险，如果租车人在国内已有涉险范围更广泛的保险单，则应核实其受理范围是否包含其他国家，如本身已加入了包括租赁自驾在内的其他保险的话，也可以不再购买。

有的租车公司的报价通常只包括最基本的第三者/责任险（third party/liability insurance），如果担心自己的技术不行，或者对当地治安不放心的话，就可以考虑多花几个钱买碰撞险（collision—damage waivers）及被盗险（theft protection insurance）。此外，买保险的时候一定要注意保险免赔额(deductible)，不同公司之间的差别很大，最高的能达到1000欧元以上，也就是说免赔额以内的损失需要你自己负担。需要提醒一点的是被盗险只保车辆，车内物品的损失不在保险范围内。

为求省心，我喜欢适当多花点钱，在签订合同时就明确已经含有“损毁或失窃免责”险，这样车子发生意外损毁或万一被盗，驾车者可免除赔偿责任，由保险公司负责。一般来讲，Hertz及Avis等一些老牌租车公司的车辆都有全险，租车费用都会包括基本的第三者保险，但一定要事先仔细了解清楚。

（六）验车

办妥所有手续后，租车公司的员工会拿着一张带示意图的验车表带你去验车，并把车身原有的伤痕一一标记在图纸上。这时租车人只要核实没有遗漏的重大伤痕就可以在验车表上签字上路，如果漏核将来就算是你造成的。不过根据我的经验，还车时一些小擦伤什么的一般都不会太介意，因为这种事谁开车都在所难免，租车公司比较理解也比较大度，这也体现了企业成熟的经营模式和完善的管理体制。

在欧美，车辆给你的时候都是洗得干干净净的，油、水等都会加满灌足，车况基本都是良好的，里程数一般都会在3万公里以内，因为租车公司从来都为保证车况而更新得特别快，到3万公里左右就开始换新车，淘汰下来的则作为二手车略降价格出手。

（七）加油

租车公司收取的只是车辆的日租金，对出门之后路途上发生的费用均由租车人承担，比如汽油费、路桥费、停车费、罚款等。

基本上在提车的时候车都是加满油的，因此，作为一条规矩，还车的时候也必须加满油还给租车公司，否则租车公司就要估计差多少升来折算钱。

如果租车期间发生罚单必须自清，否则事后仍会追要的，一般是信用卡上的保证金一月之后才完全解除，如有罚款便会通过卡行追缴扣除。

（八）公里数约定

租车前一定要确认每天有无公里数的限制，有的时候报价非常便宜，每天只需要几元，但这个价格可能会约定每天的里程数只有100公里，超出100公里就要再每公里另加多少，最后一合计可能一点都不便宜。有的租车公司是明确根据每日行驶的公里数划出许多等级，再收取不同档次租金。

总之，根据旅途长短及车型、还车地点的不同，租赁公司会有不同的套餐解决方案，按需而定。在欧美大公司租车一般都没有公里数的限制。

（九）超时

租车时一般都需事先约定还车的时间和地点。超时必须电话告知门店并听从门店的安排。如果此车没有下一个客人预订的话，稍晚一两个小时基本问题不大，或者也可以当场续约。如果电话联系及时的话，超一两个小时不会被另计费用。超时过长的话，可以半天为单位续约处理。

（十）还车

还车手续基本与租车时取车相同，工作人员取出提车时的车况示意图和合同，一一核对，重点检查油是否加满、有没有新的损伤、记一下里程表就OK了。有的租车公司要求把车洗干净，有的则两可，实在赶时间没洗也不是很计较。

有时因为对方下班无人值守了，也可以征得同意后第二天在他们上班前把钥匙放到其指定位置。2005年我在加拿大使馆工作期间，就遇上这么一次，最后Hertz工作人员同我在电话中确认车况没有问题后，让我只要加满油把车放在其停车场、钥匙塞到车行墙上的铁箱里边就可以。对顾客非常的信任，也非常的方便。

（十一）便利服务

很多国外的大型租车公司还提供其他辅助服务，比如，赫兹的NEVERLOST车载卫星导航系统设备或其他公司的GPS驾驶指南以及

SIRIUS卫星收音机，都有特别为外国驾驶员提供的贴心导航和辅助娱乐服务，也有儿童坐椅、货运手推车、捆包用的绳索、ETC卡（2007年后的车都带ETC设备）、残疾人轮椅、车顶装载架、防滑链等，都可随车租借，费用也十分低廉。

（十二）道路救援

在异国他乡开车，人生地不熟，多少心里会有点没底。北美的国家在这方面就做得非常贴心。租车公司的车辆，有的在驾驶室的前上方有一排按钮，其中一个就是车载卫星电话，万一车辆出现问题需要救助时，只要一按“十”字钮就可连通总部，向值班人员报告情况。2004年我刚到加拿大使馆工作，有一次租了一辆卡迪拉克300新车从渥太华去蒙特利尔，途中对上面那个十字钮的功能好奇不解，便试着按了一下，结果很快就传来一位女士关切的声音，询问是否需要帮助。有了这个功能，不仅车辆发生故障时不必跑老远找报警电话，而且通过它的全球定位功能可以随时知道车子所处的具体方位，非常便捷。

（十三）在SIXT公司租车

SIXT是德国最大的租车商之一，它旗下的子公司SIXTI专门提供短期租车服务，在西欧主要国家如法国、意大利、瑞士、英国和捷克等地都有分部。最低租金只要5欧元。只是在不同的国家，5欧元可以租到的车略有差异。例如在德国可以租到的车型是Smart，而到了意大利可能是Fiat，在法国可能就是Peugeot。不过实际开销会超出这个价格很多。首先这个优惠价格只能通过网上预订来获得，获得的概率较小；其次在使用上各类限制较多，还车时不仅要加满油，还必须要洗车。如此这般，一天下来的总费用会超出很多。

现在用户可以在网站上用信用卡预订SIXT公司的车辆，网址是：www.sixt.com。在预订时会冻结一定的费用作预付款和违约违章保证金。如果租赁过程中没有违章记录，没有罚金发生，保证金一般会在一个月后自动解冻并退还到信用卡上。网上订车有里程限制，一般日里程限制在100公里，超出部分按约定款额/公里计算。需在租车时的同一门店还车，暂时没有异地还车的服务。租车手续也并不麻烦。租车时要携带护照、驾照及公证书翻译件、信用卡 。

（十四）部分国家租车开车简况

不同国家有不同的交通和驾驶规定，行前最好了解清楚，以下仅列举几个国家在租车开车方面的情况。

美国

美国可以说是最适合自驾游览的国家之一，在这个轮子上移动着的国家，不仅租车便宜，租车公司也很多，且服务周到，能随时提供意外援助。此外，美国公路发达，沿途汽车旅馆众多，住宿便宜，平均每晚只需50美元。

美国的交通规则是各州各自定的。除了州的交通规则外，县、镇、区及市政府也执行当地的规则。各区车辆管理部门和一些旅游信息中心都备有交通规则和地图小册子，可以随便索取。

加拿大

与美国基本一样，交通规则非常严格，警方检查和处罚也非常厉害，人们开车普遍都很规矩。高速公路最高时速限定为110公里，不可超过太多，118公里/小时是警察最后忍耐的底线，否则必罚无赦。在美国违反交规同中国一样，又罚款又计分。不直接付现款，而是由交警开罚单，由车主到银行或邮局将罚款汇到国家财政部规定的账上，逾期不交会产生滞纳金，越滚越高。

英国

与中国的驾驶习惯不同，英国的汽车是右舵，靠左行驶。所以在英国开车，最令中国人不习惯的可能就是右手握方向盘，左手挂挡。这一点在几乎所有的英联邦国家都是如此，加拿大除外。

在英国当地开车还有一些特别的行车礼节，如在高速公路上要变线行驶，一般都要先打转向灯，然后观察后车的反应，如果后车闪两下大灯，则表示准备好了你可以变线；作为感谢，前车变线后应该左、右各闪一下转向灯，最后再来一个双闪。

要注意的是，英国的加油站只售两种油：汽油和柴油。汽油没有那么多和细的型号之分，统一全是高标号的。加油也都是自助，需要自己动手，要看清柴汽、油区分标志，黑枪是柴油，绿枪是汽油，千万不要加错。

捷克、斯洛伐克、匈牙利等中东欧国家

在这些前社会主义国家开车，除波兰人开车比较粗野、路况相对差一些外，其他国家都比较规矩礼让。在高速公路上的限速有的国家可以允许到130公里/小时。而到德国更是时速200公里以下都没有关系。

在中东欧开车，只要你遵守交通规则，一般都没有问题。并线借道，只要打转向灯及时发出信号，后车都会避让。要超车时，如果路窄，条件允许时，前车会主动靠边一点，同时打右灯，意思是让你从他的左侧超过去。超车过程完成后，后车到前面后都会打双闪灯闪几下以示感谢。

唯一在中东欧开车要注意的，就是警察。2009年8月一趟自驾游下来，我发现警察查违章非常起劲。无论是城市里还是高速公路上，都有他们的踪影。远远地架着望远镜测有无高速公路费标志，如果没有就罚你没商量。不过罚款数额经常可以商量，往往是先报出最高额，然后再半价，有的也收现金，不给收据发票，这里边不用多说也知道该怎么交涉了。

澳大利亚

澳大利亚地广人稀，公路网络纵横交错，路口规则极其细化，因此也显复杂，且单行道奇多，如果错过一个路口很可能需要多绕出几公里甚至十几公里。车流量大，车速较快，对于初来乍到的旅行者来说，随车租用一个GPS导航仪是极有必要的。

（十五）注意事项

到人生地不熟的地方开车，迷路或走冤枉路是家常便饭。即使不巧赶上，也不用着急。在北美和澳大利亚，基本上每个城镇都设有一个以上的“Information Centre”(旅游信息服务点)，旅客可在里面免费索取地图、旅游指南以及通过服务员的帮助预订酒店住宿等。

现在欧洲也要收取高速公路费，但他们不是在路上设拦收费，而是在加油站和便利店里售高速公路票，有三四天的、一周的、一月的也有一年度的，旅客可以根据自己的实际需要购买。最好是进入该国第一个加油站就买好，按规定放置在前挡风玻璃下，高速公路上经常有警察用望远镜在远处观察，如果没买，就以逃票论处，课以十倍甚至更高的罚款。

在一些路况复杂的国家如尼泊尔、埃及、沙特阿拉伯、南非等，游客不能单独驾驶，当地会硬性规定必须带上一名本地司机。

二、驾驶自己的车辆出国

上世纪90年代初期我刚到驻捷克使馆工作的时候，有人来申办中国旅游签证，提出要驾驶自己的汽车到中国，简直让我大吃一惊。这在当时还是一个非常新鲜的事情。一方面感觉从欧洲开车到中国，一两万公里的路，跋山涉水，路途遥远。另一方面是当时似乎很少有外国人可以驾驶自己的交通工具入境的，连手续怎么办都不清楚。时过20年，家庭私人汽车已经普及。随着国力的强盛、人民生活水平的提高，出国旅游早已司空见惯，出国租车自驾和驾驶自己的车辆出国畅游日益成为越来越多国人的选择。

如果是驾驶自己的车辆出境旅游，除在国内行驶必须随车携带的所有证件之外，还要办理一些海关和边境出境手续。

首先要有写着中华人民共和国英文简称缩写“CHN”字样的大卡片，

这是开出境外必需的“车辆护照”，在当地海关办理手续后即可领到，在境外任何时候都必须把这张卡片放在挡风玻璃下，以便应对有关人员的检查。

另外，还需要车辆查验卡以及一份明细清单（包括车辆信息、所去国家、出行时间等），这些材料在回国后需交还海关，所以千万不能丢失。要特别注意的是，在中国海关办理出境手续时，一定要请海关人员详细注明确切的行车路线，包括出入不同国家的边境关口城市。

三、关于国际驾照

国际驾照(IDP)其实不是一个正式的驾驶执照，而只是由驾驶员本国的官方机构或经其授权的其他机构根据该国政府所参加的《联合国道路交通公约》、以公约中规定的标准式样、用英/法/俄/中/阿拉伯/日等多种文字为驾驶员出具的证明该驾驶员持有该国有效驾照的一份证明，其主要用途是帮助其他国家的警方读懂驾驶员的姓名、地址、准驾车型等必要信息。

国际驾照不可以单独使用，必须和驾驶员的本国驾照同时使用。真正赋予当事人在各缔约国境内驾驶汽车资格的还是其本国颁发的驾照本身，而不是国际驾照。

那些声称由联合国有关机构授权签发的国际驾照都不是真的。到目前为止，联合国从未授权任何机构签发任何国际驾照，再说联合国也无权凌驾于各主权国家之上来“授权”任何机构签发国际驾照。实际上，就连联合国的任何机构（或任何所谓“经联合国授权的国际组织”）都无权为联合国自己的工作人员签发所谓的“联合国授权的国际驾照”。

“国际驾照”只是一份证明驾照所有人持有有效的国内驾照的证明文件。如果该国参加了该公约，那么政府就会指定一个合法权力部门或者授权一个其他机构来代表政府出具这份证明，其他任何机构都无权代表政府履行这个公约行为。1949年《联合国道路交通公约》第24条第3款明确规定：“国际驾照须在驾车人证明了其能力之后，由缔约方的合法权力部门或其分支机构，或得到其授权的协会签发给驾车人。”

下面是一些缔约国获得本国政府权力部门授权、可以签发国际驾照的机构：

美国

美国只有两个机构被美国国务院（缔约方的合法权力部门）授权可以签发国际驾照，即American Automobile Association（美国汽车协会）和National Automobile Club（全国汽车俱乐部）。

加拿大

唯一被加拿大政府授权可以签发国际驾照的机构是CAA（Canada Automobile Association，加拿大汽车协会）。

英国

被英国政府授权签发国际驾照的机构是The Automobile Association

（汽车协会）和 The Royal Automobile Club。

澳大利亚

只有New South Wales（新南威尔士）的NRMA，Victoria（维多利亚）的RACV，Tasmania（塔斯马尼亚）的RACT，RAASA、RACWA、AANT和Queensland（昆士兰）的RACQ有权签发国际驾照。

新西兰

新西兰政府陆上交通安全局授权可以代表其签发国际驾照的机构是AA。

以上机构都不签发国际驾照给没有该国驾照的人。

中国驾照在任何地方都不能申请到真正的国际驾照。如前所述，国际驾照是由《联合国道路交通公约》的各个签字国的政府机构或其授权机构为其本国驾照的持有人签发的一份证明。唯一有权为中国驾照持有人签发国际驾照的机构理论上应该是公安部交通管理局及其有关部门，但因为我国政府没有签署加入《联合国道路交通公约》，所以也就无法出具其他成员国承认的有国际法律效用的国际驾照了。1968年《联合国道路交通公约》规定：“缔约方承认有效的、由另一个缔约方或其下属机构、或者另一缔约方所授权的机构签发的国际驾照……”(第41条第2款)，“……并不要求缔约方承认驾车人的居住国/地区之外的国家/地区为其签发的国际驾照”［第41条第 7款(b)］。

根据1968年《联合国道路交通公约》第41条第2款规定，公约的各缔约方承认：

使用与该国相同语言印制的任何一个国家的驾照，或者，如果不是使用相同语言印制的，可以辅之以一个认证翻译件；

任何一个在语言、格式、机动车分类方式等方面符合道路交通公约第6附加条款中的要求的外国驾照；

任何一个符合第6附加条款中的要求的国际驾照(笔者注：该附加条款中

对国际驾照的要求包括：国际驾驶执照的封面必须有签发国家的名称及该国的明显徽标；有签发部门的签字；有签发部门的章；执照内有该执照持有人所居住的缔约国的名称)；

……各缔约方承认以上执照在其领土上驾驶许可中所规定的车型时有效。

《联合国道路交通公约》中要求在其他成员国境内驾驶汽车，其本国驾照必须同时附有一份 Certified Translation（经确认的翻译件）(见1968年公约第41条第2款a)。这是指由一个有翻译资格的翻译出具一份翻译件，并对翻译件内容做一个公证确认，即在翻译件末尾声明他或她的翻译资格，声明翻译内容准确无误，写明他或她的地址，签字，盖章。这就完全符合公约中的要求，可以被所有缔约国官方接受了。

中国没有一个被欧美国家熟悉的相应机构，通常可以使用中国公证处的公证翻译件。使用公证处的公证翻译件时，要找有丰富而权威翻译经验的公证处，因为有的公证处的翻译水平较低，不熟悉国内外机动车分类方式是如何对应的，翻译质量不高，使国外的交通管理官员或租车公司无法读懂这样的“翻译件”，因而要求你重新翻译。也有的公证件上只做了原件相符的确认，而没有做翻译内容确认或没有写明翻译资质，不是“Certified Translation”，因此会因不符合要求而不被接受。

现在社会上有些公司看到市场的需要和有利可图，便制售所谓的“国际驾照”，基于前面所述的情况，实际上都是无效的。那些“国际驾驶员俱乐部”收取上千块钱出的一个这样的证明，实际上同自己公司人事处出具一份证实某人拥有中国合法驾驶执照的证明是一个意思，即使都使用公约中规定的格式，并使用多种语言，也统统得不到各缔约国承认。美国国务院的网站上就明确向各消费者发出警告，提醒不要购买这种所谓的“国际驾照”。

以合法手段通过合法渠道办一个真正的国际驾照，在加拿大只需要10加元，澳大利亚是10澳元，新西兰为12新元。在英国，1926年公约版国际驾照是4英镑，1949年公约版也是4英镑，外加2英镑处理费；在美国，National Automobile Club签发国际驾照的收费是10美元。